G 1445.
J. N.

13066

TABLETTES
CHRONOLOGIQUES,
GÉNÉALOGIQUES ET HISTORIQUES
DES
MAISONS SOUVERAINES
DE L'EUROPE.

CET OUVRAGE CONTIENT

La chronologie de l'histoire sacrée, depuis le commencement du monde jusqu'à Jésus-Christ ;

La chronologie de l'histoire romaine, depuis la fondation de Rome jusqu'à la Bataille d'Actium ;

La succession chronologique des empereurs, rois, et princes souverains de l'Europe, la durée de leur règne, et la date de leur mort, depuis l'origine des monarchies jusqu'à présent ;

L'état actuel des maisons souveraines de l'Europe, les noms et prénoms, la date des naissances, celle des mariages des princes et princesses existant de nos jours ;

Un tableau statistique des diverses monarchies et principautés de l'Europe, offrant l'étendue, la population, les revenus, et l'état militaire de chaque souveraineté ;

La chronologie historique des connétables, grands-amiraux, maréchaux, chanceliers, grands-aumôniers, grands-chambellans, grands-écuyers, grands-véneurs et grands-louvetiers de France, depuis l'institution de ces dignités jusqu'à présent.

DE L'IMPRIMERIE DE P. DIDOT L'AÎNÉ.

TABLETTES

CHRONOLOGIQUES,

GÉNÉALOGIQUES ET HISTORIQUES

DES

MAISONS SOUVERAINES

DE L'EUROPE.

Par M. V****

A PARIS,

Chez l'Auteur, rue de la Vrillière, n° 10.

Mme veuve Le Petit, libraire, rue Pavée-Saint-André-des-Arcs, n° 2.

les freres Michaud, libraires, rue des Bons-Enfants, n° 34.

Vanrabst et Lapeyre, libraires, quai Desaix, n° 1; et chez les mêmes, à Rome.

M. DCCCXII.

TABLETTES CHRONOLOGIQUES,

GÉNÉALOGIQUES ET HISTORIQUES

DES MAISONS SOUVERAINES

DE L'EUROPE.

AGE DU MONDE.

Les hommes ont prétendu pouvoir fixer l'époque de la création du monde. C'est encore, selon moi, un monument de leur présomption et de leur orgueil. La Providence a mis entre elle et eux une distance trop immense pour qu'ils puissent jamais pénétrer ses desseins. Mais les mortels, loin de s'agenouiller, et d'avouer leur impuissance à cet égard, ont eu au contraire la téméraire audace de produire sur ce grand événement des systèmes dont le nombre et la différence ne font qu'attester leur incertitude et leur peu de solidité.

Un philosophe nommé *Ocellus Lucanus*, de la secte de Pythagore, a soutenu, à l'exemple de plusieurs philosophes anciens, que la création n'avait eu aucune époque fixe, qu'elle avait eu lieu *de toute éternité*. Aristote a suivi ce système. D'autres philosophes anciens et modernes ont voulu porter plus haut l'esprit de combinaison, et fixer une époque déterminée de la *fin du monde*, sur ce raisonnement, « que quand « les cieux et les astres auraient achevé leurs « cours, le monde finirait, les corps célestes « étant revenus au même point du ciel où Dieu « les avait mis en les créant.

Plutarque cite l'opinion de ceux qui assuraient que cette grande révolution était de 7777 années solaires; il la porte lui-même, dans son propre système, ainsi que Dion, à .... 19804 ans.
Alphonse la fixe à............... 40000
Ticho-Brahé à............. 25 ou 26000
Héraclite à.................... 18000
Cicéron, d'après Macrobe, à..... 15000
Sextus Empyricus à............. 9977
Censorin, savant du troisième siècle,
   cite des auteurs qui la fixent à... 12000

Des savans modernes, tels qu'Hamilton, Dolomieu, Buffon, Saussure et Faujas Saint-Fond, ont prétendu que notre globe avait une existence bien antérieure à toutes les époques connues de l'histoire; et ils fondent leur opinion sur l'immensité de tems qu'il a fallu pour que la nature préparât, par un travail successif et coordonné, ce même globe à devenir propre à être habité par les hommes.

Quoi qu'il en soit de tous ces systèmes sur l'âge du monde, je transmets aux lecteurs les opinions les plus universellement accréditées.

Age du monde suivant l'opinion des principaux Chronologistes, depuis sa création jusqu'à Jésus-Christ.

Onuphe Panvin,	6310
Suidas,	6000
Pezron,	5872
Lactance; Philastrius,	5801
Nicéphore de Constantinople,	5700
Riccioli, *selon les Septante*,	5634
Clément Alexandrin,	5624
Isaac Vossius,	5590
Théophile d'Antioche,	5515
Cédrène,	5506
Théophane,	5500
Saint Augustin, *dans* Génébrard,	5351

Pierre d'Alliaco; Isidore de Séville,	5344
Isidore de Péluse,	5336
Albumazar, *Arabe*,	5328
Raban,	5296
Eusèbe,	5200
Philippe de Bergame,	5198
Philon, *Juif;* Sigebert,	5196
Saint Epiphane,	5049
Métrodore,	5000
Adon, *archevêque de Vienne*,	4832
Cassiodore,	4697
Odiaton ou Edwicon,	4320
Riccioli, *selon la Vulgate*,	4184
Laurent Codoman,	4140
Rabbi Mosès,	4058
Muller; Labbe,	4053
Torniel; Salian; Sponde,	4052
Guillaume Langius,	4040
Jacques Usser,	4004
Marc-Antoine Capel; le P. Tirin,	4000
Le P. Pétau,	3984
Buckolcer; Pantaléon,	3970
Henri Bunting,	3967
Gérard Mercator; Upméer,	3966
Tostat; Mélanchthon,	3963

Scultet,	3960
Jean Pic, comte de la Mirandole et Salmeron,	3959
Lansperg,	3958
Beda; Herman; Herwart,	3952
Cornélius, *à lapide*,	3951
Scaliger; Ubbo Emmius,	3950
Origan; Argolius,	3949
Calvisius; Helvicus; Alstedius,	3947
Jean Carion,	3944
Saint Jérôme, *dans ses questions hébraïques*,	3941
Jacques Gordon,	3880
Benoît Arias,	3849
Quelques Talmudistes,	3784
Rabbi Gerson et Rabbi Levi,	3754
Rabbi Nahson,	3740

Chronologie de l'histoire sacrée, depuis la création du monde jusqu'au déluge universel.

	Avant J. C.
Création et formation d'Adam et d'Eve.	4004
Naissance de Caïn.	4003
d'Abel.	4002
de Seth.	3874
d'Enos.	3769

	Av. J. C.
Naissance de Caïnan.	3679
de Malaléel.	3609
de Jared.	3544
d'Enoch.	3382
de Mathusalé.	3317
de Lamech,	3130
Mort d'Adam, âgé de 930 ans.	3074
Enoch est enlevé à l'âge de 365 ans.	3017
Seth, fils d'Adam, meurt âgé de 912 ans.	2962
Naissance de Noé.	2948
Enos meurt âgé de 905 ans.	2864
Naissance de Japhet, fils aîné de Noé.	2448
de Sem.	2446
Mort de Lamech, père de Noé.	2353
Mort de Mathusalé, âgé de 969 ans.	2348

Depuis le déluge jusqu'à la vocation d'Abraham.

Déluge universel.	2348
Naissance d'Arphazad.	2346
de Salé.	2311
d'Héber.	2281
de Phaleg.	2247
de Jectan, qui est le second fils d'Héber.	2246

	Av. J. C.
Membroch usurpe la souveraine autorité à Babylone.	2245
Naissance de Réhu.	2217
de Sarug.	2185
de Nachor.	2155
de Tharé.	2126
Mort d'Arphaxad et de Phaleg.	2008
Mort de Noé.	1998
Naissance d'Abraham.	1996
de Sara.	1986
Abraham va en Mésopotamie.	1929
Mort de Salé, fils d'Arphaxad.	1878
Mort de Sem.	1846
Mort d'Héber.	1817

Depuis la vocation d'Abraham jusqu'au passage de la mer Rouge.

Vocation d'Abraham.	1921
La famine, qui afflige la terre de Chanaan, oblige Abraham et Loth de se transporter en Egypte.	1920

Melchisédech bénit Abraham, qui a vaincu Codorlahomor ; et Dieu promet une

	Av. J. C.
nombreuse postérité au saint patriarche.	1912
Naissance d'Ismaël.	1910
Circoncision établie ; Sodome est consumée par le feu du ciel.	1897
Naissance d'Isaac.	1896
Dieu demande qu'Abraham lui sacrifie son fils Isaac.	1871
Sara meurt âgée de 127 ans.	1859
Isaac épouse Rebecca.	1856
Naissance de Jacob.	1836
Mort d'Abraham.	1821
Naissance de Ruben.	1758
de Simon.	1757
de Lévi.	1717
de Juda.	1755
de Dan.	1755
de Nepthali et de Gad.	1754
d'Isachar et d'Aser.	1749
de Zabulon.	1748
de Joseph.	1745
Jacob revient dans la terre de Chanaan.	1739
Naissance de Benjamin.	1729
Joseph vendu et conduit en Egypte.	1728
Joseph y devient ministre.	1715

DE L'HISTOIRE SACRÉE.

	Av. J. C.
Naissance de Manassé, fils de Joseph.	1712
d'Ephraïm, fils de Joseph.	1711
La famine de 7 ans commence.	1708
Jacob et sa famille vont en Egypte.	1706
Mort de Jacob à 147 ans.	1689
Naissance de Caath, fils de Lévi.	1662
Joseph meurt en Egypte.	1635
Naissance d'Amram, fils de Caath.	1630
d'Aaron, fils d'Amram.	1574
Edit de Pharaon contre les enfans mâles des Hébreux.	1573
Naissance de Moïse, fils d'Amram.	1571
Moïse revient en Egypte pour en faire sortir les Hébreux.	

Depuis la sortie d'Egypte jusqu'à la fondation du temple par Salomon.

Sortie miraculeuse d'Egypte ; les Israélites restent dans le désert.	1491
Josué gouverne.	1451
Josué divise la Palestine aux Israélites.	1444
Anarchie.	1434
Première servitude.	1413

CHRONOLOGIE

	Av. J. C.
Othoniel, premier juge.	1405
Seconde servitude, sous Eglon.	1343
Aod, second juge.	1325
Troisième servitude, sous Jabin.	1305
Débora, troisième juge.	1285
Quatrième servitude.	1252
Gédéon, quatrième juge.	1245
Abimélech commande.	1236
Thola, cinquième juge.	1232
Jaïr, sixième juge.	1209
Cinquième servitude.	1205
Jephté, septième juge.	1187
Abesan, huitième juge.	1181
Ahialon, neuvième juge.	1174
Abdon, dixième juge.	1164
Sixième servitude, sous les Philistins.	1156
Héli, onzième juge.	1156
Samuel.	1116
Saül, premier roi.	1096
Naissance de David.	1085
David, second roi.	1055
Mort d'Isboseth ; David règne sur tout Israël.	1048
L'arche d'alliance est transportée sur la

montagne de Sion.   1045
Naissance de Salomon.   1033
Salomon, troisième roi.   1014
Salomon bâtit le temple.   1012

Depuis la fondation du temple jusqu'à la délivrance du peuple juif par Cyrus.

Salomon meurt.   980

Le royaume est divisé en royaume de Juda et en celui d'Israël.

ROIS DE JUDA.		ROIS D'ISRAEL.	
	Av. J. C.		Av. J. C.
Roboam règne en	980	Jéroboam règne	980
Abia 3 ans, ou 6 selon les 70.	963	Nadad	959
		Baasa	958
Asa	960	Ela	935
Josaphat	919	Zamri	934
Joram I règne avec Josaphat son père	902	Amri	934
Joram II	896	*Théni règne en même tems.*	

CHRONOLOGIE

ROIS DE JUDA.	Av. J. C.	ROIS D'ISRAEL.	Av. J. C.
Ochosias règne 2 ans, dont 1 avec Joram II.	890	Achab	923
		Ochosias	902
		Joram	901
Athalie	889	Jéhu	889
Joas	883	Joachaz	861
Amasias	845	Joas	848
Interrègne de 11 ans.	816	Jéroboam	831
Osias ou Azarias	806	*Interrègne de 22 a.*	790
Joathan	754	Zacharias	769
Achaz	739	Sellum	768
Ezéchias	724	Manahem	768
Manassès	696	*Interrègne de 1 an.*	758
Amon	641	Phaceias	757
Josias	640	Placée	755
Joachaz	610	Ozée tue Placée	735
Eliacim ou Joachim	610	Ozée règne	727
A la quatrième année du règne de ce prince commence la captivité des Juifs à Babylone; elle dure 70 ans. 605		Le royaume d'Israël ou de Samarie est détruit par Salmanasar, roi d'Assyrie,	718

Jéchonias, ou Joachim, règne 3 mois, et il est transporté à Babylone. 599

DE L'HISTOIRE SACRÉE.

Av. J. C.

Sédécias, mis à la place de Jéchonias, règne 11 ans.	598
Nabuchodonosor prend Jérusalem, détruit le temple, et établit Godolias gouverneur de Judée.	588
Evilmérodac fait sortir Jéchonias des prisons de Babylone l'an 37 de la captivité.	562
Cyrus, maître de l'Asie, met fin à la captivité. Zorobabel et les chefs de la nation retournent en Judée.	

Depuis la délivrance du peuple juif jusqu'à la naissance de Jésus-Christ.

Zorobabel ramène un grand nombre de Juifs en Judée, commence à rebâtir la ville de Jérusalem et le temple.	536
Le temple est achevé.	516
Histoire d'Esther.	509
Esdras obtient d'Artaxercès la permission de revenir à Jérusalem avec quantité de Juifs.	473
Néhémias obtient du même empereur la permission de revenir à Jérusalem, de	

Av. J. C.

rebâtir les murailles de cette ville, et de couvrir le temple. 454

Les Juifs en liberté sont gouvernés par les souverains pontifes jusqu'au règne d'Alexandre.

Alexandre le Grand va à Jérusalem, et maintient les Juifs dans la liberté de vivre suivant leur loi. 337

Ptolomée, fils de Lagus, prend Jérusalem par adresse, transporte plusieurs habitans en Egypte. 325

Ptolomée *Philadelphe* fait traduire en grec le livre de la Bible. 285

Ptolomée *Philopator* tourmente les Juifs d'Alexandrie pour les faire changer de religion. 221

Les Juifs souffrent beaucoup de la guerre qui se faisait en Syrie entre Antiochus le *grand* et Ptolomée *Epiphane*. Antiochus favorise les Juifs, qui l'avaient secouru. La paix étant faite, la Judée reste sous la domination de Ptolomée. 204

Séleucus *Philopator*, roi d'Asie, entretient le culte des Juifs; mais ensuite il envoie

	Av. J. C.
Héliodore pour piller les trésors du temple.	188
Antiochus l'*illustre* ôte la grande sacrificature à Onias, et la donne à Jason.	173
Antiochus vient à Jérusalem, y est reçu, et maltraite les Juifs.	172
Jason envoie Ménélaüs porter de l'argent au roi. Ménélaüs achète d'Antiochus la souveraine sacrificature, et en chasse Jason.	171
Jason vient assiéger Jérusalem, s'en rend maître, chasse Ménélaüs, et est obligé de se retirer.	169
Antiochus envoie en Judée Apollonius, qui tue, un jour de sabbat, tous les Juifs assemblés pour le sacrifice.	168
Judas *Machabée*, fils de Mathatias, qui s'était retiré à Modin pour défendre la liberté et la religion de sa nation, succède à son père.	166
Lisias, étant venu en personne avec une grande armée en Judée, est encore défait par Judas Machabée.	165
Judas purifie le temple et rétablit les affaires des Juifs.	164

CHRONOLOGIE

Av. J. C.

Antiochus l'*illustre meurt*.	163
Antiochus *Eupator* lui succède.	162

Timothée et Lisias sont défaits par Judas Machabée. La paix est conclue entre les Juifs et Antiochus.

Antiochus Eupator vient en Judée, prend Bethsura, et assiége Jérusalem. Antiochus retourne à Antioche. Il laisse Alcime grand-prêtre. — 161

Antiochus est dépossédé par Démétrius. Alcime est mis en possession de la place de grand-prêtre par Bacchidès, général d'armée de Démétrius.

Jonathas est élu chef en place de Juda. Jean leur frère est tué. Bacchidès est défait. 160

Alcime meurt. Le pays demeure en repos pendant deux ans. 159

Bacchidès revient assiéger Jérusalem, est obligé de lever le siége, et son armée défaite. La paix est conclue. 157

Démétrius fait la paix avec Jonathas, qui rétablit la ville de Jerusalem. 154

Démétrius, fils de Démétrius Soter, qui avoit été tué par Alexandre, qui se disait fils d'Antiochus l'Illustre, fait la guerre en Judée ... 148

Alexandre ayant été tué, Jonathas met le siége devant la forteresse de Jérusalem, fait la paix avec Démétrius, se fait confirmer dans la souveraine sacrificature, et met son peuple en liberté en payant un tribut. ... 144

Jonathas prend le parti d'Antiochus contre Démétrius : il se laisse surprendre dans la ville de Ptolémaïde. ... 143

Simon est déclaré général en sa place. Triphon fait mourir Jonathas et ses enfans; mais la Judée devient libre.

La Judée demeure en paix sous le pontificat de Simon. ... 135

Simon, après avoir gouverné le peuple pendant huit ans, fut tué en trahison par Ptolomée avec deux de ses enfans.

Hircan, fils de Simon, succède à son père. ... 131

Antiochus Sidètes, roi de Syrie, vient assiéger Jérusalem : ne l'ayant pu prendre, Hircan traite avec lui à des conditions onéreuses.

	Av. J. C.
Hircan, après la mort d'Antiochus, secoue le joug des rois de Syrie : il gouverne en tout 29 ans.	129
Judas *Aristobule*, fils d'Hircan, lui succède : il ne règne qu'un an.	107
Judas *Aristobule*, son fils, lui succède dans la souveraine sacrificature et dans le gouvernement : celui-ci mourut au bout d'un an.	106
Salomé, femme d'Aristobule, fait déclarer souverain Alexandre Jannœus, fils d'Hircan, qui règne 22 ans.	105
Alexandre laisse deux fils, Hircan et Aristobule. Sa femme Alexandra, leur mère, se fait déclarer reine, donne la souveraine sacrificature à Hircan, et laisse Aristobule vivre en particulier.	78
Aristobule se retire avant la mort de sa mère, et se saisit des places fortes.	68
Aristobule fait la guerre à Hircan, le chasse.	
Hircan a recours à Arétas, roi des Arabes.	66
Aristobule défait Arétas et Hircan.	65

Pompée prend la ville de Jérusalem, la cita-

	Av. J. C.
delle et le temple, et rétablit Hircan, emmenant Aristobule prisonnier.	63
Alexandre, fils d'Aristobule, revient en Judée, se rend maître de plusieurs places, et est défait par Gabinius, qui réduit la Judée en province romaine.	57
Aristobule, s'étant sauvé de Rome, fait de nouveau la guerre en Judée. Il est vaincu et pris par Gabinius.	56
Alexandre, fils d'Aristobule, veut encore se rétablir en Judée. Il rassemble des troupes, qui sont défaites par Gabinius.	55
M. Crassus, marchant contre les Parthes, enlève les trésors du temple.	54
César envoie Aristobule en Judée. Il est empoisonné par les gens du parti de Pompée. Son fils Alexandre a la tête coupée à Antioche.	49
Antigone, fils d'Aristobule, demande à Jules-César d'être rétabli. César laisse Hircan grand sacrificateur, et donne le gouvernement de la Judée à Antipater.	47
Après la mort de César, Crassus fut maître de la Judée. Antipater s'y maintint à force	

Av. J. C.

d'argent ; mais il fut tué par Maléchus. Hérode son fils venge sa mort en faisant tuer le meurtrier. 43

Les Juifs séditieux attaquent Phazaël, frère d'Hérode. 42

Antigone, fils d'Aristobule, veut s'emparer de la Judée. Hérode le chasse. 41

Les Juifs accusent Phazaël et Hérode devant Antoine. Antoine les maintient.

Pachorus, roi des Parthes, dépose Hircan, lui fait couper les oreilles, et l'emmène prisonnier ; établit roi Antipater, et fait mourir Phazaël. 40

Hérode se réfugie à Rome, et s'y fait déclarer roi.

Hérode se met en possession du royaume de Judée. 37

Hérode fait mourir Hircan. Il est confirmé roi par Auguste. 30

Mort d'Hérode. Archélaüs son fils lui succède. 4

Naissance de Jésus-Christ. 1

FRANCE.

Les nations qui habitaient entre la mer d'Allemagne, le Mein, le Rhin et le Weser, ayant secoué le joug des Romains peu de tems après la mort de César-Auguste, prirent le nom de *Francs*, c'est-à-dire de peuples libres. L'amour des conquêtes les poussa bientôt à pénétrer dans les Gaules, sous la conduite de Pharamond leur roi. La nature du sol et du climat de ces provinces leur paraissant préférable à celle de leur propre pays, ces peuples formèrent le projet de s'y établir définitivement.

La première entrée de Pharamond et de ses Francs dans les Gaules date de l'an 420 environ; mais il paraît que ce ne fut alors qu'une irruption, et que malgré tous leurs efforts ils ne purent s'y fixer à cette époque, se trouvant inquiétés par les Gaulois, qui s'opposaient à l'invasion de leur patrie, et par les Romains, qui défendaient leurs tributaires.

Les Gaules ne furent définitivement subjuguées par les Francs qu'en 451, après la célèbre bataille de Méry-sur-Seine, gagnée par ces derniers et les Visigoths leurs alliés sur Attila, roi des Huns. Mérovée, maître alors de la Picardie, de la Normandie, de l'Isle-de-France, de la Champagne, et de tout ce qui est au-delà de la Moselle jusqu'à Mayence, posa le siége de son nouvel empire à Paris.

Lorsque Pharamond pénétra dans les Gaules à la tête de ses Francs, elles étaient divisées en dix-sept provinces, savoir :

Les *quatre Lyonnaises*, qui avaient pour métropoles Lyon, Rouen, Tours et Sens.

Les *deux Belgiques*. — Trèves et Reims, métropoles.

La *Germanie supérieure*, qui avait Mayence pour métropole.

La *Germanie inférieure*. — Cologne, métropole.

La *Séquanaise*, ou troisième Germanie. — Besançon, métropole.

Les *Alpes grecques*. — Moustier-en-Tarentaise, métropole.

La *Viennoise*. — Vienne, métropole.

Les *deux Aquitaines*. — Bourges et Bordeaux, métropoles.

La *Novempopulanie*. — Eause, métropole. Cette

grande cité peut à peine aujourd'hui compter pour un bourg.

Les *deux Narbonnaises*. — Narbonne et Aix, métropoles.

Les *Alpes maritimes*. — Embrun, métropole.

Ces dix-sept provinces reconnaissaient pour chef commun le préfet des Gaules, dont le siége, établi d'abord à Trèves, fut transféré à Arles.

Les Francs ne furent pas les seuls peuples qui envahirent les Gaules sous l'empire des Romains : les Visigoths et les Ostrogoths s'y établirent aussi ; mais ce ne fut que momentanément.

Royaume des Visigoths. = Les Visigoths, émigrant des provinces glaciales du nord de l'Europe, se jetèrent d'abord dans la Germanie, d'où ils vinrent ensuite se fixer dans les Gaules méridionales, vers l'an 400, avec l'agrément et sous la protection de l'empereur Honorius. Leur royaume se composait de la partie de la Gaule où étaient situées les villes de Toulouse, Narbonne, Aix, Marseille, Nîmes, Uzès, Tours, Périgueux, Cahors, Clermont, Bourges, Bordeaux et Oléron ; puis du royaume d'Espagne et de la Mauritanie Tingitane d'Afrique. Clovis, roi des Francs, leur ayant déclaré la guerre, les défit complettement dans les plaines de Poitiers en 507, et les expulsa des contrées qu'ils possédaient entre la Loire et les Pyrénées. Alors les Visigoths se concentrèrent en Espagne, et cédèrent toutes les provinces qui leur restaient dans les Gaules, à l'exception d'Uzès et de Nîmes, aux Ostrogoths, en reconnaissance des secours qu'ils en avaient reçus dans leur guerre contre les Francs; mais ils ne purent se maintenir en Espagne que jusqu'en 711, qu'ils en furent chassés par les Maures et les Sarrasins.

ROYAUME DES OSTROGOTHS. = Cette nation avait la même origine que les Visigoths: elle fonda en 489, en Italie et en Provence, un royaume qui comprenait, 1° la Gaule transpadane, qui se composait de Turin, Mantoue, Padoue, Aquilée et Trieste; 2° de la Gaule cispadane, qui se formait de Ravenne, Nice et Gênes; 3° et de toute l'Italie, de la Sicile; de la Rhétie (le pays de Coire et de Trente), de la Vindélicie (Augsbourg, Ratisbonne et Passau), de la Norique (Saltzbourg et Lintz), de la Pannonie

(Vienne, Raab, Bude, Petaw, Sisseck), de la Liburnie (Zeng et Zara), et de la Dalmatie. Mais leur empire ne fut pas de longue durée ; l'empereur Justinien les fit chasser en 553, de l'Italie et de la Sicile, par ses généraux Bélisaire et Narsès. La Provence et le reste des états des Ostrogoths en Germanie devinrent, presque à la même époque, la proie des Francs.

Clovis, petit-fils et successeur de Mérovée, divisa son empire en quatre royaumes, pour servir de partage à ses quatre fils.

Royaume de Paris. = Il se formait des villes de Paris, Meaux, Senlis, Beauvais ; des provinces qui s'étendent vers l'Océan ; de la Lyonnaise seconde en entier ; de Rennes, Nantes, Vannes, partie de la Bretagne et de l'Aquitaine.

Royaume d'Orléans. = Il se formait de l'Orléanais, de la Touraine, du Bourbonnais, de Bourges, de Nevers, de la Sologne, d'une partie de la Beauce et du Sénonois, d'une partie de la Gascogne et de la Bretagne orientale, de l'Auxerrois, de l'Anjou, et du Maine.

Royaume de Soissons. = Il se composait des

villes de Laon, Soissons, Saint-Quentin, Amiens, et de toutes les provinces dont ces villes étaient les capitales.

Royaume d'Austrasie ou de Metz. = Il comprenait Reims, Châlons-sur-Marne, Troyes, Clermont, Rhodez, Cahors, Alby, Uzès, l'Alsace, et une partie des villes situées entre le Rhin et la Meuse.

Mais cette division de territoire ne subsista que jusqu'en 561, époque à laquelle les enfans de Clotaire I opérèrent entre eux un nouveau partage. Plusieurs provinces furent détachées d'un royaume pour être annexées à un autre.

Clotaire II réunit toute la monarchie sous sa puissance vers l'an 612, et son étendue était immense alors. Elle avait pour bornes de l'*est* au *sud-est* les montagnes occidentales de la *Bohême*, la rive gauche de l'*Elbe*, le *mont Mélibée*, la *Lippe*, et le *Rhin*, depuis le confluent qu'il forme avec cette rivière jusqu'à son embouchure ; l'Océan germanique et le britannique, les frontières orientales de la Bretagne et l'Océan aquitainique : elle s'étendait au *sud-ouest* jusqu'aux montagnes méridionales des Pyrénées, et avait pour bornes jusqu'au *sud* les frontières septentrionales et orientales de la Septimanie : depuis le *sud* jusqu'au *sud-est*, elle était bornée par la Méditerranée et par les Alpes maritimes et pennines; et depuis le *sud-est* jusqu'à l'*est*, par les Alpes et par une partie du Danube, jusqu'à la rivière d'Ill. Outre cela, Clotaire avait, du côté de l'*est* et du *sud-est*, les Bavarois et les Lombards pour tributaires, et presque tous les peuples du nord depuis la Lippe jusqu'à la Chersonnèse cimbrique.

En 638, les enfans de Dagobert I divisèrent encore la monarchie pour opérer leur partage; et de là vinrent le royaume de Neustrie et de Bourgogne, et le royaume d'Austrasie.

LE ROYAUME DE NEUSTRIE ET DE BOURGOGNE comprenait toute la Gaule occidentale, qui s'étendait entre l'Escaut, la Meuse et la Loire, jusqu'à l'Océan; la Bourgogne, l'Aquitaine et la Provence. On céda depuis aux Normands une portion de la Neustrie, qui prit d'eux le nom de Normandie.

LE ROYAUME D'AUSTRASIE comprenait la France orientale, la Lorraine, l'Alsace, la Thuringe, et d'autres provinces germaniques au-delà du Rhin.

La Septimanie était une partie de la Gaule narbonnaise ; elle avait pour principales villes Narbonne et Nismes.

L'Aquitaine était primitivement la partie de la France qui depuis fut connue sous le nom de *Guienne* et *Gascogne*. On verra au tableau de la seconde race que Charlemagne l'érigea en royaume pour son fils Louis, et que ce nouvel état comprenait le Poitou, l'Auvergne, le Périgord, le Limosin, le Languedoc et la Gascogne.

Législation. = Loi salique, fondée par Pharamond, mais authentiquement écrite en 496 par Clovis-le-Grand. Elle exclut les filles de la couronne.

Lois ripuaires. = Thierri I, roi d'Austrasie, les fit établir le premier ; et Dagobert I, roi de France, les fit rédiger par écrit vers l'an 630 : elles reconnaissent les filles habiles à succéder. = Ce même Dagobert rédigea aussi un code de lois pour les Allemands et les Bavarois, qu'il avait soumis à son obéissance.

Etat civil. = Dans les premiers tems de la

monarchie, il n'y avait de libres que les ecclésiastiques et les gens d'épée. Les habitants des villes, bourgs et villages, étaient plus ou moins *serfs*. On en distinguait deux sortes : 1° ceux qui ne devaient qu'un service à leur seigneur ; 2° les *serfs* proprement dits, attachés à la glèbe, c'est-à-dire à la terre du seigneur auquel ils appartenaient, et qui pouvait en disposer à son gré, et les vendre à son profit.

SERVICE MILITAIRE. = Tout homme, qu'il fût libre ou serf, était tenu à un service militaire personnel, depuis dix-huit jusqu'à soixante ans.

Les rois de la première race, ainsi que les princes de leur famille, portaient une longue chevelure, et souvent laissaient croître leur barbe ; ce qui les distinguait de leurs sujets. Lorsqu'on voulait rendre un prince inhabile à la couronne, on le tondait, le rasait, et il n'était plus considéré que comme un simple citoyen. Le baudrier était la marque de la dignité royale.

3.

PREMIERE DYNASTIE,

DITE DES MÉROVINGIENS.

PHARAMOND, fils de Marcomir, élu roi ou général à Wurtzbourg en Franconie environ l'an 414 ou 418, considéré comme le fondateur de la monarchie française, m. en.. 428

CLODION-LE-CHEVELU, fils de Pharamond, m. en.. 448

MÉROVÉE, que l'on dit gendre de Clodion. Il est regardé comme le chef de la première race, qui prend de ce prince le nom de Mérovingienne. Mérovée règne près de 10 ans, et m. en............... 458

CHILDÉRIC I, son fils, règne environ 24 ans, et m. en........................ 481

CLOVIS I le Grand, son fils, né en 466, baptisé en 496 par saint Remy, évêque de Reims, règne 30 ans, et m. le 27 nov. 511

CHILDEBERT I, troisième fils de Clovis, règne 47 ans 27 jours, et m. le 23 déc. 558

CLOTAIRE I, quatrième fils de Clovis, né en

DE LA PREMIERE DYNASTIE.

497, roi de Soissons en 511, d'Orléans en 532, de Bourgogne en 534, de France le 23 déc. 558, règne en tout 50 ans, et m. à Compiègne en déc............ 561

CHARIBERT, fils de Clotaire I, règne près de onze ans, et m. le 7 mai........... 750

CHILPÉRIC I, troisième fils de Clotaire I, né en 523, roi de Soissons en 561, roi de France en 570, règne en tout près de 23 ans, et m. en octobre................ 584

CLOTAIRE II, fils de Chilpéric I et de Frédégonde, né en juin 584, règne âgé de 4 mois, devient roi d'Austrasie en 599, roi de toute la France en 613, règne 44 ans et quelques mois, et m. le 28 septembre.................................. 628

DAGOBERT I, son fils, né vers 602, roi d'Austrasie en 622, roi de France en 628, règne en tout 16 ans, et m. le 19 janvier................................. 638

CLOVIS II, son fils, né en 634, roi d'Austrasie en 628, règne près de 19 ans, et m. au commencement de............ 656

CLOTAIRE III, fils aîné de Clovis II, né en 652, roi de France et de Bourgogne sous la régence de Bathilde sa mère en 656, règne près de 14 ans, m. en.......... 670

CHILDÉRIC II, second fils de Clovis II, né en 653, roi d'Austrasie en 660, roi de France et de Bourgogne en 670, règne en France près de 4 ans, et m. en..... 673

THÉODORIC ou THIERRI I, troisième fils de Clovis II, né vers l'an 654, enfermé à l'abbaye de Saint-Denys en 670, tiré de Saint-Denys pour être roi en 673, règne environ 17 ans, et m. en............. 691

CLOVIS III, son fils, nommé aussi Clotaire, né en 680 ou 681, roi de France en 691, règne près de 5 ans, et m. sans postérité en................................. 695

CHILDEBERT II, surnommé le Juste, second fils de Thierri I, né vers l'an 682, roi de France en 695, règne près de 17 ans, et m. le 14 avril.,................... 711

DAGOBERT II, nommé aussi Clovis, fils de Childebert II, né en 699, roi de France le 14 avril 711, règne 4 ans 9 mois 5 jours, et m. le 19 janvier................. 716

CHILPÉRIC II ou DANIEL, fils de Childebert II, rasé pour être d'église, roi le 19

janvier 716, règne près de 5 ans, et m. en 721
CLOTAIRE IV, produit par Charles-Martel, paraît pendant 17 mois, en 718 et 719.
THIERRI II, fils de Dagobert II, né en 713 ou 714, enfermé à Chelles en 716, règne près de 17 ans, et m. en 737
(Charles-Martel, maire du palais depuis 719, gouverne depuis 737 jusqu'en 741.)
Anarchie de deux ans, depuis 741 jusqu'en 743.
CHILDÉRIC III, frère de Thierri II, établi roi l'an 743, déposé en mars 751, rasé et enfermé à Saint-Bertin de Saint-Omer, règne environ 9 ans, et m. le 27 juillet.. 754
THIERRI son fils est tondu et enfermé à Saint-Vandrille, en même tems que son père est mis à Sithieu ou Saint-Bertin.

SECONDE DYNASTIE,

DITE DES CARLOVINGIENS.

PEPIN-LE-BREF, à cause de sa petite taille, né en 714, duc des Français en 743, reconnu roi en 751, couronné le 8 mai 752, sacré de nouveau à Saint-Denys par le par le pape Etienne III le 28 juillet 754, règne 16 ans 4 mois 24 jours, et m. le 24 septembre........................... 768

Charles-le-Grand ou Charlemagne, fils aîné de Pepin, né à Aix-la-Chapelle le 2 avril 742, sacré avec son père en 754, succède au royaume le 24 septembre 768, reconnu à Noyon le 9 octobre suivant, déclaré empereur à Rome le 25 décembre 800 ou 801; règne en France 45 ans 4 mois 4 jours, comme empereur 13 ans 1 mois 4 jours; meurt le 28 janvier 814, âgé de 72 ans; inhumé à Aix-la-Chapelle, canonisé le 29 déc. 1165 par l'antipape Paschal III.

Louis I le Pieux ou le Débonnaire, son fils, né en 778, déclaré roi d'Aquitaine l'an 780, couronné à Rome le 15 avril 781, associé à l'empire le 16 novembre 813, succède le 28 janvier 814, couronné derechef à Reims en 816, règne seul 26 ans 4 mois 24 jours, déposé et enfermé à Saint-Médard de Soissons en 833, remis en liberté et rétabli l'an 834, m. le 20 juin........................... 840

CHARLES II le Chauve, son fils, né le 13 janvier 823, roi de Lorraine en 869, couronné empereur à Rome le 25 décembre 875, règne comme roi 37 ans 3 mois 16 jours, comme empereur 1 an 9 mois 16 jours, et m. le 6 octobre.... 877

LOUIS II le Begue, son fils, né le 1 novembre 843, roi d'Aquitaine en 867, roi de France le 6 octobre 877, couronné empereur à Troyes le 7 septembre 878, et m. le 10 avril...................... 879

LOUIS III et CARLOMAN, fils de Louis II, rois de France en 879, sacrés dans l'abbaye de Ferrières, partagent les états à Amiens en 880. Louis règne en Neustrie 2 ans 3 mois 22 jours, et m. à S.-Denys le 10 août.......................... 882

CARLOMAN, né en 866, roi d'Aquitaine et de Bourgogne en 879 et 880, roi de France en 882, règne en tout 5 ans 8 mois 4 jours, et m. à la chasse près Montlhéry, le 14 décembre...................... 884

CHARLES-LE-GRAS ou le Gros, empereur, troisième fils de Louis, roi de Germanie, lequel était l'un des fils de Louis-le-Débonnaire, gouverne la France un peu plus de 3 ans, durant la minorité de Charles-le-Simple; se fait sacrer roi en 884, déposé de l'empire par les Allemands en 887, et m. à Inding en Souabe l'an.. 888

Eudes, fils aîné de Robert-le-Fort, duc de France après son père, comte d'Angers et de Paris, est chargé de la régence du royaume après la retraite de Charles-le-Gras, prend le titre de roi de France et d'Aquitaine en 888, se fait sacrer à Compiègne; règne 10 ans moins 9 jours, et m. le 3 janvier.................................... 893

Charles III le Simple, fils posthume de Louis II, né le 17 septembre 879, couronné à Reims le 28 janvier 893, roi de Lorraine en 912, roi de France de droit depuis le 14 décembre 884; règne, tant en minorité que par lui-même, 44 ans 10 mois un jour; prisonnier au château de Péronne en 923, et y meurt le 7 oct. 929

Robert, duc de France, frère cadet du roi Eudes, s'empare de la couronne l'an 922, sacré à Reims le 30 juin 922, gouverne

11 mois 14 jours, tué au combat de
Soissons le 15 juin.................... 923

Raoul ou Rodolphe de Bourgogne, régent
ou administrateur pendant l'emprisonnement de Charles-le-Simple, se fait sacrer roi à Soissons le 13 juillet 923; roi
titulaire 12 ans 6 mois 2 jours, et m. le
15 janvier........................... 936

Louis IV, dit d'Outremer, fils de Charles-
le-Simple, né en 921, élevé en Angleterre, couronné à Laon le 19 juin 936;
règne, depuis la mort de son père, 24
ans 11 mois 27 jours, et depuis la mort
de Raoul, 18 ans 3 mois 26 jours; m. le
10 septembre....................... 954

Lothaire, fils de Louis IV, né à Laon en
941, sacré à Reims le 12 novembre 954,
règne 31 ans 4 mois 18 jours, et m. à
Compiègne le 2 mars................. 986

Louis V ou le Fainéant, fils de Lothaire,
né vers l'an 967, couronné le 20 juin
979, roi seulement le 2 mars 986, règne
seul un an 3 mois 20 jours, et m. sans
postérité le 21 mai................... 987

Charles, *duc de la basse Lorraine,*

oncle de Louis V, devait hériter de la monarchie ; mais ses mauvaises qualités l'en firent exclure : les Français élurent en sa place Hugues Capet.

TROISIEME DYNASTIE,

DITE DES CAPÉTIENS.

Hugues Capet, fils d'Hugues-le-Grand, comte d'Autun, de Sens, d'Orléans, de Poitiers et de Paris; né vers l'an 939, duc de France, et comte de Paris l'an 960, élu roi de France à Noyon en mai 987, sacré à Reims le 3 juillet 987, règne 9 ans 3 mois 21 jours, et m. le 24 octobre 996

Robert, son fils, né vers l'an 971, sacré à Reims le 1 janvier 988, roi le 24 octobre 996, règne seul 33 ans 9 mois 4 jours, et m. à Melun le 20 juillet 1031

Hugues, son fils, né vers l'an 1007, couronné et sacré le 19 juin 1017, m. sans alliance, avant son père, 17 sept. 1026

Henri I, second fils de Robert, né vers l'an 1008, sacré à Reims le 14 mai 1027, succède le 20 juillet 1031, règne seul 29 ans 15 jours, et m. le 24 août 1060

DE LA TROISIEME DYNASTIE.

PHILIPPE I, son fils, né en 1049, sacré à Reims le 23 mai 1059, succède le 24 août 1060, règne depuis son sacre 49 ans 2 mois 6 jours, et depuis la mort de son père 47 ans 11 mois 25 jours; m. le 29 juillet.................................. 1108

LOUIS VI ou le Gros, son fils, né l'an 1077 ou 1078, associé au trône l'an 1103, sacré à Orléans le 2 août 1108, règne 29 ans 3 jours, et m. le 1 août............... 1137

> PHILIPPE, *son fils aîné, né le 29 août 1119, sacré à Reims le 14 avril 1129, et m. avant son père le 13 octobre*   1131

LOUIS VII ou le Jeune, fils cadet de Louis VI, né en 1120, sacré à Reims le 25 octobre 1131, règne seul 43 ans 1 mois 17 jours, et m. le 18 septembre.......... 1180

PHILIPPE II ou Auguste, son fils, né le 22 août 1165, sacré à Reims le 1 novembre 1179, succède le 18 septembre 1180, règne 42 ans 9 mois 26 jours, et m. le 14 juillet................................. 1223

LOUIS VIII le Lion, son fils, né le 3 septembre 1187, sacré à Reims le 6 août 1223, règne 3 ans 3 mois 24 jours, m. le

8 novembre 1226; a eu 11 enfants, dont 9 princes.

S. Louis IX, son fils, né à Poissy le 25 avril 1215, sacré à Reims le 29 novembre 1226, règne 43 ans 9 mois 26 jours, m. devant Tunis en Afrique le 25 août 1270, ses entrailles déposées à Mont-Réal en Sicile, ses os portés à St.-Denys le 22 mai 1271, canonisé le 11 août 1297, ses reliques portées à la Sainte-Chapelle de Paris le 25 août 1298; a eu 11 enfans, dont 6 princes; Robert de France, son cinquième fils, est la tige de la maison de Bourbon.

Philippe III, dit le Hardi, fils de S. Louis, né le 1 mai 1245, sacré à Reims le 15 août 1271, règne 15 ans 1 mois 15 jours, m. à Perpignan le 5 octobre.......... 1285

Philippe IV, dit le Bel, son fils, né en 1268, sacré à Reims le 6 janvier 1286, règne 29 ans 1 mois 23 jours, m. le 29 nov....... 1314

Louis X, dit le Hutin, son fils, né le 4 oct. 1289, roi de Navarre le 1 octobre 1307, sacré à Reims le 24 août 1315, règne un an 6 mois 6 jours, m. le 5 juin........ 1316

DE LA TROISIEME DYNASTIE.

JEAN I, roi de France et de Navarre, né posthume le 15 novembre 1316, m. le 19 du même mois.

PHILIPPE V ou le Long, frère de Louis X, régent du royaume depuis le 5 juin jusqu'au 19 novembre, roi de France le 19 novembre 1316, règne 5 ans 1 mois 14 j., m. le 2 janvier.................... 1322

CHARLES IV. dit le Bel, troisième fils de Philippe-le-Bel, roi de France et de Navarre, né l'an 1294 ou 1295, sacré à Reims le 21 février 1322, règne 6 ans 30 jours, m. le 1 février...................... 1328

PHILIPPE VI, auparavant comte de Valois, et cousin germain, fils de Charles, comte de Valois, qui fut troisième fils de Philippe-le-Hardi, roi de France; né en 1293, sacré à Reims le 29 mai 1328, règne 22 ans 5 mois 21 jours, m. le 22 août. 1356

JEAN II, dit le Bon, son fils aîné, né le 26 avril 1319, sacré le 26 septembre 1350, fait prisonnier le 19 septembre 1356, délivré en mai 1360, règne 13 ans 7 mois 13 jours, m. à Londres le 8 avril 1364, et inhumé à Saint-Denys en France.

CHARLES V, dit le Sage, son fils, né le 21 janvier 1337, est le premier dauphin de France; sacré à Reims le 29 mai 1364, règne 16 ans 5 mois 8 j., m. le 16 sept... 1380

CHARLES VI, dit le Bien-aimé, son fils, né à Paris le 3 décembre 1368, sacré à Reims le 4 novembre 1380, règne 42 ans 1 mois 6 jours, m. le 21 octobre............ 1422

CHARLES VII, dit le Victorieux, son fils, né le 22 février 1402, sacré à Reims le 17 juillet 1429, règne 38 ans 9 mois 1 jour, m. le 23 juillet.................. 1461

LOUIS XI, son fils, né le 3 juillet 1423, sacré à Reims le 15 août 1461, règne 22 ans 1 mois 8 jours, m. le 30 août...... 1483

CHARLES VIII, son fils, né le 20 juin 1470, sacré à Reims le 30 mai 1484, règne 14 ans 7 mois 9 jours, m. sans postérité le 7 avril............................ 1498

LOUIS XII, le Pere du peuple, fils de Charles, duc d'Orléans, qui était fils de Louis de France, duc d'Orléans, et ce dernier était fils de Charles V, roi de France; né à Blois le 27 juin 1462, sacré à Reims le 27 mai 1498, règne 16 ans 8 mois 23 j., et m. sans enfans mâles le 1 janvier.... 1515

François I, dit le Père des lettres, fils de Charles, comte d'Angoulême, qui eut pour père Jean, comte d'Angoulême, et pour aïeul Louis, duc d'Orléans, fils de Charles V, roi de France; né à Cognac le 12 septembre 1494, sacré à Reims le 25 janvier 1515, prisonnier à Pavie le 24 février 1525, règne 32 ans 2 mois 29 j., m. le 31 mars....................... 1547

Henri II, son fils, né le 31 mars 1519, sacré à Reims le 26 juillet 1547, règne 12 ans 3 mois 10 jours, et m. d'un coup de lance dans un tournoi, le 10 juillet.... 1559

François II, son fils, né le 19 janvier 1543, sacré le 18 septembre 1559, règne un an 4 mois 26 jours, m. sans postérité le 5 décembre......................... 1560

Charles IX, frère de François II, né le 27 juin 1550, sacré à Reims le 15 mai 1560, règne 15 ans 5 mois 25 jours (c'est sous son règne qu'a eu lieu la Saint-Barthélemi), m. sans enfans légitimes le 30 mai 1574

Henri III, autre frère de François II, né le 19 septembre 1551, élu roi de Pologne le 9 mai 1573, couronné le 15 février 1574, revient en France en septembre 1574, sacré à Reims le 13 février 1575, règne 15 ans 2 mois 3 jours, assassiné à Saint-Cloud le 1 août 1589, m. sans postérité le lendemain 2 dudit mois.

Henri IV, dit le Grand, auparavant roi de Navarre, cousin au dixième ou onzième degré, et cependant le plus proche héritier, né à Paris le 13 décembre 1553, roi de Navarre en 1572, roi de France le 2 août 1589, sacré à Chartres le 27 février 1594, règne 20 ans 9 mois 12 jours, assassiné à Paris le 14 mai............... 1610

Louis XIII, dit le Juste, son fils, et de Marie de Médicis, morte à Cologne le 3 juillet 1642, né le 27 septembre 1601, sacré à Reims le 17 octobre 1611, règne 33 ans accomplis, m. le 14 mai 1643; a eu deux fils, Louis XIV, qui suit, et Philippe de France, d'abord duc d'Anjou, puis duc d'Orléans, m. en 1701. Tige de la branche d'Orléans.

Louis XIV, dit le Grand, fils de Louis XIII et d'Anne d'Autriche, fille de Philippe

DE LA QUATRIEME DYNASTIE. 45

III, roi d'Espagne, morte le 20 janvier 1666; né le 5 septembre 1638; sacré à Reims le 7 juin 1654, marié le 4 juin 1660 avec Marie-Thérèse d'Autriche, fille de Philippe IV, roi d'Espagne, née le 20 septembre 1638, morte le 30 juillet 1683. Louis XIV règne 72 ans 3 mois 18 jours, et m. à Versailles le 1 sept............ 1715

Louis XV, surnommé le Bien-aimé, fils de Louis, duc de Bourgogne, né le 15 février 1710, sacré à Reims le 25 octobre 1722, marié en 1725 avec Marie-Anne Leczinski, princesse de Pologne; m. 1774

Louis XVI, né le 23 août 1754, mort le 21 janvier........................ 1793

QUATRIEME DYNASTIE,

DITE DES NAPOLÉONIENS ET L'IMPÉRIALE.

Napoléon I, né le 15 août 1769, empereur des Français le 18 mai 1804, sacré et couronné à Paris le 2 décembre de la même année, couronné roi d'Italie le 26 mai 1805, aujourd'hui régnant; marié le 11 mars 1810 à

MARIE-LOUISE, archiduchesse d'Autriche, fille de l'empereur François I, née le 12 décembre 1791, aujourd'hui impératrice régnante des Français, reine d'Italie. De ce mariage :

NAPOLÉON-FRANÇOIS-CHARLES-JOSEPH, PRINCE IMPÉRIAL des Français, ROI DE ROME, né le 20 mars 1811.

PRINCES ET PRINCESSES

DU SANG IMPÉRIAL DE FRANCE.

1. S. M. LE ROI JOSEPH-NAPOLÉON, frère de L'EMPEREUR DES FRANÇAIS, est né le 7 janvier 1768. Il est grand-électeur de l'empire, et ROI D'ESPAGNE ET DES INDES. *Voyez* ESPAGNE.

2. S. M. LE ROI LOUIS, frère de L'EMPEREUR, connétable de l'empire, né le 2 septembre 1778; marié le 3 janvier 1802 à *Hortense-Eugénie*, reine, née le 10 avril 1783. De ce mariage :

1º Napoléon-Louis, né le 11 octobre 1804, prince royal, grand-duc de Berg et de Clèves.

2º Charles-Louis-Napoléon, né le 20 avril 1808.

3. S. M. LE ROI JÉRÔME-NAPOLÉON, frère de l'EMPEREUR, né le 15 novembre 1784, ROI DE WESTPHALIE. *Voyez* l'article de ce royaume.

4. S. A. I. et R. MARIE-ANNE-ELISA, sœur de l'EMPEREUR, née le 3 janvier 1777, GRANDE-DUCHESSE, ayant le gouvernement général de la TOSCANE; mariée le 5 mai 1797 à S. A. S. le prince de *Lucques et de Piombino*, né le 18 mai 1762. De ce mariage :

    1° Charles-Jérôme, né le 3 juillet 1810.
    2° Napoléon-Elisa, née le 3 juin 1806.

5. S. A. I. et R. MARIE-PAULINE, sœur de l'EMPEREUR, née le 20 octobre 1780, PRINCESSE ET DUCHESSE DE GUASTALLA; mariée le 6 novembre 1803 à S. A. S. monseigneur le PRINCE BORGHÈSE, gouverneur-général des départemens au-delà des Alpes, né le 19 décembre 1775.

6. S. M. ANNONCIADE-CAROLINE, sœur de l'EMPEREUR, née le 25 mars 1782; mariée le 20 janvier 1800 à S. M. JOACHIM-NAPOLÉON, ROI DES DEUX-SICILES. *Voyez* NAPLES.

7. S. A. I. et R. MARIE LAETITIA, MADAME, mère de l'EMPEREUR ET ROI, née le 24 août 1750.

EMPIRE FRANÇAIS

SOUS LA QUATRIÈME DYNASTIE.

Etendue........   38,000 lieues carrées.
Population.....   43,000,000 d'habitans.
Revenus........   960,000,000 de francs.
Armée..........   670,000 hommes.

GRANDES DIGNITÉS DE L'EMPIRE.

Les grandes dignités de l'empire français se composent,

D'un grand-électeur.
D'un connétable.
D'un archi-chancelier de l'empire.
D'un archi-trésorier.
D'un archi-chancelier d'état.
D'un grand-amiral.
D'un gouverneur-général des départemens au-delà des Alpes.
D'un vice-grand-électeur.
D'un vice-connétable.

GRAND-ÉLECTEUR DE L'EMPIRE.

S. M. Joseph-Napoléon, roi des Espagnes et des Indes, frère de S. M. l'empereur des Français. *Voyez* ESPAGNE.

CONNÉTABLE DE L'EMPIRE.

S. M. le roi Louis, frère de l'empereur des Français. *Voyez* CONNÉTABLES DE FRANCE.

ARCHI-CHANCELIER DE L'EMPIRE.

S. A. S. monseigneur le duc de Parme.

ARCHI-TRÉSORIER DE L'EMPIRE.

S. A. S. monseigneur le duc de Plaisance.

ARCHI-CHANCELIER D'ÉTAT.

S. A. I. et R. monseigneur le prince Eugène, grand-duc héréditaire de Francfort, vice-roi d'Italie. *Voyez* FRANCFORT.

GRAND-AMIRAL.

S. M. Joachim-Napoléon, roi des Deux-Siciles. *Voyez* NAPLES.

GRANDS-OFFICIERS

GOUVERNEUR-GÉNÉRAL DES DÉPARTEMENS AU-DELA DES ALPES.

S. A. I. monseigneur le prince Borghèse.

VICE-GRAND-ÉLECTEUR.

S. A. S. monseigneur le prince de Bénévent.

VICE-CONNÉTABLE.

S. A. S. monseigneur le prince de Neufchâtel et de Wagram. *V.* les CONNÉTABLES DE FRANCE.

GRANDS-OFFICIERS DE L'EMPIRE.

Les grands-officiers de l'empire sont :

1° Les maréchaux de l'empire.
2° Le colonel-général des cuirassiers.
    Le colonel-général des dragons.
    Le colonel-général des hussards.
    Le colonel-général des chasseurs à cheval.
    L'inspecteur-général des côtes de la Méditerranée.
    L'inspecteur-général des côtes de l'Océan.
    L'inspecteur-général du génie.
    L'inspecteur-général de l'artillerie.

DE L'EMPIRE FRANÇAIS.

L'inspecteur-général des côtes de la mer du Nord.

L'inspecteur-général des côtes de la mer de Ligurie.

3° Les grands-officiers de la couronne.

MARÉCHAUX DE L'EMPIRE.

Voyez l'article des maréchaux de France.

COLONEL-GÉNÉRAL DES CUIRASSIERS.

S. Exc. monseigneur le comte Gouvion St-Cyr.

COLONEL-GÉNÉRAL DES DRAGONS.

S. Exc. monseigneur le comte Baraguey d'Hilliers.

COLONEL-GÉNÉRAL DES HUSSARDS.

S. Exc. monseigneur le duc d'Abrantès.

COLONEL-GÉNÉRAL DES CHASSEURS A CHEVAL.

S. Exc. monseigneur le comte de Grouchy.

INSPECTEUR-GÉNÉRAL DES CÔTES DE LA MÉDITERRANÉE.

S. Exc. monseigneur le comte Decrès.

INSPECTEUR-GÉNÉRAL DES CÔTES DE L'OCÉAN.

S. Exc. monseigneur le comte Gantheaume.

INSPECTEUR-GÉNÉRAL DU GÉNIE.

S. Exc. monseigneur le comte Dejean.

INSPECTEUR-GÉNÉRAL DE L'ARTILLERIE.

S. Exc. monseigneur le comte de la Riboissière.

INSPECTEUR-GÉNÉRAL DES CÔTES DE LA MER DU NORD.

S. Exc. monseigneur le comte de Winter.

INSPECTEUR-GÉNÉRAL DES CÔTES DE LA MER DE LIGURIE.

S. Exc. monseigneur . . . .

Les grands-officiers civils de la couronne sont:

Le grand-aumônier.
Le grand-maréchal du palais.
Le grand-chambellan.
Le grand-écuyer.
Le grand-veneur.
Le grand-maître des cérémonies.

GRAND-AUMÔNIER.

S. A. Em. monseigneur le cardinal Fesch.
Voyez les Grands-aumôniers de France.

GRAND-MARÉCHAL DU PALAIS.

S. Exc. monseigneur le duc de Frioul.

GRAND-CHAMBELLAN.

S. Exc. monseigneur le comte de Montesquiou-Fesenzac.
Voyez les Grands-chambellans de France.

GRAND-ÉCUYER.

S. Exc. monseigneur le duc de Vicence.
Voyez les Grands-écuyers de France.

GRAND-VENEUR.

S. Exc. monseigneur le prince de Neufchâtel et de Wagram.
Voyez les Grands-veneurs de France.

GRAND-MAÎTRE DES CÉRÉMONIES.

S. Exc. monseigneur le comte de Ségur.

CONNÉTABLES

DE FRANCE.

La dignité de connétable était la première de la couronne. Après le roi, ce dignitaire était le chef des armées de France. Le pouvoir que les connétables acquirent dans la suite, et dans l'état et dans l'armée, ayant paru trop considérable, Louis XIII en supprima l'office au mois de janvier 1627, par lettres-patentes registrées au parlement le 13 mars suivant. L'empereur Napoléon a rétabli cette dignité en 1804.

1. Alberic, vers l'an	1060
2. Balderic, en	1067
3. Gautbier, vers	1069
4. Adelme ou Aleaume, vers	1071
5. Adam, vers	1075
6. Thibaud de Montmorenci, 1087 jusq.	1090
7. Gaston de Chaumont,	1107
8. Hugues de Chaumont,	1108
9. Mathieu I de Montmorenci, m.	1160
10. Simon de Neaufle-le-Châtel, en	1165

CONNÉTABLES

11. Raoul I, comte de Clermont, m.	1191
12. Dreux de Mello, m. 3 mars	1218
13. Mathieu II de Montmorenci, m. 24 novembre	1230
14. Amauri II, comte de Montfort, m.	1241
15. Humbert V de Beaujeu,	1242
16. Giles de Trasignies, m. après.	1272
17. Humbert de Beaujeu, m.	1285
18. Raoul de Clermont-Nesle, tué à Courtrai 11 juillet	1302
19. Gaucher de Châtillon, m.	1329
20. Raoul I de Brienne, comte d'Eu, m. 18 janvier	1344
21. Raoul II de Brienne, comte d'Eu, m. 19 novembre	1350
22. Charles de Castille, dit d'Espagne, comte d'Angoulême, assassiné le 6 janvier	1354
23. Jacques de Bourbon, comte de la Marche, se démit 9 mai	1356
24. Gauthier IV, comte de Brienne, tué à Poitiers 19 sept.	1356
25. Robert de Fiennes, se démit	1359
26. Bertrand du Guesclin, m. 13 juill.	1380
27. Olivier de Clisson, dépossédé	1392

28. Philippe d'Artois, m. 15 juin — 1397
29. Louis de Sancerre, 6 fév. — 1402
30. Charles I, sire d'Albret, démis — 1411
31. Waleran de Luxembourg, comte de Saint-Pol, m. 15 août — 1413
    Charles d'Albret, rétabli, tué à Azincourt 25 oct. — 1415
32. Bernard VII, comte d'Armagnac, tué dans une sédition 12 juin — 1418
33. Charles I, duc de Lorraine, jusqu'en — 1424
34. Jean Stuart, comte de Boukande, tué 17 août — 1424
35. Artus de Bretagne, comte de Richemont, puis duc de Bretagne, m. 26 décembre — 1458
36. Louis de Luxembourg, comte de Saint-Pol, décapité 19 nov. — 1475
37. Jean II, duc de Bourbon, m. 1 avr. — 1488
38. Charles III, duc de Bourbon, tué 6 mai — 1527
39. Anne, duc de Montmorenci, m. 12 novembre — 1567
40. Henri I, duc de Montmorenci, mort 1 avril — 1614
41. Charles d'Albert, duc de Luines, mort 15 déc. — 1621

42. François de Bonne, duc de Lesdiguières, m. 28 sept. 1626
43. S. M. Louis-Napoléon, roi, connétable
de l'empire. 1804
S. A. S. monseigneur le prince de Wagram
et de Neufchâtel, vice-connétable de
l'empire.

GRANDS-AMIRAUX
DE FRANCE.

La dignité de grand-amiral de France remonte à l'an 1270. Elle est la première fonction militaire dans les armées navales.

1. Florent de Varennes était amiral de France en	1270
2. Enguerrand,	1285
3. Mathieu de Montmorenci, dit le Grand,	1304
4. Jean, sire d'Harcourt, maréchal de France, commandait l'armée navale en	1295
5. Othon de Tocy,	1296
6. Benoît Zacharie, Génois,	1298
7. Rainier de Grimaut,	1307
8. Thibaut, sire de Chepoi,	1308
9. Berenger Blanc,	1319
10. Gentien Tristan,	1324
11. Pierre Miège,	1327
12. Jean de Chepoi,	1334
13. Hugues Quieret,	1339

GRANDS-AMIRAUX.

14. Nicolas Behuchet,	1339
15. Louis d'Espagne, comte de Talmont,	1342
16. Pierre Flotte, se démit en oct.	1347
17. Jean de Nanteuil, grand-prieur d'Aquitaine,	1356

Jean de Chamigni, vice-amiral en 1356.

18. Enguerrand Quieret,	1357

Enguerrand de Mentenai, commissionné du 29 avril   1359

19. Jean de la Heuse, se démit en mars	1367
20. François de Perilleux, m.	1369

Etienne du Moustier, vice-amiral en 1368.

21. Aimeri, vicomte de Narbonne, destitué en	1373
22. Jean de Vienne, tué 26 sept.	1396
23. Renaud de Trie, se demit en	1405
24. Pierre de Brehan, dit Clignet, destitué en	1408
25. Jacques de Châtillon, tué 25 oct.	1415
26. Robert de Braquemont, destitué en	1418
27. Jeannet de Poix, n'exerça point.	
28. Charles de Recourt, dit de Lens,	1418
29. Georges de Beauvoir de Chatelus,	1420
30. Louis de Culant,	1436

Guillaume de la Pole, comte de Suffolck, prenait en 1424 la qualité d'amiral de France.

Edouard de Courtenai, Anglais, amiral de France en 1439.

31. André de Laval, seigneur de Lohéac, quitta cet office en 1439 pour être maréchal de France.

32. Pregent de Coitivi, tué en 1450

33. Jean de Beuil, comte de Sancerre, désappointé en 1461

Guillaume de Casenove, dit Coulon, vice-amiral en 1462.

34. Jean, sire de Montauban, m. 1466

35. Louis, bâtard de Bourbon, comte de Roussillon, m. 1486

Odet d'Aidie, amiral et gouverneur de Guienne, destitué en 1487

36. Louis Malet de Graville, se démit en 1508

37. Charles d'Amboise, seigneur de Chaumont, m. 11 févr. 1511

Louis II, sire de la Trimouille, amiral de Guienne et de Bretagne, tué à Pavie le 24 février 1524

DE FRANCE.

38. Guillaume Gouffier, seigneur de Bonnivet, tué à Pavie en — 1524
39. Philippe Chabot, comte de Charni, 1 juin — 1543
40. Claude d'Annebaut, 2 nov. — 1552
41. Gaspard de Coligni, massacré 24 août 1572
42. Honorat de Savoie, comte de Tende, se démit en 1578, m. — 1580
43. Charles de Lorraine, duc de Maïenne, se démit 1 juin — 1582
44. Anne, duc de Joyeuse, tué à Coutras 20 octob. — 1587
45. Jean-Louis de Nogaret, duc d'Epernon, 7 nov. 1587, se démit peu après.
46. Antoine de Brichanteau, marquis de Nangis, pourvu en 1589, sans aucun exercice.
47. Bernard de Nogaret, m. 11 fév. — 1592
François de Coligni, amiral de Guienne en 1589, m. en — 1591
48. Charles de Gontaut, duc de Biron, se démit en — 1594
49. André de Brancas, tué 24 juill. — 1595
50. Charles de Brancas, duc de Danville, m. en — 1612

51. Henri, duc de Montmorenci, se démit en ... 1626

    Louis XIII supprima cette charge par édit du mois d'octobre 1626.

52. Armand-Jean du Plessis de Richelieu, cardinal, établi, en oct. 1646, grand-maître, chef et surintendant général de la navigation, m. 4 déc. ... 1642

53. Armand de Maillé, duc de Fronsac, tué sur mer le 14 juin ... 1646

    Anne d'Autriche, reine régente, fut établie surintendante des mers de France le 4 juillet 1646; elle s'en démit en 1650.

54. César, duc de Vendôme, m. 22 oct. ... 1665

55. François de Vendôme, duc de Beaufort, tué le 25 juin ... 1669

    Louis XIV rétablit la dignité d'amiral en faveur de son fils.

56. Louis de Bourbon, comte de Vermandois, légitimé de France, m. 18 mars ... 1683

57. Louis-Alexandre de Bourbon, comte de Toulouse, m. 1 déc. ... 1737

58. Louis-Jean-Marie de Bourbon, duc de Penthièvre, m. ... 1794

Alain-Emmanuel de Coëtlogon, vice-amiral du levant en 1716, maréchal de France, m. en   1730

Charles, marquis de Sainte-Maure, lieutenant-général des armées navales, vice-amiral en 1730, m. 23 sept.   1744

François de Briqueville, comte de la Luzerne, vice-amiral du ponent en 1741, m. 9 septembre   1746

S. M. Joachim-Napoléon, roi des Deux-Siciles, grand-amiral de l'empire.

MARECHAUX

DE FRANCE.

La dignité de maréchal de France remonte à l'an 1185 : après celle de connétable, elle est la première fonction militaire des armées de terre.

1. Albéric Clément, seigneur du Mez, maréchal de France en 1185, tué à un assaut devant Saint-Jean d'Acre, en 1191
2. Névelon d'Arras, maréchal de France en 1207
3. Henri Clément, frère d'Albéric Clément, fut maréchal de France, et mourut en 1214
4. Gauthier de Nemours, maréchal de France en 1230
5. Ferri Pasté, seigneur de Chaleranges et de Malesherbes, mort 1245
6. Guillaume de Beaumont, mort 1250
7. Jean Clément, fils d'Henri Clément, premier du nom, mentionné plus haut, vivant en 1260

MARÉCHAUX.

8. Henri Clément II du nom, fils de Jean, mourut vers l'an ... 1264
9. Henri de Cousances, sénéchal de Gascogne, mort ... 1268
10. Raoul de Sores-d'Estrées, vivant en ... 1270
11. Eric de Beaujeu d'Hermenc, mort ... 1270
12. Renaud de Précigny, vivant en ... 1270
13. Lancelot de Saint-Maard, vivant en ... 1270

Ces quatre derniers accompagnèrent, en qualité de maréchaux de France, le roi S. Louis dans son expédition d'Afrique en 1270.

14. Ferri de Verneuil, vivant en ... 1272
15. Guillaume Crespin, seigneur du Bec, vivant en ... 1283
16. Jean II du nom, sire d'Harcourt, de Brionne et de Lillebonne, vivant en ... 1284
17. Raoul le Flamenc, seigneur de Cani, vivant en ... 1287
18. Jean de Varenne, vivant en ... 1291
19. Simon de Melun, seigneur de la Loupe, tué à la bataille de Courtrai le 11 juil. ... 1302
20. Gui de Clermont de Néele, tué à la bataille de Courtrai le 11 juil. ... 1302
21. Foulque de Merle,

MARÉCHAUX

22. Miles de Noyers, sire de Vandeuvres, se démit — 1315
23. Jean de Corbeil, m. — 1318
24. Jean de Beaumont, m. — 1318
25. Renaud de Trie, m. — 1324
26. Jean des Barres, vivant en — 1322
27. Matthieu de Trie, m. — 1344
28. Robert Bertrand, seigneur de Briquebecq, mort vers — 1348
29. Ansel, sire de Joinville, m. — 1351
30. Charles de Montmorenci, m. — 1381
31. Robert de Waurin, seigneur de Saint-Venant, m. — 1360
32. Bernard de Moreuil, vivant en — 1350
33. Gui de Nelle, tué en — 1353
34. Edouard, sire de Beaujeu, tué en — 1351
35. Rogue, sire de Hangest, m. — 1352
36. Jean de Clermont, seigneur de Chantilli, tué le 19 sept. — 1356
37. Arnoul d'Andrehan, se démit — 1369
38. Jean I le Maingre, dit Boucicaut, m. le 15 mars — 1367
39. Jean, sire de Neuville, exerce l'office de maréchal de France en — 1356
40. Jean de Mauquenchi, sire de Blainville, m. — 1391

41. Louis de Sancerre, depuis connétable.
42. Pierre de Craon, vivant en — 1382
43. Jean II le Maingre, dit Boucicaut, m. 1421
44. Jean, sire de Rieux, — 1418
45. Louis de Loigni, vivant en — 1411
46. Jacques, seigneur de Heilly, tué le 25 oct. — 1415
47. Pierre de Rieux, vivant en — 1438
48. Claude de Beauvoir, seigneur de Chastelus, m. — 1453
49. Jean de Villiers, seigneur de l'Isle-Adam, tué le 22 mai — 1437
50. Jacques de Montberon, — 1422
51. Antoine de Vergi, 29 oct. — 1439
52. Jean de la Baume, comte de Montrevel, 1435
53. Gilbert Motier, seigneur de la Fayette, 23 févr. — 1462
54. Amauri de Severac, — 1427
55. Jean de Brosse, seigneur de Sainte-Sévère, — 1433
56. Gilles de Laval, seigneur de Retz, 23 déc. — 1440
57. André de Laval, seigneur de Loheac, 1486
58. Philippe de Culant, m. — 1454
59. Jean, sire de Talbot, 17 juil. — 1453

MARÉCHAUX

60. Jean, dit Poton de Saintrailles, 7 oct. 1461
61. Jean, bâtard d'Armagnac, dit de Lescun, 1473
62. Joachim Rouhault, 7 avr. 1478
63. Wolfart de Borselle, 1487
64. Pierre de Rohan, seigneur de Gié, 22 avr. 1513
65. Philippe de Crèvecœur, dit de Querdes, 1494
66. Jean de Baudricourt, 11 mai 1499
67. Jean-Jacques Trivulce, déc. 1518
68. Charles d'Amboise, seigneur de Chaumont, 11 fév. 1511
69. Jacques de Chabanes, seigneur de la Palice, tué le 24 fév. 1524
70. Robert Stuart d'Aubigni, 1543
71. Odet de Foix, seigneur de Lautrec, 15 août 1528
72. Gaspard de Coligni, 24 avr. 1522
73. Anne de Montmorenci, depuis connétable, 12 nov. 1567
74. Thomas de Foix, seigneur de Lescun, 9 mars 1524
75. Théodore Trivulze, m. 1531
76. Robert de la Mark, duc de Bouillon, août 1537
77. René de Montejan, 1538

DE FRANCE.

78. Claude d'Annebaud, 2 nov. — 1552
79. Oudart du Biez, juin — 1553
80. Antoine de Lettes, dit des Prez, seigneur de Montpezat, 26 juin — 1546
81. Jean Caraccioli, prince de Melphe, 29 avr. — 1550
82. Robert de la Mark, duc de Bouillon, — 1556
83. Jacques d'Albon, seigneur de Saint-André, tué en — 1562
84. Charles de Cossé, comte de Brissac, 31 déc. — 1563
85. Pierre Strozzi, 20 juin — 1559
86. Paul de la Barthe, seigneur de Thermes, 5 mai — 1562
87. François, duc de Montmorenci, 6 mai — 1579
88. Imbert de la Platière, seigneur de Bourdillon, 4 avril — 1567
89. François de Scepeaux, seigneur de la Vielville, 30 nov. — 1571
90. Henri, duc de Montmorenci, depuis connétable, 1 avr. — 1614
91. Artus de Cossé, 15 janv. — 1582
92. Gaspard de Saulx, seigneur de Tavanes, mort en juin — 1573
93. Honorat de Savoie, marquis de Villars, vivant en — 1580

94. Albert de Gondi, duc de Retz, 21 avr. 1602
95. Roger de Saint-Lari, seigneur de Bellegarde, 1579
96. Blaise de Montluc, juil. 1577
97. Armand de Gontaut, baron de Biron, tué en 1592
98. Jacques de Matignon, comte de Thorigni, 27 juil. 1597
99. Jean d'Aumont, 19 août 1595
100. Guillaume, vicomte de Joyeuse, 1592
101. Henri de la Tour, vicomte de Turenne et duc de Bouillon, 1623
102. Charles de Gontaut, duc de Biron, décapité le 31 juil. 1603
103. Claude de la Châtre, 18 déc. 1614
104. Charles de Cossé, duc de Brissac, 1621
105. Jean de Montluc, seigneur de Balagni, 1603
106. Jean de Beaumanoir, marquis de Lavardin, nov. 1614
107. Henri, duc de Joyeuse, 27 sept. 1608
108. Alphonse d'Ornano, m. le 21 janv. 1610
109. Urbain de Laval, marquis de Sablé, 27 mars 1629
110. Guillaume de Hautemer, comte de Grancey, 1603

111. François de Bonne, duc de Lesdiguières, puis connétable, 1628
112. Concino-Concini, marquis d'Ancre, tué le 24 avr. 1617
113. Gilles de Souvré, 1626
114 Antoine, seigneur de Roquelaure, 1625
115. Louis de la Châtre, oct. 1630
116. Pons de Lauzières, de Thémines, en 1627
117. François de la Grange, seigneur de Montigny, 9 sept. 1617
118. Nicolas de l'Hôpital, duc de Vitry, 28 sept. 1644
119. Charles de Choiseul, marquis de Praslin, 1 fév. 1626
120. François de la Guiche, seigneur de Saint-Géran, 2 déc. 1632
121. Honoré d'Albert, duc de Chaulne, 30 oct. 1649
122. François d'Esparbez de Lussan, vicomte d'Aubeterre, janv. 1628
123. Charles de Créqui-Blanchefort, duc de Lesdiguières, m. le 17 mars 1638
124. Gaspard de Coligni, seigneur de Châtillon-sur-Loing, petit-fils de l'amiral, m. le 4 janv. 1646

125. Jacques Nompar de Caumont, duc de la Force, 10 mai — 1652
126. François de Bassompierre, 12 oct. — 1646
127. Henri de Schomberg, 17 nov. — 1632
128. François Annibal, duc d'Estrées, 5 mai — 1670
129. Jean-Baptiste d'Ornano, 2 sept. — 1626
130. Timoléon d'Espinai, seigneur de Saint-Luc, 12 sept. — 1644
131. Louis de Marillac, décapité le 8 mai — 1632
132. Henri, duc de Montmorenci, décapité le 30 oct. — 1633
133. Jean de Saint-Bonnet, seigneur de Thoiras, tué le 14 juin — 1636
134. Antoine Coiffier, dit Rusé, marquis d'Effiat, 27 juil. — 1632
135. Urbain de Maillé, marquis de Brézé, 13 fév. — 1650
136. Maximilien de Béthune, duc de Sully, 21 déc. — 1641
137. Charles de Schomberg, duc de Hallwin, 6 juin — 1656
138. Charles de la Porte, duc de la Meilleraye, m. le 8 fév. — 1664
139. Antoine, duc de Grammont, 12 juil. — 1678

140. Jean-Baptiste Budes, comte de Guébriant, 24 nov. 1643
141. Philippe de la Mothe-Houdancourt, duc de Cardone, 24 mars 1653
142. François de l'Hôpital, comte de Rosnai, 20 mai 1660
143. Henri de la Tour, vicomte de Turenne, qui fut fait le 7 avril 1660 maréchal-général des camps et armées du roi, tué le 27 juil. 1675
144. Jean de Gassion, 2 oct. 1647
145. César, duc de Choiseul, 23 déc. 1675
146. Josias, comte de Rantzau, 4 sept. 1650
147. Nicolas de Neuville, duc de Villeroi, gouverneur de Louis XIV, 1685
148. Antoine, duc d'Aumont, 11 janv. 1669
149. Jacques d'Estampes, marquis de la Ferté-Imbaut, 20 mai 1668
150. Charles de Monchi, marquis d'Hocquincourt, tué le 13 juin 1658
151. Henri de Saint-Nectaire, duc de la Ferté-Senneterre, m. le 27 sept. 1681
152. Jacques Rouxel, comte de Grancey, en 1680
153. Armand Nompar de Caumont, duc de la Force, 16 déc. 1675

MARÉCHAUX

154. Louis Foucault, comte de Daughon, 10 oct.   1659
155. César - Phébus d'Albret, comte de Miossans, 3 sept.   1676
156. Philippe de Clérembaut, comte de Palluau, 24 juil.   1665
157. Jacques, marquis de Castelnau, 15 juil.   1658
158. Jean de Schulemberg de Mondejeu,   1671
159. Abraham de Fabert, 17 mai   1662
160. François de Créqui, 4 fév.   1687
161. Bernardin Gigault, marquis de Bellefons, 4 déc.   1694
162. Louis de Crevant, duc de Humières, 30 août   1694
163. Godefroi, comte d'Estrades, 26 fév.   1686
164. Philippe de Montault de Benac, duc de Navailles, 5 fév.   1684
165. Frédéric-Armand, comte de Schomberg, tué le 22 juil.   1690
166. Jean-Henri de Durefort, duc de Duras, 12 oct.   1704
167. Louis-Victor de Rochechouart, duc de Vivone, m. le 15 sept.   1688
168. François d'Aubusson de la Feuillade, duc de Rouannois, 19 sept.   1691

169. François-Henri de Montmorenci, duc de Piney-Luxembourg, 4 janv. 1695
170. Henri-Louis d'Aloigny, marquis de Rochefort, 22 mai 1676
171. Gui-Aldonce de Durfort, duc de Lorges-Quintin, 22 oct. 1702
172. Jean, comte d'Estrées, 19 mai 1707
173. Claude, comte de Choiseul, 1711
174. François, duc de Villeroi, gouverneur de Louis XV, 1731
175. Jean-Armand, marquis de Joyeuse, 1710
176. Louis-François, duc de Boufflers, 22 août 1711
177. Anne-Hilarion de Costentin, comte de Tourville, 28 mai 1701
178. Anne-Jules, duc de Noailles, 2 oct. 1708
179. Nicolas Catinat, seigneur de Saint-Gratien, 25 fév. 1712
180. Louis-Hector, duc de Villars, 17 juin 1734
181. Noël Bouton, marquis de Chamilli, m. 1715
182. Victor-Marie, comte d'Estrées, 27 oct. 1737
183. François-Louis Rousselet, marquis de Château-Renaud, 1716
184. Sébastien le Prêtre, seigneur de Vauban, 30 mars 1707

MARÉCHAUX

185. Conrad de Rosen, 1715
186. Nicolas Chalon du Blé, marquis d'Huxelles, 1730
187. René de Froulay, comte de Tessé, 1726
188. Nicolas-Auguste de la Baume, marquis de Montrevel, 1716
189. Camille d'Hostun, duc de Tallard, 30 mars 1728
190. Henri, duc d'Harcourt, 1718
191. Ferdinand, comte de Marchin, tué le 7 sept. 1706
192. Jacques Fitz-James, duc de Berwick, tué le 12 juin 1734
193. Charles-Auguste de Goyon de Matignon, comte de Gacé, 6 déc. 1729
194. Jacques Bazin, seigneur de Bezons, 22 mai 1733
195. Pierre de Montesquiou, comte d'Artagnan, 12 août 1725
196. Victor-Maurice, comte de Broglio, 4 août 1727
197. Antoine-Gaston-Jean-Baptiste, duc de Roquelaure, m. le 6 mai 1738
198. Jacques-Léonor Rouxel, comte de Médavi et de Grancey, 6 nov. 1725

199. Eléonore-Marie du Maine, comte du Bourg, 15 janv. 1739
200. Yves, marquis d'Alègre, 9 mars 1733
201. Louis, vicomte d'Aubusson, duc de la Feuillade, 29 janv. 1725
202. Antoine, duc de Grammont, 16 sept. 1725
203. Alain-Emmanuel de Coetlogon, 7 juin 1730
204. Armand-Charles de Gontaut, duc de Biron, 1756
205. Jacques de Chastenet, seigneur de Puiségur, vicomte de Busanci, 15 août 1743
206. Claude-François Bidal, marquis d'Asfeld, chevalier de la Toison d'or, 7 mars 1743
207. Adrien-Maurice, duc de Noailles, 1766
208. Chrétien-Louis de Montmorenci-Luxembourg, prince de Tingri, 23 nov. 1746
209. François de Franquetot, comte, puis duc de Coigny, m. 1759
210. François-Marie, comte, puis duc de Broglio et de Revel, m. le 22 mai 1745
211. Louis de Brancas, comte de Forcalquier, m. en 1750
212. Louis-Auguste d'Albert d'Ailli, duc de Chaulnes, 9 nov. 1744
213. Louis de Grand-Villain de Mérode et

de Montmorenci, prince d'Isen-
ghien, nommé en 1741
214. Louis-Armand de Brichanteau, marquis de Nangis, mort en 1742
215. Jean-Baptiste, duc de Duras-Durefort, nommé en 1741
216. Jean-Baptiste-François Desmarets, marquis de Maillebois, m. en 1762
217. Charles-Louis-Auguste Fouquet de Belle-Isle, puis duc de Gisors, m. en 1761
218. Maurice, comte de Saxe, fait maréchal-général en 1746, capitaine-général des Pays-Bas le 17 sept. 1747, m. en 1750
219. Jean-Baptiste-Louis Andrault, marquis de Maulevrier-Langeron, chevalier de la Toison d'or, nommé en 1754
220. Charles-Guillaume Testu, marquis de Balincourt, nommé en 1746
221. Philippe-Charles, marquis de la Fare, m. en 1752
222. François, duc d'Harcourt, m. en 1750
223. Claude-Roland, comte de Laval-Montmorenci, m. en 1751
224. Gaspard, comte de Clermont-Tonnerre-Vauvillars, nommé en 1747

225. Louis-Charles, comte de la Mothe-Houdancourt, m. en 1755
226. Woldemar, comte de Lowendal, m. en 1755
227. Louis-François-Armand de Wignerod du Plessis, duc de Richelieu, nommé en 1748

Nomination de l'année 1757.

228. Jean-Charles, marquis de Senneterre.
229. Jean-Hector du Fay, marquis de la Tour-Maubourg.
230. Daniel-François de Gélas de Voisins d'Ambres, vicomte de Lautrec.
231. Louis-Antoine de Gontaut, duc de Biron.
232. Gaston-Charles-Pierre de Levis, duc de Mirepoix, m. en 1757
233. Charles-François de Montmorenci, duc de Luxembourg.
234. Charles O'Brien, déclaré comte de Thomond, m. en 1761
235. Louis-César le Tellier, duc d'Estrées.

Nomination de l'année 1758.

236. Ladislas-Ignace, comte de Bercheni.

MARÉCHAUX

237. Hubert, comte de Conflans.
238. Georges-Erasme, marquis de Contades.
239. Charles de Rohan, prince de Soubise.

Nomination de l'année 1759.

240. Victor-François, duc de Broglie.

Nomination de l'année 1768.

241. Le duc de Lorges.
242. Le comte d'Armentières.
243. Le duc de Brissac.

Nomination de l'année 1775.

244. Le duc d'Harcourt.
245. Le duc de Noailles.
246. Le comte de Nicolaï.
247. Le duc de Fitz-James.
248. Le duc de Mouchi.
249. Le comte de Muy.
240. Le comte de Duras.

Nomination de l'année 1783.

251. Le comte de Mailly d'Aucourt.
252. Le marquis d'Aubeterre.
253. Le prince de Beauvau.
254. Le marquis de Castries.

255. Le comte de Vaux.
256. Le duc de Laval.
257. Le marquis de Ségur.
258. Le comte de Choiseuil-Stainville.
259. Le marquis de Levis.

Nomination de l'année 1792.

250. M. de Luckner.
261. M. le comte de Rochambeau.

MARÉCHAUX DE L'EMPIRE.

Monseigneur le prince de Neufchâtel.
Monseigneur le duc de Conegliano.
Monseigneur le prince d'Esling, duc de Rivoli.
Monseigneur le duc de Castiglione.
S. A. R. le prince de Pontecorvo.
Monseigneur le duc de Dalmatie.
M. Brune.
M. Jourdan.
Monseigneur le duc de Montebello, mort des suites des blessures qu'il reçut à la bataille d'Esling.
Monseigneur le duc de Trévise.
Monseigneur le duc d'Elchingen.

Mgr. le prince d'Eckmulh, duc d'Auerstaedt.
Monseigneur le duc d'Istrie.
Monseigneur le duc de Bellune.
Monseigneur le duc de Reggio.
Monseigneur le duc de Raguse.
Monseigneur le duc de Tarente.
Monseigneur le comte Suchet.

SÉNATEURS AYANT TITRE DE MARÉCHAUX DE L'EMPIRE.

Monseigneur le duc de Valmy.
Monseigneur le duc de Dantzick.
Monseigneur le comte Pérignon.
Monseigneur le comte Serrurier.

CHANCELIERS
DE FRANCE.

La dignité de chancelier était la première fonction civile et de justice de la monarchie; elle remonte à l'an 750.

1. Saint Boniface, archevêque de Mayence, *archichancelier* du roi Pepin en	752
2. Francon, chancelier en	754
3. Wolfard,	761
4. Bedilon,	766
5. Ithier,	768
6. Ludebert, chancelier de Charlemagne,	769
7. Radon,	770
8. Barthélemi,	771
9. Archambaud,	775
10. Engelram, évêque de Metz, mort le 25 déc.	791
11. Hildebold, archevêque de Cologne, mort le 2 sept.	818
12. Eginard, archichapelain et notaire de Charlemagne, en	805

13. Autpert, abbé, 809
14. Hélisachar, abbé de Saint-Maximin de Trèves, vers 814
15. Louis, en 816
16. Regemfroi, archevêque de Vienne, 819
17. Fridegise, abbé de Saint-Martin de Tours, vers 820
18. Theudon, abbé de Saint-Martin de Tours. 826
19. Hugues, vers 837
20. Louis, abbé de Saint-Denys, en 842, m. le 9 janv. 865
21. Gauzelin, abbé de Saint-Denys, puis évêque de Paris. 867
22. Adelgarius, sous Charles-le-Chauve. 870
23. Luitward, évêque de Verceil, en 886
24. Ebles de Poitiers, abbé de S.-Hilaire, 893
25. Foulque, archevêque de Reims, 873, assass. en 900
26. Adelgaire, sous le roi Eudes, en 894
27. Gauthier, 896
28. Anscheric, évêque de Paris.
29. Roger, archevêque de Trèves, sous Charles-le-Simple. 910
30. Hervé, archevêque de Reims, m. 22 juil. 922

31. Abbon, évêque de Soissons, sous le roi Raoul, en 923
32. Ansechise, évêque de Troyes, 925
33. Elric, évêque de.... vers 942
34. Hugues de Vermandois, archevêque de Reims, vers 948
35. Artaud, archevêque de Reims, vers 950, m. le 30 sept. 961
36. Odalric, archevêque de Reims, m. le 8 des ides de nov. 974

CHANCELIERS ET GARDES DES SCEAUX SOUS LA TROISIÈME RACE.

1. Adalberon, archevêque de Reims, chancelier sous les rois Lothaire, Louis V et Hugues Capet; il sacra ce dernier en 987, m. le 5 janv. 989
2. Renaud, évêque de Paris, en 992
3. Gerbert, archevêque de Reims, fut quelque tems chancelier, puis élu pape, dit Silvestre II; m. le 12 mai 1005
4. Roger, évêque de Beauvais, vers 995, m. le 24 juin 1024
5. Francon, en 1019, m. le 9 avr. 1028

6. Arnoul, archevêque de.... vers 1018
7. Baudouin, sous Robert et Henri I. 1060
8. Gervais, évêque du Mans, vers 1059,
   m. le 4 juil. 1084
9. Baudouin, en 1065
10. Pierre, dit de Loislèves, en 1067, abbé
    de Saint-Germain-des-Prés en 1078,
    m. en 1082
11. Guillaume, en 1074
12. Roger, 1080
13. Godefroi de Boulogne, évêque de Paris, 1087
14. Ursion, évêque de Senlis, 1090
15. Hubert, 1092
    Ambaldus, vice-chancelier en 1095
16. Philippe de Senlis, en 1106, se démit
    l'an 1118
17. Etienne de Garlande, en 1118, se démit
    en 1127
18. Simon, en 1130
19. Algrin, chanoine d'Etampes, 1139
20. Noël, abbé de Rebez en Brie, 1140
21. Cadur, chapelain de Louis VII, 1147
22. Barthélemi, 1147
23. Simon, 1153
24. Hugues de Champ-Fleuri, évêque de

DE FRANCE.

 Soissons, 1151, m. le 4 sept. — 1155
25. Hugues de Puiseaux, 1183, m. vers — 1185
26. Hugues de Béthisi, en — 1186
 Gui d'Athies, vice-chancelier en — 1201
27. Frère Guérin, chevalier de Saint-Jean de Jérusalem, fut fait garde des sceaux en 1223, évêque de Senlis en 1213, et chancelier en 1223; se démit en 1228, m. le 19 avr. — 1230

 Philippe d'Antoni porta le grand scel du roi S. Louis en 1245.
 Nicolas, doyen de Chartres, porta le scel de S. Louis en 1249, m. en Egypte en — 1250
 Gilles, archevêque de Tyr, portait le scel en 1255.
 Raoul de Grosparmi, doyen de St.-Martin de Tours, garde du scel du roi en 1258, évêque d'Evreux en 1259, puis cardinal légat outre-mer, où il m. en — 1270
 Simon de Brion, dit de Brie, trésorier de St.-Martin de Tours, garde des sceaux en 1261, qu'il fut créé cardinal. Il fut pape sous le nom de Martin IV.

28. Pierre Barbet, archidiacre de Chartres vers l'an 1271; il fut archevêque de Reims en 1274, et m. le 3 oct. — 1300

29. Henri de Vezelai, archidiacre de Bayeux en   1279
30. Pierre Challon, doyen de Saint-Martin de Tours vers   1302
31. Jean de Vassoigne, l'an 1292, élu la même année évêque de Tournai, m. en   1300
32. Guillaume de Crespi, doyen de Saint-Aignan d'Orléans en 1293. Il remit les sceaux en 1296, et était encore chancelier en   1298
33. Pierre Flotte, seigneur de Revel, vers 1301, m. à la bataille de Courtrai les armes à la main, 11 juil.   1302
34. Etienne de Suizi, appelé l'archidiacre de Sens, en 1304, créé cardinal le 15 déc. 1305, m. le 10 déc.   1311
35. Pierre de Mornai, évêque d'Orléans, 1304, m. en   1306
36. Pierre de Belleperche, évêque d'Auxerre, 1306, m. le 7 janv.   1307
37. Pierre de Corbeil.
38. Guillaume de Nogaret, 1309. Il était garde des sceaux depuis sept.   1307
39. Gilles Aycelin de Montagu, archevêque

de Narbonne, puis de Rouen, 1313,
m. le 23 juin   1318
40. Pierre de Latilly, évêque de Châlons, en 1314
41. Etienne de Mornai, chanoine d'Auxerre,
1315, m. le 31 avr.   1332
42. Pierre d'Arrablay; il fut créé cardinal
en   1317
43. Pierre de Chappes, 1320. Il fut élu
évêque de Chartres en 1326, et cardinal en 1327; m. le 24 mars 1336
44. Jean de Cherchemont, trésorier de l'église de Poitiers, vers la fin de janvier 1320. Les sceaux lui furent ôtés le 2 janvier 1321, et rendus le 19 nov. 1323, et il les garda jusqu'à sa mort, 25 oct.   1328
45. Pierre Rodier, chanoine de Saint-Martial de Limoges; il fut évêque de Carcassonne en   1323
46. Mathieu Ferrand, chanoine de Saint-Quentin, en   1329
47. Jean de Marigny, évêque de Beauvais, puis archevêque de Rouen, m.   1351
48. Guillaume de Sainte-Maure, chanoine de Tours, m.   1334

8.

49. Pierre Rogier, évêque d'Arras, fut chancelier, selon quelques uns, après Guillaume de Sainte-Maure. Il fut élu pape sous le nom de Clément VI.
50. Gui Baudet, évêque de Langres, m. 1338
51. Etienne de Vissac, se démit en 1339
52. Guillaume Flotte, seigneur de Revel, se démit en 1347
53. Firmin de Coquerel, évêque de Noyon, m. en 1349
54. Pierre de la Forest, évêque de Tournai, m. 1361

Foulque Bardoul, conseiller au parlement de Paris, eut les sceaux pendant la disgrace de Pierre de la Forest.

55. Gilles Aycelin, évêque de Lavaur, m. 1378
56. Jean de Dormans, évêque de Beauvais, m. en 1373
57. Guillaume de Dormans, avocat du roi au parlement de Paris, m. 1373
58. Pierre d'Orgemont, seigneur de Chantilly, m. 1389
59. Miles de Dormans, évêque de Beauvais, m. 1387
60. Pierre, seigneur de Giac, m. 1407

61. Arnaud de Corbie, premier président au parlement de Paris, destitué en 1398
62. Nicolas du Bois, dit du Bosc, évêque de Bayeux, premier président en la chambre des comptes de Paris, m. 1408
   Arnaud de Corbie, rétabli en 1400, déposé en 1405
63. Jean de Montagu, évêque de Chartres, fut tué à Azincourt en 1415
   Arnaud de Corbie, rétabli le 17 juin 1409, déchargé le 31 avril 1412 à cause de son grand âge, et m. 1413
64. Eustache de Laistre, seigneur d'Escuri, destitué en 1413
65. Henri le Corgne, dit de Marle, massacré en 1418
   Eustache de Laistre, rétabli, m. 1420
66. Jean le Clerc, seigneur de Luzarche, se démit en 1424
67. Louis de Luxembourg, évêque de Térouenne, m. 1443
68. Thomas Hoo, chevalier anglais, en 1449
69. Robert le Maçon, seigneur de Trèves, m. en 1442
70. Martin Gouge de Charpaigne, évêque de Clermont, m. 1444

71. Renaud de Chartres, archevêque de Reims, m. 1445
72. Guillaume Jouvenel des Ursins, baron de Trainel, destitué en 1461
73. Pierre de Morvilliers, m. 1476
    Guillaume des Ursins, rétabli, m. 1472
74. Pierre d'Oriolle, m. 1485
75. Guillaume de Rochefort, seigneur de Pleuvant, m. 1492
    Adam Fumée, médecin des rois Charles VII et Louis XI, fut commis à la garde des sceaux, m. en 1494
76. Robert Briçonet, archevêque de Reims, m. en 1497
77. Gui de Rochefort de Pleuvant, conseiller-clerc au parlement de Dijon, m. 1507
78. Jean de Ganay, seigneur de Persan, m. 1512
    Etienne Poncher, évêque de Paris, garde des sceaux, m. en 1524
79. Antoine du Prat, premier président du parlement de Paris, m. 1535
80. Antoine du Bourg, baron de Saillant, m. en 1538
    Mathieu de Longuejoue, évêque de Soissons, eut les sceaux en 1538
81. Guillaume Poyet, m. 1548

François de Montholon, commis à la garde du sceau, m. en ... 1543
François Errault, seigneur de Chemans, garde des sceaux, m. en ... 1544
Mathieu de Longuejoue, rétabli en 1544, m. en ... 1558
82. François Olivier, seigneur de Leuville, m. ... 1560
Jean Bertrand, garde des sceaux en 1559, évêque de Comminges, etc. m. en ... 1560
83. Michel de l'Hôpital, m. ... 1573
Jean de Morvilliers, évêque d'Orléans, garde des sceaux, m. en ... 1577
84. René de Birague, patrice milanais, m. ... 1583
85. Philippe Huraut, comte de Chiverni, m. ... 1599
François II de Montholon, garde des sceaux, m. en ... 1590
Charles de Bourbon, cardinal de Vendôme, tint les sceaux sans provision en 1590, et ne scella qu'en plein conseil, dont il était chef.
86. Pompone de Bellièvre, seigneur de Grignon, m. ... 1607
87. Nicolas Brulard, seigneur de Silleri, m. ... 1624
Guillaume du Vair, garde des sceaux, m. ... 1621
Claude Mangot de Villarceau, eut les sceaux en ... 1617

Claude d'Albert, duc de Luines, et connétable de France, eut les sceaux par commission, m. en   1621
Meri de Vic, seigneur d'Ermenonville, m.   1622
Louis le Fevre, seigneur de Caumartin, président au grand-conseil, m. en   1623

88. Etienne d'Aligre, conseiller d'état, m.   1635

Michel de Marillac, surintendant des finances, eut les sceaux, m. en   1632
Charles de Laubespine, marquis de Châteauneuf, eut les sceaux, qui lui furent ôtés en   1633

89. Pierre Séguier, comte de Gien, président au parlement de Paris, m.   1672

Charles de Laubespine reçut une seconde fois les sceaux, et les remit; il m. en   1653
Mathieu Molé de Champlâtreux, premier président du parlement de Paris, eut les sceaux, et m. en   1656
Louis XIV tint les sceaux en   1672

90. Etienne II d'Aligre, doyen du conseil, m.   1677

91. Michel le Tellier, seigneur de Louvois, m.   1685

92. Louis Boucherat, seigneur de Compans et conseiller d'état, m.   1699

DE FRANCE.

93. Louis Phelipeaux, comte de Pontchartrain, ministre et secrétaire d'état, et contrôleur-général des finances, m. 1727
94. Daniel-François Voisin, seigneur de la Noiraie, ministre et secrétaire d'état, m. subitement en 1717
95. Henri-François d'Aguesseau, seigneur de Fresne et procureur-général du parlement de Paris, en 1737
Marc-René le Voyer de Paulmi, marquis d'Argenson, conseiller d'état, garde des sceaux, m. en 1721
Joseph-Jean-Baptiste Fleuriau, seigneur d'Armenonville, secrétaire d'état, garde des sceaux, m. en 1732
Germain-Louis Chauvelin, seigneur de Gros-Bois, président du parlement de Paris, en 1737
Les sceaux furent rendus à M. le chancelier.
96. Guillaume de Lamoignon-Malesherbes, en 1750
97. Jean-Baptiste de Machault, garde des sceaux, en 1750
98. Louis XV tient les sceaux depuis le 14 mars 1757 jusqu'au 15 oct. 1761

99. Nicolas-René Berryer, garde des sceaux, en   1761
100. Paul-Esprit Feydeau de Brou, garde des sceaux, en   1762
101. René-Charles de Maupeou, vice-chancelier et garde des sceaux, puis chancelier en   1768
102. Armand-Thomas Hue de Miroménil, garde des sceaux, depuis 1774 jusqu'en   1787
103. Chrétien-François de Lamoignon de Basville, garde des sceaux, en   1787
104. Charles-Louis-François-de-Paule-Honoré de Barentin, garde des sceaux, en   1788
105. Jérôme-Marie Champion de Cicé, garde des sceaux, en   1789

Sous la quatrième dynastie le chef de la justice porte le titre de grand-juge, ministre de la justice.

S. Exc. monseigneur le duc de Massa, grand-juge et ministre de la justice, en exercice.

GRANDS-AUMONIERS
DE FRANCE.

La dignité de grand-aumônier de France est le premier office ecclésiastique de la maison du souverain. Dans les premiers tems de la monarchie, celui qui en était revêtu ne portait que le titre de *chapelain du roi* : mais, en 1486, le roi Charles VIII créa Geoffroi de Pompadour, évêque d'Angoulême, son *grand-aumônier* ; et François I, en 1543, institua le cardinal de Meudon *grand-aumônier de France*, par lettres-patentes datées du 7 août.

1. Fulrad, abbé de Saint-Denys, chapelain du roi Pepin en   756
2. Siculfe, chapelain de l'empereur Charlemagne en   780
3. Hilduin, archichapelain de l'empereur Louis-le-Débonnaire en   835
4. Drogon, chapelain de l'empereur Lothaire en   986
5. Eustache, chapelain du roi Philippe I en   1067

6. Roger, évêque de Séez, qualifié d'aumônier du roi Louis VII en — 1160
7. Pierre, chapelain de Philippe-Auguste en — 1183
8. Frère Chrétien, dit le Pieux, aumônier du roi en — 1230
9. Frère Simon de la Chambre, aumônier de Philippe-le-Bel, m. — 1307
10. Frère Jean des Granges, prieur de Beaulieu, en — 1307
11. Pierre, en — 1309
12. Frère Jean du Tour, templier, aumônier de Philippe-le-Bel en — 1310
13. Frère Jean de Granpré, aumônier de Philippe-le-Bel en — 1314
14. Frère Guillaume de Lignais ou d'Igni, aumônier de Philippe-le-Long en — 1321
15. Frère Jean de Brumez, religieux de l'ordre de la Trinité, en — 1325
16. Guillaume Morin, en — 1326
17. Nicolas de Neuville, en — 1327
18. Guillaume de Feucherolles, en — 1343
19. Regnaud Saget fit l'office d'aumônier dans la guerre de Bretagne, en — 1342
20. Pierre de Saint-Placide, en — 1350

21. Michel de Breiche, m. 1363
22. Garnier de Berron, chanoine de la Sainte-Chapelle de Paris, m. 1380
23. Silvestre de la Cervelle, aumônier de France, m. 1381
24. Pierre de Prouverville, aumônier de France en 1382
25. Denys de Collours, m. 1383
26. Michel de Crenay, chanoine de la Ste.-Chapelle, m. 1409
27. Pierre d'Ailly, trésorier de la Sainte-Chapelle, m. 1425
28. Pierre Mignot, en 1397
29. Hugues Blanchet, chanoine de Paris, trésorier de la Sainte-Chapelle, et maître des requêtes, m. 1406
30. Pierre Prophète, en 1408
31. Pierre des Champs, depuis cardinal, en 1409
32. Jean de Courtecuisse, évêq. de Paris, en 1418
33. Philippe Aimenon, en 1422
34. Etienne de Montmoret, aumônier de Charles VII, m. 1446
35. Jean d'Aussi, docteur et professeur en théologie, évêque de Langres, en 1446

36. Jean Balue, aumônier du roi Louis XI, cardinal et ministre, m. en — 1491
37. Angelo Catto, napolitain, médecin et aumônier de Louis XI, m. — 1497
38. Jean Thuyer, m. — 1485
39. Geoffroi de Pompadour, évêque d'Angoulême, puis de Périgueux, et enfin du Puy en Velay, est le premier qui ait pris la qualité de *grand-aumônier du roi*, m. — 1514
40. François le Roi-Chavigni, m. — 1515
41. Adrien Gouffier, évêque de Coutances, fut nommé grand-aumônier en — 1519
42. François des Moulins, dit de Rochefort, en — 1526
43. Jean le Veneur, évêque de Lisieux, m. — 1543
44. Antoine Sanguin, dit le cardinal de Meudon, se démit en — 1547
45. Philippe de Cossé, évêque de Coutances, m. — 1548
46. Pierre du Chastel, évêque d'Orléans, m. — 1551
47. Bernard de Ruthie, abbé de Pont-le-Voy, m. — 1556
48. Louis de Brézé, évêque de Meaux, m. — 1589

49. Charles de Humières, évêque de Bayeux, m. en 1571
50. Jacques Amyot, évêque d'Auxerre, m. 1591
51. Renaud de Beaune, archevêque de Bourges, puis de Sens, m. 1606
52. Jacques Davi du Perron, cardinal, évêque d'Evreux et archevêque de Sens, m. 1618
53. François de la Rochefoucauld, cardinal, évêque de Clermont et de Senlis, m. 1645
54. Alphonse-Louis du Plessis de Richelieu, cardinal et archevêque de Lyon, m. 1653
55. Antoine Barberin, cardinal et archevêque de Reims, m. 1671
56. Emmanuel-Théodose de la Tour, cardinal de Bouillon, m. 1715
57. Pierre du Cambout, cardinal de Coislin et évêque d'Orléans, m. 1706
58. Toussaint de Forbin, cardinal de Janson et évêque de Beauvais, m. 1713
59. Armand-Gaston de Rohan, cardinal, évêque et prince de Strasbourg, en 1713

GRANDS-AUMONIERS.

60. Armand, cardinal de Soubise, reçu en survivance.
61. Charles-Antoine de la Roche-Aymond, archevêque de Reims, en 1762
62. Louis-René-Edouard de Rohan-Soubise, dit le prince Louis, cardinal, se démet en 1786
63. S. A. Em. Joseph Fesch, cardinal, archevêque de Lyon, grand-aumônier de l'empire, en exercice.

GRANDS-CHAMBELLANS
DE FRANCE.

Les fonctions principales de grand-chambellan, sous les premières dynasties de nos rois, étaient d'avoir soin des armes du roi, et de préparer tout ce qui était nécessaire à la réception des chevaliers des différens ordres. Il devait toujours être près de la personne du roi, tant le jour que la nuit, quand la reine n'y était pas. Il avait la garde du scel secret et du cachet du cabinet; il recevait les hommages qu'on rendait à la couronne, faisait prêter serment de fidélité en présence du roi, et avait en outre l'administration du trésor et des finances du royaume. Il commandait dans la chambre du roi, et en faisait tous les honneurs. Quand le roi tenait les états-généraux ou son lit de justice au parlement, il était assis à ses pieds, sur un carreau de velours violet. L'origine de ce grand office de la couronne remonte à l'an 1174.

1. Gauthier I de Villebéon, m.   1205

GRANDS-CHAMBELLANS

2. Gauthier II de Villebéon, fils du précédent, m.	1220
3. Philippe, seigneur de Nemours, en	1221
4. Adam, seigneur de Villebéon, m.	1238
5. Pierre de Villebéon, seigneur de Bagneaux, m.	1270
6. Mathieu de Marly de Montmorenci, en	1272
7. Pierre, seigneur de la Brosse, favori de Philippe-le-Hardi, exécuté en	1277
8. Raoul de Clermont, seig. de Néelle, en	1285
9. Mathieu IV, seigneur de Montmorenci, m.	1304
10. Mathieu de Trie, en	1306
11. Enguerran de Marigny, comte de Longueville, exécuté en	1315
12. Jean I, vicomte de Melun, m.	1347
13. Jean II, vicomte de Melun, m.	1382
14. Jean III, vicomte de Melun, m.	1385
15. Arnaud-Armanjeu, sire d'Albret, m.	1401
16. Jacques de Bourbon, comte de la Marche, m.	1438
17. Guy Damas, seigneur de Cousan, en	1407
18. Louis de Bourbon, comte de Vendôme, en	1410
19. Jean, bâtard d'Orléans, comte de Dunois, m.	1468

20. Jean II, seigneur de Montmorenci, en 1427
21. Georges, sire de la Trémouille, comte de Guines, m. 1428
22. Antoine de Châteauneuf.
23. François d'Orléans, comte de Dunois, m. en 1491
24. René II, duc de Lorraine, en 1491
25. Philippe, marquis de Hochberg, en 1492
26. Philippe de Crévecœur, seigneur d'Esquerdes, m. 1494
27. Louis de Luxembourg, duc d'Andrie, m. en 1503
28. François d'Orléans, duc de Longueville, m. 1512
29. Louis d'Orléans, duc de Longueville, m. 1516
30. Claude d'Orléans, duc de Longueville, tué en 1524
31. Louis II d'Orléans, duc de Longueville, m. 1537
32. François III d'Orléans, duc de Longueville, m. 1551
33. François de Lorraine, duc de Guise, tué en 1562
34. Charles de Lorraine, duc de Mayenne, en 1611
35. Henri de Lorraine, duc de Mayenne, en 1621

GRANDS-CHAMBELLANS

36. Claude de Lorraine, duc de Chevreuse, en 1657
37. Louis de Lorraine, duc de Joyeuse, en 1654
38. Henri II de Lorraine, duc de Guise, en 1664
39. Godefroi-Maurice de la Tour, duc de Bouillon, m. 1721
40. Louis de la Tour de Bouillon, reçu en survivance, m. 1692
41. Emmanuel-Théodose de la Tour, duc de Bouillon, m. 1730
42. Frédéric - Maurice - Casimir, duc de Bouillon, reçu en survivance, m. 1723
43. Charles-Godefroi, duc de Bouillon, reçu en 1728, sur la démission de son père.
44. Godefroi-Charles-Henri, prince de Turenne, reçu en survivance en 1748
45. Le prince de Rohan-Guémené, en 1775
46. Le duc de Bouillon, reçu en survivance.
47. Charles-Maurice de Talleyrand-Périgord, prince de Bénevent, grand-chambellan de l'empire en 1804
48. Elisabeth de Montesquiou-Fezensac, grand-chambellan de l'empire, en exercice.

GRANDS-ÉCUYERS
DE FRANCE.

L'origine de la charge de grand-écuyer de France remonte à l'an 1294. Ce grand-officier avait la surintendance de toutes les écuries du roi, et nommait aux places vacantes d'écuyers cavalcadours, écuyers ordinaires, et autres officiers des écuries du roi. Il avait aussi la nomination des gouverneurs, sous-gouverneurs, précepteurs et maîtres d'étude des pages ; celle des hérauts et juges d'armes, et enfin d'une infinité d'officiers de la maison du roi, qui tous devaient prêter serment entre ses mains, pour avoir le droit d'exercer leurs charges.

1. Roger, surnommé l'Ecuyer à cause de son emploi, était maître de l'écurie de Philippe-le-Bel en 1294
2. Pierre Gentien, en 1295
3. Denis de Melun et Jacques Gentien sont nommés conjointement maîtres de l'écurie du roi en 1298

4. Guillebaud, en — 1299
5. Gilles Granche, en — 1300
6. Guillaume Pildoé le jeune fut établi premier écuyer du corps et maître de l'écurie du roi en — 1316
7. Jean Bataille, m. — 1325
8. Gilles de Clamart, m. — 1330
9. Philippe des Monstiers, en — 1333
10. Oudart des Taules, en — 1333
11. Henri de Liénas, m. — 1345
12. Guillaume de Boncourt, m. — 1353
13. Guillaume de Champagne, dit le Maréchal, m. — 1364
14. Martelet du Mesnil, en — 1373
15. Trouillart de Caffort, en — 1377
16. Colart de Tanques, en — 1397
17. Robert, seigneur de Mondoucet, en — 1399
18. Philippe de Giresme, dit Cordelier, grand-maître de l'écurie en — 1399
19. Jean de Kaërnien, en — 1412
20. Jean de Dici, dit Bureau, en — 1418
21. André de Toulonjon, en — 1419
22. Huet de Corbie, commis à l'exercice de la charge de l'écurie en — 1420
23. Hugues de Noër. — 1421

24. Pierre Frotier, en — 1425
25. Jean du Vernet, dit le Camus, de Beaulieu, m. — 1427
26. Jean Poton de Saintrailles, grand-maître de l'écurie en — 1454
27. Tannegui du Chatel, en — 1461
28. Jean de Guarguessalle, en — 1466
29. Charles, seigneur de Bigni, en — 1470
30. Alain Goyon, seigneur de Villiers, grand-écuyer de France en — 1483
31. Pierre II, seigneur d'Urfé, en — 1505
32. Galéas de Saint-Severin, fils de Robert, comte de Cajazzo, tué en — 1525
33. Jacques de Genouillac, seigneur d'Acier, m. — 1546
34. Claude Gouffier, duc de Rouannois, en — 1570
35. Léonor Chabot, comte de Charni, en — 1597
36. Charles de Lorraine, duc d'Elbeuf, en — 1585
37. Roger de Saint-Lari et de Termes, se démit en — 1620
38. César-Auguste de Saint-Lari, en — 1621
39. Henri Coëffier, dit Ruzé d'Effiat, marquis de Cinqmars, décapité en — 1642
40. Henri de Lorraine, comte d'Harcourt, m. en — 1666

GRANDS-ÉCUYERS.

41. Louis de Lorraine, comte d'Armagnac, en 1718
42. Henri II de Lorraine, comte de Brione, m. en 1712
43. Charles de Lorraine Armagnac, dit le prince Charles, m. 1751
44. Louis-Charles de Lorraine, comte de Brione, m. 1761
45. Charles-Eugène de Lorraine, prince de Lambesc, grand-écuyer de France en 1761 jusqu'en 1789
46. S. Exc. monseigneur le duc de Vicence, de la maison de Caulaincour, grand-écuyer de l'empire, en exercice.

GRANDS-VÉNEURS
DE FRANCE.

L'ORIGINE de l'office de grand-véneur de France remonte à l'année 1231. Ce grand-officier prête serment de fidélité entre les mains du souverain, et exerce une surintendance générale sur la vénerie.

1. Geoffroi était maître veneur du roi en 1231
2. Jean le Véneur, tué en 1302
3. Robert le Véneur, en 1312
4. Jean le Véneur, m. 1334
5. Henri de Meudon, maître de la vénerie en 1344
6. Renaud de Giry, en 1355
7. Jean de Meudon, en 1381
8. Jean de Corguilleray, m. 1365
9. Jean de Thubeauville, en 1375
10. Philippe de Corguilleray, en 1399
11. Robert de Franconville, en 1419
12. Guillaume II de Gamaches, en 1413
13. Louis d'Orgecin, seigneur de Sainte-Mesme, grand-véneur en 1414

14. Jean de Berghes, seigneur de Cohen, en 1418
15. Guillaume Belier, en 1428
16. Jean Soreau, seigneur de S.-Géran, en 1451
17. Roland de Lescoët, m. 1467
18. Guillaume de Callac, en 1471
19. Yves, seigneur du Fou en Poitou, m. 1488
10. Georges de Châteaubriant, seigneur des Roches-Baritaut, fut capitaine et maître de la vénerie du roi, du vivant d'Yves du Fou, en 1483
21. Louis, seigneur de Rouville, m. 1525
22. Louis de Brézé, comte de Maulevrier, en 1497
23. Jacques de Dinteville, m. 1506
24. Louis de Vendôme, prince de Chabanois, en 1526
25. Claude de Lorraine, duc de Guise, en 1550
26. François de Lorraine, duc de Guise, en 1560
27. Claude de Lorraine, duc d'Aumale, en 1573
28. Charles de Lorraine, duc d'Aumale, m. 1631
29. Charles de Lorraine, duc d'Elbeuf, établi grand-véneur par commission, en 1597
30. Hercule de Rohan, duc de Monthazon, m. 1654

31. Louis VII de Rohan, duc de Montbazon, m. 1667
32. Louis, dit le chevalier de Rohan, reçu en survivance, décapité en 1674
33. Charles-Maximilien-Antoine de Bellefourrière, marquis de Soyecourt, en 1679
34. François VII, duc de la Rochefoucault, en 1714
35. François VIII, duc de la Rochefoucault, reçu en survivance, se démit en 1714
36. Louis-Alexandre de Bourbon, comte de Toulouse, en 1714
37. Louis-Joseph-Marie, duc de Penthièvre, en 1737 jusqu'en 1740
38. Louis-Alexandre-Joseph de Penthièvre, prince de Lamballe, reçu en survivance, m. 1768
39. S. A. S. monseigneur le prince de Neuchâtel et de Wagram, grand-véneur de l'empire, en exercice.

GRANDS-LOUVETIERS

DE FRANCE.

L'office de grand-louvetier de France date du règne de Charles VII. Celui qui en est pourvu a la surintendance sur tous les officiers de la louveterie, et a ses lieutenans dans les diverses provinces de la monarchie.

1. Gilles le Rougeau était louvetier du roi Philippe-le-Bel en   1308
2. Pierre de Besu, en   1323
3. Gillet d'Oisy, en   1333
4. Robert Trouart, en   1333
5. Pierre Hannequeau, qualifié grand-louvetier de France en   1467
6. Jacques de Rosebarch était louvetier du roi en   1471
7. Antoine, seigneur de Crèvecœur, grand-louvetier, m.   1493
8. François de la Boissière, en   1495
9. Jean de la Boissière succéda à son pere, et m. en   1533

10. Jacques de Mornay, seigneur d'Amble-
ville, en												1540
11. Antoine de Halwin, seigneur de Pien-
nes, tué en												1553
12. Jean de la Boissière, m.								1575
13. François de Villiers, chevalier, seigneur
de Chailly, m.											1581
14. Jacques le Roi, seigneur de la Grange,
en														1601
15. Claude de l'Isle, seign. d'Andresy, en		1623
16. Charles de Joyeuse, seigneur d'Es-
paux, m.												1612
17. Robert de Harlay, baron de Monglat, en	1615
18. François de Silly, duc de la Roche-
Guyon, en												1628
19. Claude, seigneur, puis duc de Saint-
Simon, en												1643
20. Philippe Anthonis, seigneur de Roque-
mont, en												1636
21. Charles de Bailleul, seigneur du Per-
rey, en													1655
22. Nicolas de Bailleul, seigneur du Per-
rey, en													1683
23. François-Gaspard de Montmorin, mar-
quis de Saint-Hérem, en									1701

24. Michel Sublet, marquis de Heudicourt, m. — 1720
25. Pons-Auguste Sublet, marquis de Heudicourt, m. — 1736
26. Antoine-Armand de Belzunce, comte de Castel-Moron, m. — 1741
27. Agésilas-Gaston de Grossolles, marquis de Flamarins et comte de Bouligneux, en — 1741
28. Le comte d'Haussonville, en survivance.
29. S. A. S. monseigneur le prince de Neuchâtel et de Wagram, grand-louvetier, en exercice.

ROYAUME DE ROME.

ROME ANCIENNE.

Les états de Rome faisant aujourd'hui partie de l'empire français, je place ici la chronologie historique qui leur appartient.

	Av. J. C.
Romulus, fondateur de Rome, et premier roi en	752

Sa mort est suivie d'un interrègne d'un an, pendant lequel le sénat, qu'il avait institué, gouverne.

Numa Pompilius, élu en	715
Tullus Hostilius, élu en	672
Ancus Marcius, fils d'une fille de Numa Pompilius, élu en	640
Tarquin I, dit l'Ancien, gendre d'Ancus Marcius, élu en	616
Servius Tullius, gendre de Tarquin I, s'intronise de lui-même en	578
Tarquin II, dit le Superbe, petit-fils de Tarquin I, et gendre de Servius Tullius, en	534

Av. J. C.

La violence que son fils Sextus fit à *Lucrèce* souleva le peuple romain, et fut la cause que son père, qui était alors au siége d'Ardée, fut déchu de la royauté.

ROME RÉPUBLIQUE.

Après la chûte des Tarquins, Rome s'érigea en *république*, et se fit gouverner par des *consuls*.

Les deux premiers consuls furent Lucius Junius Brutus, fils d'une fille de Tarquin I, et Lucius Tarquin-Collatin, arrière-petit-fils d'un frère de ce roi. Leur gouvernement commença l'an	509
Alliance des Romains avec les Carthaginois en	509
Guerre avec Porsenna,	508
Dictateur créé pour la première fois,	498
On établit pour la première fois deux tribuns du peuple,	493
Coriolan est obligé de sortir de Rome,	491
Coriolan assiége Rome, et en lève le siége,	489
Il est tué,	488
Trois cents Fabiens tués par les Veïens,	477

RÉPUBLIQUE.

Av. J. C.

Les Romains envoient à Athènes pour avoir les lois de Solon,	464
Jeux séculaires célébrés pour la première fois,	459
Ambassadeurs envoyés à Athènes pour obtenir les lois de Solon,	454
Création des décemvirs,	451
Création des tribuns militaires,	444
Création des censeurs,	443
On commence à Rome à soudoyer les troupes,	406
Prise de Rome par Brennus, général des Gaulois : elle est reprise presqu'en même tems par Furius Camillus,	390
Anarchie de cinq ans à Rome,	375
Création du préteur,	367
Consuls tirés du peuple pour la première fois,	366
Premières lois des Romains contre le luxe,	358
Guerre de 49 ans contre les Samnites.	343
Manlius Torquatus fait couper la tête à son fils, quoique victorieux, pour avoir combattu contre ses ordres,	340
Les Romains passent sous le joug aux Fourches Caudines,	321

	Av. J. C.
Fabius Maximus, dictateur,	301
Guerre contre Pyrrhus,	280
Première guerre punique,	264
Attilius Regulus est fait prisonnier,	256
Asdrúbal est vaincu par Metellus,	251
Annibal prend Sagonte,	219
Seconde guerre punique,	218
Les Romains défaits à Cannes par Annibal,	216
Première guerre de Macédoine,	214
Prise de Syracuse en Sicile par Marcellus,	212
Annibal retourne en Afrique,	203
Scipion défait Annibal en Afrique,	202
Seconde guerre contre Philippe de Macédoine,	200
Guerre contre Antiochus,	192
Mort de Scipion l'Africain l'ancien,	184
Mort de Philopœmen et d'Annibal,	183
Guerre contre Persée, roi de Macédoine,	171
Persée est vaincu par P. Emile,	168
Troisième guerre punique,	149
Troisième gnerre de Macédoine,	148
Corinthe et Carthage sont détruites,	146
Guerre d'Achaïe ; la Grèce soumise,	145
Guerre de Numance ou d'Espagne,	141

RÉPUBLIQUE.

Av. J. C.

Mort du jeune Scipion,	129
Carthage est rétablie ; mort de Polybe,	123
Guerre des Cimbres,	113
Guerre de Jugurtha,	111
Toulouse pillée par les Romains,	106
Guerre de Mithridate,	94
Guerre de Marius et de Scylla,	88
Guerre de Sertorius,	77
Guerre de Catilina,	63
Premier triumvirat de César,	60
Pompée, seul consul,	52
Guerre civile de César et de Pompée,	49
Pompée vaincu à Pharsale,	48
Correction du calendrier romain,	45
César (Jules), dictateur perpétuel,	45
Meurtre de César,	44
Octavien, petit-neveu de César, qui l'avait fait son héritier à condition qu'il porterait son nom, se fait appeler César-Auguste, et prend les rênes du gouvernement conjointement avec Marc-Antoine et Lepidus,	44
Second triumvirat : César-Auguste, Marc-Antoine et Lepidus le composent. Cicéron est tué par ordre d'Antoine,	43

Av. J. C.

Brutus et Cassius battus à Philippes, 42
Bataille d'Actium, où Marc-Antoine est vaincu. Il se sauve en Egypte, où il se tue lui-même. Cléopâtre, ne voulant pas lui survivre, se fait piquer d'un aspic, et meurt, 31

ROME SOUS LES EMPEREURS.

Ans de J. C.

* César-Auguste, vainqueur de Brutus à Philippes, et d'Antoine à Actium, revient à Rome, où il exerce la souveraine puissance comme empereur. Il règne 44 ans, sans compter les douze années de son triumvirat. Il m. 14

Julie, fille unique d'Auguste, est mariée, 1°. à Marcellus, fils d'Octavie, sœur du même empereur; 2° à Agrippa, l'un de ses généraux; 3° à Tibère, depuis empereur.

Caïus, fils aîné de Julie et d'Agrippa, né en

Nota. L'* mise devant le nom désigne les empereurs connus dans l'histoire sous le nom des douze Césars.

SOUS LES EMPEREURS.

Ans de J. C.

3944, adopté par Auguste, et à ce titre appelé son fils, déclaré prince de la jeunesse (ou héritier présomptif d'Auguste) l'an 3999, m. l'an de l'ère vulgaire 3.

Lucius, second fils de Julie et d'Agrippa, né en 3987, adopté par Auguste avec son aîné, et déclaré prince de la jeunesse en l'an 4002, meurt l'an de l'ère vulgaire 2.

Marcus Agrippa, troisième fils de Julie et d'Agrippa, né posthume en 3992, et adopté 28 mai l'an de l'ère vulgaire 4, meurt 20 août de l'an 14.

* Tibère, fils de l'impératrice Livie et de Tibère Claude Néron, préteur de Rome, marié avec Julie en 3994, adopté par Auguste avant Marcus Agrippa 28 mai de l'an 4 de l'ère vulgaire, et associé au gouvernement en l'an 12, m. 26 mars 37

Drusus César, fils de Tibère et d'une première femme, était mort en 23.

Tibère Néron, fils de Drusus César, meurt en 37.

Drusus Germanicus, fils d'un frère de Tibère, et marié avec Agrippine, première fille de Julie, adopté par Tibère dès l'an 4 sur l'ordre d'Auguste, meurt 17 oct. 33.

Ans de J. C.

* Caligula, fils de Drusus Germanicus et d'Agrippine I, m. 24 janv.   41

   Agrippine, seconde sœur de Caligula, et héritière la plus proche d'Auguste, comme petite-fille de Julie, est mariée, 1° à Domitius Enobarbus, 2° à Passiénus, 3° à l'empereur Claude.

* Claude I, frère de Drusus Germanicus, mais non adopté comme lui dans la famille d'Auguste, et mis sur le trône par la milice romaine, 13 oct.   54

   Britannicus, fils de l'empereur Claude et de Messaline, meurt en 55.

* Néron, fils d'Agrippine II et de Domitius Enobarbus, m. 9 juin   68

* Galba, révolté contre Néron dès 13 avril 68, fait empereur 11 juin, m. 15 janv.   69

* Othon, proclamé par la milice romaine, meurt vers le 20 ou 25 avril de la même année.

* Vitellius, proclamé dès le 1 janvier par une armée qu'il commandait en Germanie, m. 26 déc. même année.

* Vespasien, proclamé empereur dès le 1 juillet par une armée qu'il commandait en Egypte, m. 24 juin   79

SOUS LES EMPEREURS.

Ans de J. C.

* Titus, fils aîné de Vespasien, associé dès 70, m. 13 sept.   81
* Domitien, second fils de Vespasien, proclamé César (ou prince) dès le tems de la mort de Vitellius, m. 18 sept.   96

Nerva, procl. même jour, m. 21 ou 27 janv.   98

Trajan, adopté et fait César en 97, meurt dans les premiers jours d'août   117

Adrien, adopté et fait César vers juil. 117, et procl. à Antioche 11 août, m. 10 juil.   138

    Lucius Aurelius I, adopté et fait César en 135, était mort avant 25 fév. 138.

Antonin, adopté 25 fév. 138, dès-lors appelé César et peut-être associé, m. 7 mars   161

Marc Aurèle, gendre d'Antonin, adopté dès 25 février 138, et fait César en 139, m. 17 mars   180

    Lucius Verus, adopté avec Marc Aurèle, et associé en 161, était mort en déc. 169.

Commode, fils de Marc-Aurèle, associé 27 nov. 177, m. 31 déc.   192

Pertinax, préfet de Rome, proclamé 1 janvier 193, m. 26 mars même année.

Didius Julien, proclamé à Rome par la mi-

lice 27 mars 193, ne possède que jusqu'au
2 juin de la même année.

Septime Sévère, proclamé en Pannonie en
avril ou mai, et à Rome 2 juin, m. 4 fév.   211

> Pescennius Niger, proclamé à Antioche dès
> avril ou mai 193, est tué en 194 ou 195.
> Albin, aussi proclamé par un parti en 193,
> est tué 17 février 197.

Caracalla, fils aîné de Septime Sévère, fait
César dès 196, et associé en juin 198,
m.¹ 8 avril   217

> Septime Geta, second fils de Sévère, pro-
> clamé César à la fin de 188, et associé en
> 208 ou 209, meurt en fév. 212.

Macrin, préfet du Prétoire (ou comman-
dant de la garde impériale), proclamé
12 avril 217, m. 7 juin   218

Héliogabale, proclamé dès 16 mai, 11 mars   222

Alexandre Sévère, cousin germain d'Héliogabale, fait César dès 221, m. 19 mars   235

Maximin I, proclamé en mars 235, meurt
en même mois 238, déposé et regardé
comme tyran dès le commencement de   237

Gordien I ou le Vieux, élu en Afrique et

SOUS LES EMPEREURS.

Ans de J. C.

confirmé par le sénat 27 mai 237, meurt dans le mois de juin suivant.

    Gordien II, fils de Gordien I, élu et confirmé avec son père, est tué en combat avant lui.

Maxime, aussi nommé Pupien, élu par le sénat 9 juillet 237, m. en même mois   238

    Balbin, élu avec Maxime, meurt en même tems.

Gordien III ou le Jeune, fils ou neveu de Gordien II, fait César 9 juillet 237, et proclamé vers 15 du même mois 238, m. en mars   244

Philippe, proclamé vers 14 mars 244, vers 15 oct.   249

Décius ou Dèce, proclamé en Pannonie par révolte contre Philippe, m. vers déc.   251

Gallus, proclamé en Pannonie en 251, en mai   253

    Volusien, fils de Gallus, fait César en 251, et associé en juillet 252, meurt en même temps que lui.

Émilien, proclamé en mai 253 avant la mort de Gallus, et confirmé par le sénat après cet événement, m. en août suiv.

Ans de J.C.

Valérien I, proclamé et confirmé par le sénat en août 253, meurt prisonnier des Perses, vaincu et pris par eux dès — 260

Gallien I, fils de Valérien I, fait César par le sénat en août 253, et associé par son père peu après, m. 20 mars — 268

    Licinius Gallien ou Gallien-le-Jeune, fils aîné de Gallien I, d'abord fait César par son père, et ensuite associé, était mort en 260.

    Julius Gallien, aussi nommé le Jeune, autre fils de Gallien I, successivement fait César et associé par son père, meurt en même tems que lui.

    Valérien II ou le Jeune, frère du même Gallien, fait César par son père, et associé par son aîné, meurt avec celui-ci.

    Odenat, roi de Palmyre en Arabie, fait empereur en Orient par le même Gallien II en 264, était mort en 267.

    (Dans le même tems l'empire était partagé entre plusieurs généraux, tous décorés du titre d'empereurs jusqu'au nombre de dix-huit, mais que l'on qualifie *tyrans*.)

Claude II, proclamé et confirmé par le sénat 24 mars 268, m. vers le mois d'avr. — 270

Quintille, frère cadet de Claude II, pro-

SOUS LES EMPEREURS.

Ans de J. C.

clamé après son aîné et confirmé par le sénat, ne jouit que 17 jours.

Aurélien, proclamé en avril 270, meurt en février ou mars — 275

(Suit un interrègne de six ou sept mois.)

Tacite, élu par le sénat 15 septembre 275, m. 22 avril — 276

Florien, frère de Tacite, m. vers 25 juin même année.

Probe ou Probus, proclamé en Orient dès avril, et confirmé par le sénat 13 août, m. en août ou nov. — 282

Carus, élu par la milice, m. vers 8 déc. 283 ou 12 janv. — 284

Carin, fils aîné de Carus, d'abord fait César par son père, et ensuite associé, — 285

   Numérien, second fils de Carus, aussi fait César, et associé par son père, était mort en sept. 284.

   Julien, élu par un parti en 284, est défait et tué par Carin la même année.

Dioclétien, élu dès 17 sept. 284 par une armée qu'il avait commandée en Perse, et empereur seulement en Orient par partage qu'il fait lui-même 1 mars 292,

Ans de J. C.

meurt en mai 313, ayant abdiqué forcément 1 mai … 305

Galère ou Maximien Galerius, gendre de Dioclétien, fait empereur sous seul titre de César en Thrace et en Illyrie, par le partage du 1 mars 292, n'a que ce titre jusqu'à l'abdication de Dioclétien.

Maximien, surnommé Hercule ou l'Hercule, fait César par Dioclétien 1 avr. 286, associé la même année, et empereur seulement en Italie et en Afrique 1 mars 292, est forcé d'abdiquer le même jour que Dioclétien.

Constance Chlore, mari d'une belle-fille de Maximien Hercule, fait empereur sous seul titre de César dans les Gaules, les Espagnes et les isles britanniques, 1 mars 292, n'a que ce titre jusqu'à l'abdication de Maximien Hercule.

(Les années de Constance Chlore et de Galère, revêtus du titre de Césars, ne laissent pas de se compter comme s'ils avaient été empereurs.)

Constance Chlore, décoré du titre d'Auguste ou empereur, et maître des états

SOUS LES EMPEREURS.

Ans de J. C.

de Maximilien Hercule 1 mai 305, meurt 25 juil.   306

 Constantin I, fils de Constance Chlore, proclamé César dans les isles britanniques, puis dans les Gaules et les Espagnes à la mort de son père, n'a que ce titre jusqu'en 308.

Maximien Hercule, remis en possession de ses états à la mort de Constance Chlore, m. vers avril 310, forcé à une seconde abdication dès   308

 Maxence, fils de Maximien Hercule, fait César à Rome en 306, et empereur en Italie et Afrique après le rétablissement de son père, dont il est l'auteur, meurt 28 octobre 312, n'ayant point été reconnu par les autres pour empereur.

 Aurelius Romulus, fils de Maxence, fait César par son père en 308, meurt avant ou peu après lui.

Galère, décoré du titre d'Auguste ou d'empereur, et maître des états de Dioclétien 1 mai 305, m. en avril ou mai   311

 Valerius Sévère, fils d'une sœur de Galère, fait César par Maximien Hercule 1 mai 305, et Auguste ou empereur en Italie par son oncle en 306, mais non mis en possession, est défait et tué par Maximien Hercule et par Maxence en 307.

Maximin ou Maximien II, frère de Valerius Sévère, fait César par Dioclétien 1 mai 305, n'a que ce titre jusqu'en 308.

Licinius, fils d'une autre sœur de Galère, fait César par lui et par Dioclétien 1 novembre 307, n'a aussi que ce titre jusqu'en 308.

(Les années de ces trois Césars, ainsi que celles de Constantin, se comptent encore comme s'ils avaient été empereurs.)

Maximin ou Maximien II, usurpateur du titre d'Auguste ou d'empereur en Illyrie et en Thrace en 308, confirmé par Galère dans la même année, et maître de l'Orient après lui en 311, m. en août 313, dépouillé dès le 1 avril même année ... 313

Licinius, décoré du titre d'Auguste ou d'empereur dans l'Orient par Galère en 308, et maître de tous ses états et de ceux de Maximin II en 313, m. en avril ou mai 324, dépouillé dès ... 323

Julius Licinius ou Licinius-le-Jeune, fils de

Ans de J. C.

Licinius, fait César par son père, meurt en 326, âgé de 13 ans.

Constantin I, surnommé le Grand, déclaré empereur par Maximien Hercule en 307, mais reconnu par Galère seulement en 308, maître de l'Italie en 312, et de tout l'empire en 323; il ne règne à Rome que jusqu'en 330

    Ce prince transporte le siége de l'empire à Byzance, qui de son nom prend celui de Constantinople.

Constantin II, dit le Jeune, fils aîné de Constantin-le-Grand, déclaré César par son père en 317, fait empereur dans les Gaules, les Espagnes et les isles Britanniques, sous le titre de César en 335, et déclaré Auguste en 337, m. en 340

    Constance II, frère du précédent, déclaré César par son père en 323, fait empereur dans l'Asie, la Syrie et l'Egypte en 335; il possède cette partie de l'empire jusqu'en 350. Son article reviendra plus bas.

    Dalmace, fils d'un frère de Constantin I, fait César par ce prince en 335 pour la partie de l'empire possédée par Constance, est tué en 337 ou 338.

Ans de J. C.

Annibalien, frère de Dalmace, aussi fait César avec lui en 335, et pour la même partie de l'empire, a le même sort en 338.

Constant III, troisième fils de Constantin I, déclaré César 21 déc. 333, aussi fait empereur sous le même titre de César dans l'Italie, l'Illyrie et l'Afrique en 335, seulement Auguste ou empereur 9 septembre 337, et maître des états de son aîné en 340, m. vers juin.   350

    Magnius Magnence, beau-frère de Constantin I, révolté contre Constant, meurt 10 ou 11 août 355.

Constance II, maître de tous les états de ses frères en 350 et 353 par la mort de Magnence, m. 3 nov.   361

    Népotien, fils d'une sœur de Constantin I, proclamé par un parti 3 juin 350, est défait après 28 jours.

    Vetrannion, proclamé dès le 1 mai même année, renonce à l'empire 25 déc. 351.

    Magnius Decence, fils de Magnence, successeur des prétentions de son père, meurt 18 août 353.

Julien, surnommé l'Apostat, fils d'un frère cadet de Constantin I, fait César dès 6

SOUS LES EMPEREURS. 135

Ans de J C.

nov. 355, proclamé Auguste dans les Gaules par révolte 1 mars ou avril 360, et à Constantinople 11 déc. 361, meurt 27 juin ... 363

Jovien, élu et proclamé même jour, meurt 17 fév. ... 364

> Après Jovien l'empire est partagé entre deux empereurs, qui doivent être distingués par les noms d'empereurs d'Occident et d'empereurs d'Orient [*].

Empereurs d'Occident.

Valentinien I, proclamé à Nicée 24 février 364, et ensuite empereur en Occident par partage qu'il fait lui-même en juin suivant, m. 17 nov. ... 375

Gratien, fils aîné de Valentinien I, associé dès 24 août 367 avec titre d'Auguste, m. 25 juillet ou août ... 383

Valentinien II ou le Jeune, frère cadet de Gratien, proclamé Auguste dès 22 nov.

---

[*] Pour les empereurs d'Orient, voyez l'article Constantinople.

Ans de J. C.

375, dépossédé en 387, et rétabli 25 août 388, est assassiné 15 mai — 392

 Maxime, révolté dès le tems de Gratien, et possesseur de l'empire en 387, mais regardé comme tyran, est décapité 25 août 388.

Eugène, élevé à l'empire par le meurtre de Valentinien II, mais plus censé tyran qu'empereur, est défait et tué 5 sept. — 394

Honorius, fils cadet de l'empereur d'Orient Théodose I, fait Auguste par son père dès 10 ou 15 janvier 393, ou seulement 20 novembre, et empereur en Occident après la mort d'Eugène, m. 15 août — 423

 Constantin, Jovin, Sébastien et Attale, rivaux d'Honorius et usurpateurs du titre d'Auguste, mais tous réputés tyrans, sont défaits sous lui.

 Constance III, beau-frère et général des armées d'Honorius, associé par ce prince, avec titre d'Auguste, 8 fév. 421, meurt vers octobre même année.

Valentinien III, fils de Constance III, né 3 juillet 419, déclaré César dès 423, ou seulement en 424, et couronné Auguste

	Ans de J. C.
ou empereur à Rome 23 octobre 425, m. 17 mars	455

 Jean, grand-secrétaire de l'empire, et frère de Constance, laissé tuteur de son neveu, avec titre de César dès 421, et décoré ou usurpateur du titre d'Auguste en 423, meurt en octobre 425.

Pétrone Maxime, proclamé Auguste à Rome 17 mars 451, est assassiné 12 juin suivant.

Avitus ou Avite, préfet du prétoire, proclamé à Toulouse 10 juillet même année, et à Rome peu après, meurt évêque de Plaisance, déposé par le sénat romain dès 6 ou 16 oct.	456

 (Suit un interrègne ou anarchie au moins de 4 mois.)

Majorien, commandant de la milice, fait César par le sénat 28 fév. 457, et proclamé Auguste 1 avril, déposé et tué	461
Lybius Sévère, proclamé Auguste 19 nov., tué	465

 (Nouvel interrègne ou anarchie de près de 20 mois.)

12.

ROME

Ans de J. C.

Anthème, élu par le sénat romain, par la milice et par le peuple en février ou mars 469, et proclamé à Rome 12 avril, tué   472

Olybrius ou Olybre, proclamé Auguste dès mars ou seulement 11 juillet, tué 23 octobre suivant.

(Autre interrègne ou anarchie de 5 mois ou environ.)

Glycérius ou Glycère, proclamé Auguste à Ravenne 5 mars 473, meurt évêque en Dalmatie, déposé dès avril ou seulement en juin   474

Iule Népos, proclamé à Ravenne dès février et à Rome 24 juin, meurt en Dalmatie 9 mai 480, dépouillé dès 28 août   475

Augustus Romulus ou Augustule, proclamé à Ravenne le 25 octobre ; il est dépouillé par Odoacre, roi des Hérules, en   476

Avec Augustule finit en Occident l'empire romain, sur les ruines duquel s'élèvent d'abord les royaumes d'Italie, fondé par les Hérules, puis celui des Lombards, et enfin la plupart des nouvelles monarchies de l'Europe.

ROME RELIGIEUSE.

Après qu'Odoacre eut dépossédé l'empereur Augustule, Théodoric, roi des Ostrogoths, qui s'était établi en Italie, se rendit maître de Rome. Cette ville demeura soumise à ce roi barbare et à ses successeurs jusqu'à ce que l'empereur d'Orient, Justinien, l'eut recouvrée en 536; mais il ne put la conserver que jusqu'en 552, que Teïas, autre roi des Ostrogoths, la reprit sur lui.

Narsès, général de Justinien, la délivra de nouveau en 553; mais ce général, s'étant ensuite révolté contre son prince, appela les Lombards en Italie en 557. Rome devint encore la proie des Barbares qui infestaient cette contrée dans le sixième siècle, et ne se vit affranchie de leur joug qu'en 753, que le pape Etienne III vint implorer le secours de Pepin, roi de France. Ce monarque fit la conquête de l'Italie en 755, et en fit don à l'Eglise romaine.

Charlemagne, son fils, secourut le pape Adrien I contre Didier, roi des Lombards, et confirma au saint-siége les donations du roi

Pepin son père. Il fut couronné empereur d'Occident à Rome, par le pape Léon III, l'an 801. Ses largesses et sa munificence envers l'Eglise jetèrent les fondemens de cette grandeur temporelle qui égara si souvent les papes dans leur conduite politique, en leur faisant croire qu'ils étaient au-dessus des souverains à qui ils devaient toute leur puissance et toutes leurs possessions.

Ans de J. C.

S. Pierre, galiléen et premier apôtre, fait par Jésus-Christ, l'an 33 de l'ère vulgaire, chef de l'Eglise, dont il établit le siége à Antioche en 36, et à Rome en 42, meurt le 29 juin   67

S. Lin, toscan, premier prêtre (ou ancien) de l'Eglise, établi par S. Pierre pour régir l'Eglise de Rome en son absence peut-être dès 57, meurt en 69, selon plusieurs auteurs, ou, selon d'autres, seulement en   78

S. Clet ou Anaclet I, athénien, peut-être aussi prêtre (ou ancien) de l'Eglise dès 65, 77 ou   91

S. Clément I, romain, l'un des prêtres (ou

anciens) de l'Eglise dès le temps de saint Pierre, 95 ou — 100
S. Evariste, grec, m. 26 ou 27 oct. 108 ou — 109
S. Alexandre I, romain, m. 116 ou 3 mars — 119
S. Xyste ou Sixte I, m. — 128
S. Télesphore, grec, m. — 139
S. Hygin, athénien, m. — 142
S. Pie I, m. — 157
S. Anicet, syrien, m. 167 ou — 168
S. Soter, de la Campanie en Italie, élu en 168, m. — 177
S. Eleuthere, grec, m. — 193
S. Victor, africain, m. — 202
S. Zéphyrin, romain, m. 20 déc. — 218
S. Caliste ou Calixte I, romain, m. — 223
S. Urbain I, romain, m. 25 mai — 230
S. Pontien, romain, ordonné le 22 juillet, m. 28 sept. — 235
S. Anthère, grec, élu le 21 nov., m. 3 janv. — 236
S. Fabien, romain, m. 20 janv. — 250

(Le siége vaque 16 mois, à cause des persécutions de l'église.)

S. Corneille, romain, élu et ordonné le 4 juin 251, m. 14 sept. — 252

ROME

Ans de J. C.

Novatien, prêtre de l'église de Rome, ordonné peu après Corneille, est le premier antipape.

S. Luce I, romain, m. 4 mars	253
S. Etienne I, romain, m. en nov.	257
S. Xyste ou Sixte II, athénien, ordonné le 24 août, m. 6 même mois	258
(Seconde vacance de près d'un an, causée par les persécutions.)	
S. Denys, grec, élu 22 juil. 259, m. 26 déc.	269
S. Félix I, romain, ordonné le 29, m. 22 même mois	274
S. Eutychien, toscan, ordonné le 5 ou 6 janvier 275, m. 7 ou 8 déc.	283
S. Caïus, dalmate, élu le 17, m. 22 avril	296
S. Marcellin, romain, élu 30 juin, m. 24 oct.	304
(Le siége vaque encore 3 ans et demi, à cause des persécutions.)	
S. Marcel I, romain, élu le 9 mai 308, m. 16 janv.	310
S. Eusèbe, grec, élu le 20 mai, m. 26 septembre suivant	310
(Autre vacance de 9 mois.)	
S. Melchiade ou Miltiade, africain, élu le 2 juillet 311, m. 10 ou 11 janv.	314

RELIGIEUSE.

Ans de J. C.

S. Sylvestre I, romain, élu le 31 janvier,
m. 31 déc. — 335

S. Marc, romain, élu le 18 janv. 336, m.
7 oct. même année — 336

(Nouvelle vacance de 4 mois.)

S. Jules I, romain, élu le 6 février 337,
m. 12 avril — 352

Libère, romain, élu le 22 mai, m. 23 ou
24 sept. — 366

Félix, antipape, et se disant Félix II, mais non compté, dispute le siége depuis 355 jusqu'en 358.

S. Damase I, ordonné le 1 oct. 366, m.
10 déc. — 384

Ursin, élu par un parti en 366, dispute jusqu'après Damase en 384.

S. Sirice, romain, m 26 nov. — 398

S. Anastase I, romain, m. 27 avr. ou 4 déc. — 402

S. Innocent I, d'Albe, ordonné le 27 avril,
m. 12 mars — 417

S. Zozyme, grec, élu et ordonné le 18,
m. 26 déc. — 418

S. Boniface I, romain, élu le 28 et ordonné
le 29, m. 4 sept. — 422

Ans de J. C.

Eulalius, archidiacre de Rome, élu par un parti le 31 décembre 418, est obligé de se désister par jugement de l'empereur Honorius en 419.

S. Célestin I, ordonné le 10 septembre 422, m. 19 ou 26 juil. — 432

S. Sixte III, romain, ordonné le 31, m. 11 ou 18 août — 440

S. Léon I ou le Grand, toscan, élu le 18 et ordonné le 29 sept., m. 10 ou 11 nov. — 461

S. Hilaire, de Sardaigne, élu le 12 et ordonné le 16, m. 21 fév. — 468

S. Simplice, de Tibur ou Tivoli, ordonné le 25, m. même mois — 483

S. Félix II, romain, ordonné le 6 mars, m. 25 fév. — 492

S. Gélase I, romain ou africain, ordonné le 1 mars, m. 19 nov. — 496

S. Anastase II, romain, ordonné le 24, m. 19 mars — 498

S. Symmaque, de Sardaigne, ordonné le 22, m. 19 juillet — 514

Laurent, archidiacre, placé par un patrice romain, est débouté par jugement de Théodoric, roi d'Italie, même année.

RELIGIEUSE.

Ans de J.C.

S. Hormisdas, de Campanie, élu le 26 et ordonné le 27 juillet 514, m. 6 août — 523

S. Jean I, toscan, élu le 13, m. 27 mai — 526

(Sur les divisions fréquentes qui se rencontraient dans les élections, les rois d'Italie, Goths, Lombards et autres, et après eux les empereurs de Constantinople, s'arrogent le droit de placer les pontifes, ou de les confirmer sur simple présentation du clergé et du peuple.)

Pontifes placés ou confirmés par la Puissance séculière.

Félix III, samnite, mis sur le siége par Théodoric, roi d'Italie, de l'agrément du sénat, et ordonné le 12 juillet 526, m. le 12 oct. 529 ou 18 sept. — 530

Boniface II, goth, mais né à Rome, placé par Théodoric, et ordonné le 15 octobre 529 ou 21 sept. 530, m. déc. 531 ou 16 oct. — 532

Dioscore, antipape, élu par un parti, et ordonné même jour que Boniface, meurt 12 nov. suivant.

Jean II, surnommé Mercure, romain, ordonné le 22 janv. 532, meurt le 26 avr. — 535

ROME

Ans de J. C.

Agapit I, romain, ord. le 4 mai, m. 22 avr. — 536

Sylvère, de Campanie, ordonné le 8 juin, meurt le 20 juillet 538, exilé dès nov. — 537

Vigile, romain, ordonné le 22 novembre, m. 10 janv. — 555

Pélage I, romain, ordonné le 11 avril, m. 2 mars — 560

Jean III, romain, ordonné le 18 juillet 559 ou 560, m. 13 même mois 572 ou — 573

(Nouvelle vacance d'un an, causée par l'irruption des Goths.

Bonose ou Benoît I, romain, ord. 16 mai 573 ou 5 juin 574, m. 30 juil. 577 ou — 578

Pélage II, romain, ord. 30 novemb. 578, m. 8 fév. — 590

S. Grégoire I ou le Grand, romain, élu le même jour et ord. 3 sept., m. 12 mars — 604

Sabinien, toscan, ord. 1 ou 13 septemb., m. 22 fév. — 606

Boniface III, romain, ord. 25 ou seulement 19 fév. 607, m. 12 nov. 606 ou — 607

(Nouvelle vacance de plus de 10 mois.)

S. Boniface IV, élu 18 septembre. 607 ou seulement 25 août 608, m. 7 mai 614 ou — 615

RELIGIEUSE.

Ans de J. C.

S. Deus-Dédit, romain, ord. 13 nov. 614
ou 19 oct. 615, m. 8 nov. 617 ou — 618

Boniface V, napolitain, ord. 29 déc. 617
ou seulement 23 déc. 619 après vacance
d'un an, m. en oct. 624 ou — 625

Honorius I, de Campanie, ord. 27 oct. 625
ou 14 mai 626 après vacance, m. 12 oct. — 638
(Vacance d'un an 7 mois.)

Séverin, romain, ord. 28 ou 29 mai 640,
m. 1 août même année — 640

Jean IV, dalmate, ord. 24 ou 31 décemb.,
m. 11 oct. — 642

Théodore, né à Jérusalem, ord. 24 ou 25
nov., m. 13 ou 14 mai — 649

S. Martin I, toscan, ord. 5 juillet, dépossédé en 653, m. en exil 16 sept. — 655

S. Eugène I, romain, ord. dès 8 sept. 654,
et ensuite approuvé de Martin, meurt 2
juin 657 ou — 658

S. Vitalien, de Campanie, ord. 30 juil. 657
ou 658, m. 27 janv. 672 ou — 673

Adéodat, romain, ord. 22 avril 672 ou 673,
m. 26 juin 676 ou — 677

Donus ou Domnus, romain, ord. 1 nov. 676
ou 677, m. 11 avril 678 ou — 679

	Ans de J. C.
S. Agathon, sicilien, ord. 27 juin 677 ou 678, m. 10 janv.	682
S. Léon II, sicilien, ord. 17 août ou 19 octobre, m. 3 juil. 683 ou 28 mai	684
Benoît II, romain, ordonné 26 juin 684, m. 7 mai	685
Jean V, syrien, ord. 23 juillet 685 ou seulement 10 juin 686 après vacance, meurt 1 août 686 ou 7 août	687
Conon, sicilien, ord. 21 oct. 686 ou 687, m. 11 sept. 687 ou 22 oct.	688
Serge I, sicilien, ord. 15 déc. 687 ou 22 nov. 688, m. 1 sept.	701
Jean VI, grec, ord. 28 oct., m. 9 janv.	705
Jean VII, grec, ord. 1 mars, m. 17 oct.	707
Sisinnius, syrien, ord. 18 janv. 708, m. 6 fév. même année	708
Constantin I, syrien, ord. 4 mai, m. 18 avr.	715
Grégoire II, romain, ord. 19 mai, m. 10 fév.	731
Grégoire III, syrien, ord. 18 mars, m. 27 nov.	741
S. Zacharie, grec, ord. 28 ou 30, m. 14 mars	752
Etienne, romain, non compté, élu même jour, meurt le lendemain non ordonné.	
Etienne II, romain, ord. 26, m. 25 avril	757

S. Paul I, frère d'Etienne II, ord. 29 mai,
m. 28 juin   767

  (Peu après Paul I, le clergé et le peuple de
  Rome rentrent en possession des élections.)

Derniers Pontifes élus par le Clergé et par le Peuple.

Etienne III, sicilien, élu 5 août 768 après
vacance d'un an, et ord. le 7, m. 1 fév.   772

  Constantin, intrus dès juin ou juillet 767, est
  déposé canoniquement 6 août 768.

Adrien I, romain, élu et ord. 9 fév. 772,
m. 25 déc.   795
S. Léon III, romain, élu 26 et ord. 27,
m. 11 juin   816
Etienne IV, romain, élu 11 et ordonné 22,
m. 24 janv.   817
S. Pascal I, romain, ord. 25, m. 11 mai   824
Eugène II, romain, ord. 24, m. 27 août   827
Valentin, romain, élu même mois, meurt
en sept. ou 10 oct. même année   827

	Ans de J. C.
Grégoire IV, romain, ord. vers le 5 janv. 328, m. 11 ou 25 janv.	844
Serge II, romain, ord. 10 fév., et confirmé même année par l'empereur Louis-le-Débonnaire, m. 27 janv.	847
S. Léon IV, romain, élu même jour et ordonné 11 avril sans approbation de l'empereur, à cause des guerres, mais avec protestation de fidélité, m. 17 juil.	855
Benoît III, romain, élu et intronisé 27, et ord. 1 ou 29 sept. après approbation des empereurs Lothaire et Louis roi de Bavière, m. 8 fév.	858

Anastase, prêtre, élu par un parti, est chassé après l'ordination de Léon.

S. Nicolas I ou le Grand, romain, intron. et ord. 24 avril en présence de l'empereur Louis, m. 13 nov.	867
Adrien II, romain, élu même jour et ord. 14 déc. en présence des procurateurs ou ambassadeurs de l'empereur, meurt vers la fin de nov.	872
Jean VIII, romain, élu peu après et ord. 14 déc., m. 15 même mois	882

RELIGIEUSE.

Ans de J. C.

Marin I ou Martin II, toscan, ord. même mois, m. mai   884

Adrien III, romain, ordonné 1 mars ou 1 mai, m. 20 juillet ou sept.   885

Etienne V, romain, élu et intronisé même jour, et ord. 25 août, m. sept.   891

Formose (auparavant évêque de Porto, est le premier pontife transféré à Rome d'un autre siége), intron. 19 sept., m. 4 avril   896

Boniface VI, romain, élu même mois et non compté par plusieurs auteurs, ne siége que 15 jours.

Etienne VI, romain, ord. avant 20 août, m. octobre   897

Romain I, dit *Gallesin*, toscan, élu avant 15 octobre, m. vers fin de janvier   898

Théodore II, romain, élu peu après, ne siége que 20 jours.

Jean IX, de Tivoli, ordonné en juillet, m. août   900

Benoît IV, romain, ordonné même mois, m. octobre   903

Léon V, d'Ardée, ordonné peu après, meurt dépossédé dès nov. suivant.

Ans de J. C.

Christophe, romain, intrus, meurt en prison, dépossédé dès juin — 904

Serge III, élu par un parti dès juillet 898 et chassé, intrus en 904, et ordonné en 905, m. vers fin d'août — 911

Anastase III, romain, élu même mois, m. vers 15 octobre — 913

Landon, sabin, élu même mois, m. vers 26 avril — 914

Jean X, de Ravenne, élu et intron. même mois, m. non en 909, mais en juin — 928

Léon VI, romain, élu peu après, meurt en février — 929

Etienne VII, romain, élu même mois, m. vers 15 mars — 931

Jean XI (fils du pape Serge III), ordonné même mois, emprisonné en 933, meurt en janv. — 936

Léon VII, romain, ordonné avant le 9 janvier, m. vers 18 juil. — 939

Etienne VIII, allemand, m. déc. — 941

Marin II ou Martin III, romain, élu vers même tems, avant 15 juin — 946

Agapit II, rom., élu avant 15 juin, m. août — 956

Jean XII (auparavant nommé Octavien,

RELIGIEUSE.

Ans de J. C.

fils d'Albéric, patrice ou seigneur direct de la ville de Rome, est le premier pontife qui ait changé de nom), intrus à l'âge de 18 ans et ordonné en août 956, est déposé en concile à Rome, de l'autorité de l'empereur Othon, en nov. — 963

Léon VIII, romain, élu même mois et ordonné 6 déc., meurt en avril — 965

    Jean XII, rappelé par les Romains après le départ d'Othon, vers janvier 964, meurt 14 mai suivant.

    Benoît V, élu par les Romains, meurt à Hambourg 5 juillet 965, déposé et emmené par Othon dès 964.

Jean XIII, romain, intron. et couronné 1 oct. 965, m. 5 ou 6 sept. — 972

Benoît VI, romain, ordonné 22, meurt en prison — 974

    Francon, se disant Boniface VII, diacre de l'église de Rome, intrus et ordonné dans les derniers tems de Benoît, est chassé au bout d'un mois, et se retire à Constantinople.

Donus ou Domnus II, non compté par plusieurs aueurs, élu après la retraite de Francon, m. vers mars — 975

Benoit VII, romain (auparav. év. de Sutri),
élu et intron. même mois, m. 10 juil.   984

Jean XIV (auparavant nommé Pierre, et
évêque de Pavie), élu peu après et dépossédé en mars 985, meurt en prison
vers sept. même année   985

   Francon, se disant Boniface VII, revenu de
   Constantinople, et usurpateur, tient le
   siége jusqu'après la mort de Jean, vers
   octob. 985.

Jean XV, non ordinairement compté, élu
après Jean XIV, ne siége que peu de jours.

Jean XVI, romain, élu après la mort de
Jean XIV et celle de Francon, meurt
vers avril   997

Grégoire V (auparavant nommé Brunon,
et neveu de l'empereur Othon III), élu
ou ordonné même mois, dépossédé en
mai 997, et rétabli en mars 998, m. 18 fév.   999

   Philagathe, évêque de Plaisance, intrus sous
   le nom de Jean, en mai 997, est chassé,
   et meurt en prison en mars 998.

Sylvestre II (auparavant nommé Gerbert,
et successivement archevêque de Reims
et de Ravenne), auvergnat, intronisé
2 avril, m. 11 mai   1003

RELIGIEUSE.

Ans de J. C.

Jean XVII, romain, ord. 13 juin, m. 31 oct. ou 7 déc. même année.

Jean XVIII, romain, ord. 26 même mois ou 19 mars 1004, m. vers fin de mai . . 1009

Serge IV, romain, ord. vers 17 juin ou 2 octobre, m. vers 13 juillet 1012

Benoît VIII (auparavant évêque de Porto, et fils de Grégoire, comte de Tuscule ou Frascati), élu vers novembre, m. 6 juin ou 10 juillet 1024

Jean XIX (frère de Benoît VIII), élu vers octobre, m. vers nov. 1033

Benoît IX (neveu de ces deux pontifes et fils d'Albéric, comte de Tuscule), ord. vers même mois, chassé par les Romains en déc. 1044, et remis en possession en mars 1045, vend la tiare en avril même année 1045

Jean, évêque de Sabine, élu par les Romains à l'expulsion de Benoît IX, et ordonné sous le nom de Silvestre III, est expulsé par le même Benoît IX en mars 1045.

Grégoire VI (auparavant nommé Jean Gratien, et archiprêtre de Rome), ro-

Ans de J. C.

main, possesseur par la vente de Benoît IX, et ord. 28 avril, abdique en concile en déc. — 1046

Clément II (auparavant nommé Suidger, et évêque de Bamberg), saxon, intron. 25 déc., m. 9 oct. — 1047

Benoît IX, remis sur le siége 8 novembre, meurt ayant renoncé entièrement au pontificat 17 juil. — 1048

Damase II (auparavant nommé Poppon, et évêque de Brixen), bavarois, nommé par l'empereur Henri III et intronisé même jour, m. 8 août suivant.

Léon IX (auparavant nommé Brunon, et évêque de Toul), allemand, élu vers décembre à Worms dans une assemblée des prélats et seigneurs d'Allemagne, et intron. à Rome 2 fév 1049, m. 19 avril — 1054

(Vacance d'un an.)

Victor II (auparavant nommé Gébehard, et évêque d'Heychstaedt), allemand, intronisé 13 avril 1055, m. 17 juil. — 1057

Etienne IX (auparavant nommé Frédéric, cardinal et chancelier de l'Eglise de Rome, et frère de Godefroi II, duc de la basse Lorraine), élu 2 août, et sacré le 3, m. 29 mars — 1058

Benoît X (auparavant nommé Jean Mincio, et évêque de Vélétri), élu par un parti dès le 5 du même mois, et non reconnu de l'église, tient le siége jusqu'au 18 janv. 1059

Nicolas II (auparavant nommé Gérard, et évêque de Florence), du royaume de Bourgogne, élu dès 9 ou 28 déc. 1058, et intrôn. seulement 18 ou 31 janv. 1059, meurt 22 juillet — 1061

Alexandre II (auparav. nommé Anselme, et évêque de Lucques), milanais, couronné 30 septembre, m. 21 avril — 1073

> Cadalus, évêque de Parme, élu par un parti 28 octobre 1061 sous le nom d'Honorius, est condamné en concile 27 octob. 1062.

Grégoire VII (auparavant nommé Hildebrand, et archidiacre de Rome), toscan, élu 22 avril 1073, et ordonné 29 juin, dépossédé en 1080, meurt 25 mai — 1085

> Guibert, archevêque de Ravenne, mis sur le siége par l'empereur Henri IV en 1080, chassé et rétabli plusieurs fois, dispute la thiare jusqu'à sa mort en sept. 1099.

ROME

Ans de J. C.

(Après Grégoire VII, le siége est réputé vacant un an.)

Victor III (auparavant nommé Didier, et cardinal-prêtre, élu 24 mai 1086, et sacré 9 mai 1087, m. 16 oct. même an   1087

Urbain II (auparavant nommé Odon ou Eude, et évêque d'Ostie), né à Lagery, près Châtillon-sur-Marne, au diocèse de Reims, élu 12 mars 1088, m. 29 juillet   1099

Pascal II (auparavant nommé Rainier, et cardinal-prêtre), toscan, élu 13 août, et sacré 14, m. 21 janvier   1118

   Albert, élu à la mort de Guibert par son parti, est arrêté même jour par les autres.

   Théodoric, élu après Albert, est relégué après trois mois et demi.

   Maginulfe, élu après Théodoric sous le nom de Silvestre, meurt exilé.

Gélase II (auparavant nommé Jean, cardinal-diacre et chancelier de l'église de Rome), de Gaëte, élu 25 janvier, dépossédé 21 juillet, meurt fugitif en France 29 janvier   1119

RELIGIEUSE.

Ans de J. C.

Maurice Bourdin, limousin, élu par faction dès 9 mars 1118 sous le nom de Grégoire, meurt relégué dans un monastère, et dépouillé dès 23 avril 1121.

Caliste ou Calixte II (auparavant nommé Gui, archevêque de Vienne en Dauphiné, et fils de Guillaume-le-Grand, comte de Bourgogne), élu 1 fév. 1119, couronné à Vienne le 9, et seulement possesseur en 1120, meurt 12 ou 13 déc. 1124

Honorius II (auparavant nommé Lambert, et évêque d'Ostie), boulonnais, élu 14 et intronisé 21, m. 24 février 1130

(Dans les derniers jours d'Honorius II, les cardinaux commencent à se rendre maîtres des élections à l'exclusion du reste du clergé romain et du peuple.)

Premiers pontifes élus par les seuls cardinaux jusqu'au grand schisme d'Occident.

Innocent II (auparavant nommé Grégoire, et cardinal), romain, élu par une partie des cardinaux dès 14 ou 15 février 1130, et sacré le 23, dépossédé peu après, et fugitif en France, mais reconnu des

Ans de J. C.

principales puissances, et remis en possession en 1138, meurt 24 sept. — 1143

    Pierre de Léon, cardinal-prêtre, élu par l'autre partie des cardinaux dès 13 ou 16 février 1130 sous le nom d'Anaclet II, meurt possesseur 15 janvier 1138.

    Grégoire, cardinal, élu par le même parti vers 15 mars, se dépose lui-même peu après.

Célestin II (auparavant nommé Gui, et cardinal-prêtre), toscan, élu et intronisé 26 septembre 1143, m. 9 mars — 1144

Luce II (auparavant nommé Gérard, et cardinal-prêtre), boulonnais, élu et couronné 12 mars, m. 13 ou 25 février — 1145

Eugène III (auparavant nommé Bernard, et abbé de l'ordre de Cîteaux), pisan, élu 27, m. 8 juillet — 1150

Anastase IV (auparavant nommé Conrad, et évêque de Sabine), romain, élu 9, m. 2 décembre — 1154

Adrien IV (Nicolas Breckspeare, cardinal, évêque d'Albano), anglais, élu 3, m. 1 septembre — 1159

Alexandre III (auparavant nommé Roland, et cardinal, chancelier de l'église de

Rome), siennois, élu le 7, dépossédé février 1160, et rétabli en mars 1178, m. 30 août 1181

> Octavien, cardinal, élu 7 février par trois cardinaux sous le nom de Victor, et reconnu dans un faux concilele 12 du même mois par l'appui de l'empereur Frédéric I, meurt possesseur 20 ou 22 avril 1164.
> Gui de Crême, card., élu par le même parti sous nom de Pascal, meurt 20 sept. 1168.
> Jean, abbé de Strum, élu sous le nom de Calixte III, se dépose lui-même 29 août 1178.

Luce III (auparavant nommé Ubald, et évêque d'Ostie), lucquois, élu 1 sept. 1181, et couronné le 6, m. 24 nov. 1185

> Sous ce pontificat les élections sont fixement réservées aux cardinaux.

Urbain III (Hubert Crivelli, archevêque de Milan et cardinal), milanais, élu 25 et couronné 1 décembre, m. 19 octobre 1187

Grégoire VIII (auparavant nommé Albert, et cardinal, chancelier de l'église de Rome), de Bénevent, élu 20 et sacré 25, m. 17 décembre même année.

Clément III (auparavant nommé Paul ou

	Ans de J. C.
Paulin, cardinal, et évêque de Préneste), romain, élu 19 et cour. 20, m. 27 mars	1191
Célestin III (auparavant nommé Hyacinthe, et cardinal-diacre), romain, élu 30, ordonné et couronné 14 avril, m. 8 janv.	1198
Innocent III (Lothaire des comtes de Ségni, et cardinal-diacre), d'Agnani, élu même jour, ordonné 21 février, et sacré 22, m. 16 ou 17 juillet	1216
Honorius III (Centio Savelli, cardinal-prêtre), romain, élu 18 et sacré 24, m. 18 mars	1227
Grégoire IX (Hugolin des comtes de Ségni, cardinal et évêque d'Ostie), d'Agnani, élu et intronisé 19, m. 21 août	1241
Célestin IV (auparavant nommé Geoffroi, cardinal et évêque de Sabiuc), milanais, élu en octobre, meurt en novembre suivant, non couronné	

(Le siége vaque 20 mois.)

Innocent IV (Sinibal Fiesco ou de Fiesque, cardinal), génois, élu 24 ou 25 juin 1243, et sacré 28 ou 29, m. 7 décembre	1254

Alexandre IV (Rainald des comtes de Ségni,

RELIGIEUSE.

Ans de J. C.

cardinal et évêque d'Ostie), d'Agnani, élu 12 ou 25, m. 25 mai — 1261

Urbain IV (Jacques Pantaléon, patriarche de Jérusalem), de Troyes en Champagne, élu 29 août, et couronné 4 septembre, m. 2 octobre — 1264

Clément IV (Gui Fulcodi ou Foucauld, cardinal et évêque de Sabine), languedocien, élu et couronné 22 ou 26 février 1265, m. 29 novembre — 1268

(Nouvelle vacance de près de 3 ans, causée par division entre les cardinaux assemblés à Viterbe.)

Grégoire X (Théalde ou Thibaud Visconti, archidiacre de Liége), plaisantin, élu vers la fin de 1271, ordonné, sacré et couronné 27 mars 1272, m. 10 janvier — 1276

Ce pontife ordonne, par une constitution, que les élections se feront en conclave.

Innocent V (Pierre de Tarantaise, cardinal et évêque d'Ostie), de Savoie, élu 11 février et couronné 23, meurt 22 juin même année.

Adrien V (Ottobon de Fiesque, cardinal-diacre, et neveu d'Innocent IV), génois,

Ans de J. C.

élu 10 juillet, meurt 10 août suivant, non sacré, ni même ordonné prêtre.

Jean XXI (Pierre Julien, cardinal et évêque de Tuscule), portugais, élu 18 sept. et couronné le 20, meurt 16 mai — 1277

Nicolas III (Jean Gaétan de la maison Orsini ou des Ursins, cardinal-diacre), romain, élu 25 novembre, ordonné, sacré et couronné en décembre, ou seulement en janvier 1278, m. 22 août — 1280

Martin IV (Simon de Montpincé, cardinal-prêtre), né à Montpincé en Brie, élu 22 févr. 1281 et couronné 23 mars, m. 28 même mois — 1285

Honorius IV (Jacques Savelli, cardinal-diacre), noble romain, élu 2 avril, sacré 15 ou 20 mai, m. 3 avril — 1287

Nicolas IV (Jérôme d'Ascoli, cardinal, évêque de Palestrine), né à Ascoli en la Marche d'Ancône, élu 15 ou 22 février, et couronné 25, m. 4 avril — 1292

(Vacance de 27 mois.)

Célestin V (Pierre Moron, fondateur et général des Célestins), napolitain, élu 5 juillet et sacré 29 août, meurt 19 mai

1296, ayant abdiqué dès 13 décembre 1294

Boniface VIII (Benoît Cajétan, cardinal-prêtre), d'Agnani, élu 24 même mois, sacré et couronné 16 ou 23 janvier 1295, meurt 11 octobre 1303

Benoît XI (Nicolas Boccasini, cardinal, évêque d'Ostie), trévisan, élu 22 et couronné 27, m. 6 ou 7 juillet 1304

(Nouvelle vacance d'onze mois, causée par la division des cardinaux.)

Clément V (Bertrand de Goth ou de Gouth, archevêque de Bordeaux), gascon, élu à Pérouse en Italie 5 juin 1305, couronné à Lyon 14 novembre, est le premier des pontifes appelés *papes d'Avignon*, où le siége pontifical est transféré, et demeure près de 70 ans, meurt 23 avril 1314

(Vacance de 2 ans et 3 mois et demi.)

Jean XXII (Jacques d'Euse, cardinal, évêque de Porto), du Quercy, élu à Lyon 7 août 1316, et couronné 5 septembre, m. à Avignon 4 décembre 1334

Pierre Rainallutio ou de Corbéria, simple cordelier, mis sur le siége à Rome par l'empereur Louis V, duc de Bavière, 12 mai 1324 sous le nom de Nicolas, meurt, ayant renoncé à sa nomination, 25 août 1330.

Benoît XII (Jacques Fournier, moine de Cîteaux et cardinal), du pays de Foix, éln 20 déc. 1334, et couronné à Avignon 8 janv. 1335, m.   1342

Clément VI (Pierre Rogier, archevêque de Rouen et cardinal), limousin, élu 7 mai, et couronné à Avignon 19 avril, m.   1352

Innocent VI (Etienne Aubert et non d'Albert, cardinal, évêque d'Ostie), limousin, élu 18 déc. et couronné 30, m.   1362

Urbain V (Guillaume de Grimoard de Grisac, abbé de Saint-Victor de Marseille), du Gévaudan, élu 23 ou 28 sept., sacré 31 octobre, et couronné 6 nov., m.   1370

Grégoire XI (Pirre Bogier, cardinal-diacre, et neveu de Clément VI), limousin, élu 30 déc., ordonné 4 janv. 1371, sacré et couronné le 5, m. à Rome 27 mars   1378

Après la mort de Grégoire XI commence le grand schisme d'Occident par l'élection de deux pontifes, dont ni l'un ni l'autre n'a été déclaré illégitime, et qui, ayant eu des successeurs pendant plusieurs années, ne peuvent être mieux distingués que par les noms d'Urbanistes et de Clémentistes, donnés à leurs obédiences ou partis durant le schisme.

Pontifes appelés Urbanistes durant le schisme.

Urbain VI (Barthélemi Prignani, archevêque de Bari), napolitain, élu à Rome 9 avril 1378, et couronné le 18, m. 15 octobre ... 1389

Boniface IX (Pierre Tomacelli, cardinal, archevêque de Naples), aussi napolitain, élu par les Urbanistes 2 novembre, et couronné le 11, m. 1 octobre ... 1404

Innocent VII (Côme Méliorati, cardinal), de l'Abruzze, élu 17 oct., et couronné 2 ou 3 novembre, m. 6 du même mois ... 1406

Grégoire XII (Ange Corario, cardinal), vénitien, élu 30 nov., m. 18 oct. 1417, déposé à Pise dès 5 juin ... 1409

Alexandre V (Pierre Philarge, cardinal, archevêque de Milan), de l'Isle de Can-

die, élu à Pise 26, et couronné 7 juillet,
m. 1 mai — 1410

Jean XXIII (Balthasar Cossa, cardinal-diacre) napolitain, élu 17, ordonné 24, sacré et couronné 25 mai, m. 22 nov. 1419, déposé à Constance dès 29 mai — 1415

(Sous son successeur les deux obédiences se réunissent.)

Pontifes appelés Clémentistes durant le schisme.

Clément VII (Robert de Genève, cardinal, évêque de Cambrai, et frère des derniers comtes de Genève Amé IV, Jean et Pierre), génevois, mis sur le siège le 21 septembre 1378 par les mêmes cardinaux qui avoient élu Urbain VI; mais sous prétexte de défaut de liberté dans la première élection, il ne fut couronné que le 31 octobre suivant, et reconnu pour seul légitime par l'Espagne, l'Ecosse et la France, où il établit son siège en 1379 : il n'est cependant pas compté dans la succession, m. à Avignon 26 septembre — 1394

Benoît XIII (Pierre de Luna ou de Lune, cardinal-diacre), catalan, aussi non compté dans la succession, élu à Avignon par les Clémentistes le 28 septemb., reconnu par la France jusqu'en 1398 seulement, et condamné à Pise 5 juin 1409, et à Constance le 26 juil. 1417, m. fugitif en Catalogne 1 juin 1424

Clément VIII (Giles de Mugnos, chanoine de Barcelonne), arragonais, élu par le même parti et encore non compté dans la succession, m. évêque de Maïorque, ayant renoncé à la thiare le 26 juillet . . 1429

Le schisme est entièrement éteint par cette renonciation.

Derniers pontifes depuis le schisme.

Martin V (Othon Colonne, cardinal-diacre), romain, élu et intronisé à Constance 11 novembre 1417, ordonné 20, sacré et couronné 21, m. 21 février . . 1431

Eugène IV (Gabriel Condolméré, cardinal, évêque de Sienne), vénitien, élu 3 ou 4 mars, et couronné 11 ou 12, m. 23 février 1437, déposé à Bâle en concile dès 25 juin 1439

Félix V (Amédée VIII, comte de Savoie et premier duc), élu à Bâle 5 novembre, sacré et couronné dans le concile 24 juillet 1440, reconnu légitime par plusieurs cours, excepté celle de France, m. 13 janvier 1452, ayant renoncé à la thiare 9 avril 1449

Nicolas V (Thomas de Sarzane, cardinal, évêque de Boulogne), d'un bourg près Luni en Italie, élu dès 6 mars 1447, couronné 19, et reconnu aussitôt en France et en Allemagne, m. 24 mars 1455

Calixte III (Alphonse de Borgia, cardinal, évêque), espagnol, élu 8 avril, et couronné 20, m. 6 août. 1458

Pie II (Enée-Sylvius Piccolomini, cardinal, évêque de Sienne), siennois, élu 19 ou 27 août, et couronné 3 septembre, mort 14 août 1464

Paul II (Pierre Barbo, cardinal), vénitien,

Ans de J. C.

élu 29 ou 30 août, et couronné en sept., m. 26 juillet … 1471

Sixte IV (François della Rovéré ou de la Rovère, cardinal, évêque), savonnois, élu 9 août, et couronné 23, mort 13 du même mois … 1484

Innocent VIII (Jean-Baptiste Cibo-de-Melfe, cardinal), génois, élu 29 août, et couronné 12 septembre, m. 25 juillet … 1492

Alexandre VI (Rodrigue Lenzoli, fils d'une sœur de Calixte III, substitué au nom de Borgia et cardinal, archevêque de Valence), espagnol, élu 11 août, et couronné 26, m. 17 même mois … 1503

Pie III (François Todeschini, fils d'une sœur de Pie II, substitué au nom de Piccolomini, et cardinal-diacre), siennois, élu 22 septembre, ordonné 30, sacré 1 octobre, et couronné 8, m. 13 même mois

Jules II (Julien de la Rovère, neveu de Sixte IV et cardinal, évêque d'Ostie), savonnois, élu et intronisé 1 novembre, et couronné 19, m. 21 février … 1513.

	Ans de J. C.
Léon X (Jean de Médicis, cardinal-diacre), florentin, élu 11 mars, ordonné 14, et sacré 19, m. 1 décembre	1521
Adrien VI (Adrien Florent, ancien précepteur de l'empereur Charles-Quint, cardinal, évêque de Tortose en Espagne), hollandais, élu 9 janvier 1522, et couronné 30 août, m. 14 septembre	1523
Clément VII (Jules de Médicis, cousin-germain de Léon X, cardinal, archevêque de Florence), florentin, élu 19 novembre, couronné 26 ou 28, m. 25 ou 26 septembre	1534
Paul III (Alexandre Farnèse, cardinal, évêque d'Ostie), romain, élu 13 octobre, couronné 7 novembre, m. 10 même mois	1549
Jules III (Jean-Marie Giocchi del Monte-Sansarino, cardinal, archevêque de Siponté), romain, élu 8 février 1550, et couronné 22, m. 23 mars	1555

Marcel II (Marcel Cervin del Monte-Pulciano, cardinal-prêtre), de Fano en l'état ecclésiastique, élu 9 avril, sacré

RELIGIEUSE.

Ans de J. C.

10, et couronné 11, m. 30 du même mois   1555

Paul IV (Jean-Pierre Caraffa ou Caraffe, cardinal, évêque de Théate), napolitain, élu 23 mai, et couronné le 26, août   1559

Pie IV (Jean-Ange Médichini, se disant à tort Médicis, cardinal, évêque), milanois, élu 26 décembre, et couronné 6 janvier 1560, m. 9 décembre   1565

Pie V (Michel Ghifléri, cardinal, évêque), de Ligurie, élu 7 janvier 1566, et couronné 17, m. 30 avril   1572

Grégoire XIII (Hugues Buon-Compagno, cardinal, évêque), boulonnois, élu 13 mai, et couronné 25, m. 10 avril   1585

Sixte V (Félix Péretti, cardinal, évêque), de la Marche d'Ancône, élu 24 avril, et couronné 1 mai, m. 27 août   1590

Urbain VII (Jean-Baptiste Castanéa, cardinal, archevêque de Rossano), génois, élu 15 septembre, m. 27 même mois.

Grégoire XIV (Nicolas Sfrondati, cardinal, évêque de Crémone), crémonois,

15.

Ans de J. C.

élu 5 décembre, et couronné 8, m. 15
octobre — 1591

Innocent IX (Jean-Antoine Fachinetti, cardinal, évêque de Nicastro), boulonnois, élu 29 oct., et couronné 3 nov., m. 30 décembre même année.

Clément VIII (Hippolyte Aldobrandini, cardinal, évêque d'Imola), florentin, élu 30 janvier ou 26 février 1592, et couronné huit jours après, m. 3 ou 5 mars — 1605

Léon XI (Alexandre de Médicis, de la branche des princes d'Ottojano cadette des grands ducs de Toscane, cardinal, archevêque de Florence), florentin, élu 1 avril, m 27 même mois.

Paul V (Camille Borghèse ou Borgèse, cardinal, évêque), siennois, élu 16 mai, m. 28 janvier — 1621

Grégoire XV (Alexandre Ludovisio, cardinal, archevêque de Boulogne), boulonnois, élu 9 février, m. 8 juillet — 1623

Urbain VIII (Maffée Barberini ou Barberin, cardinal, archevêque), florentin,

Ans de J. C.

élu 6 août, et couronné 29 septembre,
m. 29 juillet ... 1644

Innocent X (Jean-Baptiste Pamphilio ou
Pamphile, cardinal, patriarche titulaire
d'Antioche), romain, élu 15 septembre,
et couronné 29, m. 7 janvier ... 1655

Alexandre VII (Fabio Chigi, cardinal,
évêque d'Imola), siennois, élu 7 ou 8
avril, m. 20 ou 22 mai ... 1667

Clément IX (Jule Rospigliosi, cardinal,
évêque), toscan, élu 20 juin, m. 9 décembre ... 1669

Clément X (Jean-Baptiste-Emile Altiéri,
cardinal, évêque), romain, élu 29 avril
1670, m. 22 juillet ... 1676

Innocent XI (Benoît Odescalchi, cardinal,
évêque de Novarre), milanais, élu 21
septembre, m. 12 août ... 1689

Alexandre VIII (Pierre Ottoboni, cardinal, évêque de Frascati) vénitien, élu
6 octobre, m. 1 février ... 1691

Innocent XII (Antoine Pignatelli, cardinal, archevêque de Naples), napolitain,
élu 12 juillet, m. 27 septembre ... 1700

Ans de J. C.

Clément XI (Jean-François Albani, cardinal), du duché d'Urbin, élu 23 nov., m. 19 mars — 1721

Innocent XIII (Michel-Ange Conti, cardinal, évêque de Viterbe), romain, élu 7 mai, et couronné 18, m. 7 mars — 1724

Benoît XIII (Pierre-François des Ursins, cardinal, archevêque de Bénévent), romain, élu 29 mai, et couronné 4 juin, m. 21 février — 1730

Clément XII (Laurent Corsini, cardinal, évêque de Frascati), florentin, élu 12 juillet, et couronné 16, m. 6 février — 1740

Benoît XIV (Prosper Lambertini), boulonnois, élu 17 août 1740, m. — 1758

Clément XIII (Charles Rezzonico), noble vénitien, élu 6 juillet 1758, m. — 1769

Clément XIV (Jean-Vincent-Antoine Ganganelli), italien, élu 19 mai 1769, m. — 1774

Pie VI (Jean-Ange Braschi), italien, élu 15 février 1775, m. — 1799

Pie VII (Barnabé Chiaramonti), italien, élu 14 mars 1800.

NOUVEAU ROYAUME DE ROME.

Les états romains, qui avaient été concédés aux souverains pontifes par Pepin et Charlemagne, rois de France, ont été réintégrés dans l'empire sous le règne de Napoléon-le-Grand.

Le PRINCE IMPÉRIAL DE FRANCE porte le titre de ROI DE ROME.

ROI DE ROME.

S. M. NAPOLÉON-FRANÇOIS, PRINCE IMPÉRIAL DES FRANÇAIS, ROI DE ROME, né le 20 mars 1811, fils de Napoléon I, empereur des Français, roi d'Italie, et de Marie-Louise d'Autriche, impératrice des Français, reine d'Italie. (*V*. FRANCE).

ROYAUME D'ITALIE.

Le duché de Milan, la principauté de Venise, une partie du Tyrol méridional, et quelques petites souverainetés de l'ancienne Italie, forment aujourd'hui l'état connu sous le nom de royaume d'Italie.

Son étendue est de..... 1,660 milles carr.
Sa population de...... 6,000,000 d'habitans.
Ses revenus........... 90,000,000 de francs.
Son armée........... 36,000 homm. (1)

Chronologie historique des premiers rois d'Italie.

Après la défaite d'Augustule (2), le dernier empereur romain, par Odoacre, roi des Hérules, l'Italie devint la proie de ses vainqueurs, qui y établirent un royaume, dont la durée ne fut que passagère.

Ans de J. C.

1. Odoacre, roi des Hérules, devint roi d'Italie l'an 476, tué 27 sept.   493

---

(1) Au besoin le royaume d'Italie pourrait mettre 70 mille hommes sous les armes.
(2) Voyez pages 138 et 139.

ROIS D'ITALIE.

Ans de J. C.

2. Théodoric, roi des *Ostrogoths*, vainqueur d'Odoacre, m. 30 août — 526
3. Athalaric, m. — 534
4. Amalasunthe, fille de Théodoric, et mère d'Athalaric, m. — 535
5. Théodat, tué — 536
6. Wicigès, m. — 540
7. Théobald, m. — 541
8. Totila, tué — 552
9. Teïas ou Téjas, vaincu et tué l'an 553 par l'eunuque Narsès, général de l'empereur Justinien, sous l'obéissance duquel il remit l'Italie; il en eut le gouvernement sous le titre de duc : mais l'impératrice Sophie le lui ayant fait ôter, Narsès, pour se venger, appela en Italie les Lombards, qui s'emparèrent de ce royaume.

Rois lombards en Italie.

Les Lombards, appelés auparavant Viniles, étaient venus des parties septentrionales de la Germanie s'établir en Pannonie, d'où ils passèrent en Italie.

10. Alboin, roi d'Italie en 571, m. — 574

Ans de J. C.

11. Cléphis, m. 575
12. Eutharis, m. 5 sept. 591
13. Agilulphe, m. 616
14. Adelwald, son frère, m. 626
15. Ariowald, m. 638
16. Rotharis, m. 653
17. Roboald, son frère, m. 656
18. Aripert, m. 662
19. Pertharit, son frère, chassé en 663
20. Grimoald, son beau-frère, m. 673
21. Garibaud, son frère, règne trois mois.
   Pertharit rétabli en 673, m. 689
22. Cunibert, son frère, m. 701
23. Luitpert, son frère, règne huit mois, m. 702
24. Ragombert, règne trois mois.
25. Aripert II, son frère, détrôné en 712
26. Arisprand, règne trois mois.
27. Luitprand, son frère, m. 744
28. Childebrand, règne sept mois, chassé en 745
29. Racis, m. 750
30. Astolphe, son frère, m. 756
31. Didier, vaincu par Charlemagne, qui le prit dans Pavie, et mit fin à la domination des Lombards, en 774

ROIS D'ITALIE.

Ans de J. C.

32. Pepin, fils de Charlemagne, roi d'Italie en 781, m. 8 juillet — 810
33. Bernard, fils nat., m. — 818
34. Lothaire II, emper., m. — 856
35. Louis II, emper., m. — 875
36. Gui, duc de Spolette, roi en 888, m. — 899
37. Lambert, roi en 793, assass. — 910
38. Louis l'Aveugle, roi d'Arles, chassé en — 903
39. Bérenger, duc de Frioul, assass. — 924
40. Rodolphe, roi de Bourgogne, m. — 926
41. Hugues, comte d'Arles en 926, m. — 945
42. Lothaire I, associé en 934, m. le 22 nov. — 950
43. Bérenger II, dépossédé avec son fils Adalbert, — 961
44. Othon I, empereur, en — 964
45. Othon II, empereur, m. — 983
56. Othon III, empereur, m. — 1002
47. Arduin, marquis d'Ivrée, vaincu par l'empereur Henri II, se retira dans un monastère, et m. 29 oct. — 1015

L'Italie rentra sous la domination des empereurs germaniques ; mais l'éloignement de ces princes, et les différens qu'ils eurent avec les papes, y affaiblirent considérablement leur autorité. Les papes se rendirent indépendans, et augmentèrent le patrimoine de S. Pierre. Les comtes et les marquis en firent autant dans leurs gouvernemens, et quelques villes s'érigèrent en républiques.

Ainsi l'on vit s'élever en Italie les maisons de Montferrat, de Gonzague-Mantoue, de Saluces, de Savoie, de Visconti-Milan, de Médicis, d'Est, de la Mirandole, d'Urbin, de Farnèse, et les républiques de Venise, de Gênes, de Lucques, et de Padoue, sur les débris de cet ancien royaume, qui a été rétabli par l'empereur Napoléon en 1805.

ROI D'ITALIE.

S. M. Napoléon I, empereur des Français, couronné roi d'Italie le 26 mai 1805. *V.* France.

S. A. I. et R. monseigneur le prince Eugene, grand-duc héréditaire de Francfort, *vice-roi* d'Italie. *Voyez* Francfort.

EMPIRE D'ALLEMAGNE.

Chronologie historique des empereurs d'Occident et d'Allemagne, d'où viennent les empereurs d'Autriche.

L'ANCIENNE Germanie, ou l'Allemagne de nos jours, est la patrie des Cimbres et des Teutons, qui prirent dans la suite le nom de Germains, et qui signalèrent plus d'une fois leur courage contre les Romains et les Gaulois. Arioviste, l'un de leurs rois, poussant l'ambition jusqu'à vouloir faire la conquête des Gaules, soumises alors aux Romains, fut défait par Jules-César, qui pénétra ensuite dans la Germanie et asservit ces peuples pour quelques années, après lesquelles on les vit de nouveau faire des incursions dans les Gaules et en Italie. Clovis I, dit le Grand, roi de France, les vainquit à la bataille de *Tolbiac*; il les annexa à son vaste empire. Charlemagne les réduisit encore à l'obéissance par la victoire de *Paderborn*, et se rendit de plus maître de l'Italie, après avoir vaincu et fait prisonnier Didier, roi des Lombards, qui prétendait y régner. Ainsi la France, la Germanie, et l'Italie ne firent plus qu'un seul empire, et furent soumises à un même maître dans la personne de Charlemagne, qui forme la souche des empereurs d'occident.

Ans de J. C.

1. Charlemagne, roi de France, d'Italie, de Bavière, et de Germanie, couronné empereur 25 décembre 801, tient l'empire jusqu'à sa mort, arrivée en 814

    Pepin, second fils, né en 777, et couronné roi de Lombardie ou Italie dès 781, était mort 8 juillet 810.

    Bernard, unique fils de Pepin, soit légitime, soit naturel, roi après lui, m. 17 avr. 818. (Le royaume de Lombardie retourne à l'empereur Charlemagne.)

2. Louis I, ou le Débonnaire, roi de France, etc. troisième fils de Charlemagne, désigné empereur par son père dès sept. 813, et couronné en juillet 816, tient aussi l'empire jusqu'à sa mort, arrivée en 840

3. Lothaire I, fils aîné de Louis I, associé à l'empire dès juillet 817, puis couronné

roi d'Italie en 822, empereur 5 avril 823, et encore roi de la partie d'Austrasie, depuis appelée Lorraine, par partage avec ses cadets en août 843, m. moine 29 septembre 855, ayant abdiqué dès 849

Louis, surnommé le Pieux ou le Germanique, frère cadet de Lothaire I, fait d'abord roi de Bavière par son père en juillet 817, puis d'une partie de la Germanie par le partage d'août 843, meurt 28 août 876.

(Après lui ou peu avant sa mort le royaume est divisé en trois parties, savoir Bavière, Germanie et Franconie, ou France orientale, aussi nommée Germanie.)

Carloman, fils aîné de Louis-le-Pieux, et depuis empereur, fait d'abord roi de Bavière par ce partage, n'a que cette dernière qualité jusqu'en 879.

Louis-le-Jeune, second fils du même Louis-le-Pieux, fait roi de Franconie, meurt sans postérité 20 janvier 882.

(Après lui la royauté de son état est jointe à l'empire.)

Charles, surnommé le Gras, troisième fils, et depuis empereur, fait d'abord roi de la Germanie propre, n'a que cette dernière qualité jusqu'en 880.

4. **Louis II**, aussi surnommé le Jeune, fils aîné de Lothaire I, d'abord couronné roi d'Italie en 844, puis empereur en 849, meurt sans enfans mâles 31 août   875

> Lothaire II, frère cadet, fait roi, par partage avec son aîné, de la partie d'Austrasie qu'avait eue Lothaire I, et qui était appelée Lorraine, du nom des deux Lothaires, meurt sans enfans légitimes 7 août 869.
>
> Charles, autre frère, fait roi d'une partie de la Bourgogne, aussi donnée à son père, et sous le titre de roi de Provence ou d'Arles, était mort sans post. dès 863.

5. **Charles-le-Chauve**, troisième frère de Lothaire I, et oncle de Louis II, d'abord seulement roi de France, etc. puis couronné empereur après son neveu 25 décembre 875, et aussi roi de Lorraine et d'Italie, tient l'empire jusqu'à sa mort 6 octobre   877

> Boson, duc de Bourgogne, et gendre de Louis II, fait roi de Bourgogne et de Provence (soit dès 877 par disposition de

Ans de J. C.

Charles-le-Chauve, soit seulement 11 oct. 879), meurt 11 janvier 888.

Louis, surnommé l'Aveugle, fils de Boson, roi de Provence après son père, n'a que cette qualité jusqu'en 900.

6. Louis-le-Bègue, fils de Charles-le-Chauve, aussi roi de France, etc. et II du nom dans la succession de ce royaume, mais III dans celle de l'empire, couronné empereur 7 septembre 878, tient également jusqu'à sa mort 10 avril 879

(Ce prince est le dernier roi de France qui ait possédé l'empire.)

7. Carloman, fils aîné de Louis-le-Germanique, roi de Bavière après son père, puis empereur et roi d'Italie et de Lorraine après Charles-le-Chauve, mais non couronné, meurt sans enfans légitimes 3 ou 7 avril 880

8. Charles III, ou le Gras, frère cadet de Carloman, d'abord roi de la Germanie propre, puis couronné empereur dès 25 décembre 880, selon l'usage de Rome, ou 879 selon le nôtre, et depuis encore roi d'Italie, de Franconie, et de Lorraine,

après ses frères, meurt sans enfans légitimes 12 ou 13 janvier 888, déposé dès novembre 887

 Hugues, fils naturel du roi Lothaire II, et rival de Charles III dans le royaume de Lorraine en 883, meurt vers 896, emprisonné dès 885, et ayant eu pour fils naturel Hugues, d'abord comte, puis roi de Provence et d'Italie.

9. Arnoul, fils naturel de Carloman, élu roi de Bavière, de Franconie, etc. en nov. 887, et couronné empereur en 896, m. sans enfans légitimes 29 novembre . . . 899

 Gui, duc de Spolette en Italie, d'abord reconnu roi d'Italie en 890, puis fait empereur par un parti 21 février 891, était mort en 894.

 Lambert, fils de Gui, associé à l'empire par son père dès 891, meurt en 898 ou 899.

 Zuentébold, fils naturel de l'empereur Arnould, fait roi de Lorraine en 895, meurt en août 900.

 Rodolphe I, d'abord comte de la Bourgogne transjurane ou helvétique, puis roi par révolte contre le même emper. Arnould, meurt en 911 ou 912, laissant pour fils

Ans de J. C.

et successeur Rodolphe II, depuis roi d'Italie.

10. Bérenger, duc de Frioul, fait roi d'Italie par un parti dès 889, et aussi couronné empereur dès 896, est dépouillé en   900

11. Louis l'aveugle, roi de Provence, non ordinairement compté dans la succession de l'empire, fait roi d'Italie par un second parti dès 899, et couronné empereur en 900, meurt en 931, dépouillé dès   902

(Le royaume de Provence passe après lui à Hugues, fils naturel de Hugues, roi titulaire de Lorraine, et depuis roi d'Italie par échange de la Provence.)

12. Louis IV ou V, unique fils légitime de l'empereur Arnoul, né en 893, et d'abord reconnu roi de Bavière, de Lorraine, etc. sous le nom générique de Germanie en août 900, et déclaré en même tems successeur à l'empire, m. non couronné 21 janvier   912

(Après lui tous les états d'Allemagne demeurent unis sous le nom de Germanie, à l'exception de la Lorraine, dont une partie retourne au roi de France Charles-le-Simple, et dont l'autre n'a plus pour vrais suzerains que ses ducs, comme la Bavière même et les autres parties de l'Allemagne avaient dès-lors les leurs; et de là se forment les différens duchés souverains de ce grand état.)

Bérenger, duc de Frioul, remis en possession de l'Italie en 902, et reconnu pour empereur après Louis IV ou V, mais seulement couronné 24 mars 916, meurt même mois ... 924

(Après lui l'empire demeure proprement vacant jusqu'en 962, l'Italie et la Germanie ayant eu des rois à qui chaque nation donne le nom d'empereurs, mais reconnus en cette qualité.)

Rois de Germanie non reconnus pour empereurs..

1. Conrad I, comte de Franconie, élu roi de Germanie après Louis IV ou V dès 912, meurt sans postérité 23 décembre ... 918
2. Henri I, duc de Saxe, surnommé l'Oiseleur, élu roi après Conrad I, et seule-

ment qualifié avoué ou protecteur de l'empire Romain, comme non couronné, m. 2 juillet. 936

Rodolphe II, roi de la Bourgogne transjurane, couronné roi d'Italie dès 922, meurt en 937, ayant cédé ce second royaume pour celui de Provence ou Arles en 926.

(Ce dernier état, avec celui de la Bourgogne transjurane, passe successivement de ses mains à Conrad son fils, et à Rodolphe III son petit-fils, qui meurt en 1024, et après lequel les empereurs reprennent la suzeraineté de cet état; et c'est pourquoi la Provence, le Dauphiné, la Savoie, etc. ont été long-tems de la mouvance de l'Empire.)

Hugues, d'abord comte, puis roi de Provence, couronné roi d'Italie en 926, meurt en 946.

Lothaire, unique fils de Hugues, associé par son père dès 930 ou 931, meurt sans postérité en 950.

Bérenger, marquis de Toscane, et reconnu roi après Lothaire, comme mari de sa veuve, meurt dépouillé dès 964.

EMPEREURS D'OCCIDENT

Ans de J. C.

(Après Bérenger, la royauté est entièrement éteinte en Italie, et réunie à l'empire; et les divers états du royaume n'ont plus pour suzerains que leurs ducs ou comtes, d'où se forment les dernières souverainetés de l'Italie.)

Empereurs appelés Germaniques.

1. Othon I ou le Grand, fils aîné de Henri I, duc de Saxe et élu roi de Germanie après lui en 936, puis couronné roi d'Italie en décembre 961, et empereur en fév. 962, et le premier prince Allemand qui ait véritablement possédé l'empire, meurt 31 mai — 973
2. Othon II, m. 8 décembre — 983
3. Othon III, m. 24 janvier — 1002
4. S. Henri II, m. 13 juillet — 1024
5. Conrad II ou le Salique, m. 4 juin — 1039
6. Henri III ou le Noir, m. 5 octobre — 1056
7. Henri IV, m. — 1106
 Rival. Rodolphe, duc de Souabe.
8. Henri V, m. 23 mai — 1125
9. Lothaire II, m. 6 décembre — 1137

ET D'ALLEMAGNE.

Ans de J. C.

10. Conrad III, m. 15 février — 1152
11. Frédéric I ou Barbe-Rousse, m. 10 juin 1190
12. Henri VI, m. 28 septembre — 1197
13. Philippe I, m. 22 juillet — 1208
14. Othon IV, m. — 1212
15. Frédéric II, m. 26 décembre — 1250
    Rivaux. 1° Henri, landgrave de Thuringe, 1245—1247.
    2° Guillaume, comte de Hollande.
16. Conrad IV, m. 22 mai — 1254
17. Richard d'Angleterre, comte de Cornouailles, fils cadet du roi Jean Sans-Terre, m. — 1272
    Rival. Alphonse-le-Sage, roi de Castille.
18. Rodolphe I, comte de Habsbourg, souche de la maison d'Autriche, élu dès 1273, m. — 1291
    Rival. Prémislas Ottocare II, roi de Bohême, meurt en 1278.
19. Adolphe, comte de Nassau, m. — 1298
20. Albert I, duc d'Autriche, m. — 1308
21. Henri VII, comte de Luxembourg et de Limbourg, m. 24 août — 1313
22. Louis V, duc de Bavière, m. — 1347
    Rival. Frédéric, duc d'Autriche, en 1314 —1330.

EMPEREURS D'ALLEMAGNE.

Ans de J.C.

23. Charles IV, comte de Luxembourg et roi de Bohême, élu dès 1346, m. 29 novembre — 1378

Rivaux. 1° Edouard III, roi d'Angleterre, 1346 — 1347.

2° Frédéric, marquis de Misnie, 1348 — 1349.

3° Gonthier, comte de Schwartzbourg, — 1349.

24. Wenceslas, roi de Bohême, m. 16 août 1419

Rivaux. 1° Frédéric, duc de Brunswick, — 1400.

2° Robert de Bavière, comte Palatin, 1400 — 1410.

3° Josse de Luxembourg, marquis de Moravie, 1410 — 1411.

25. Sigismond, roi de Hongrie et de Bohême, élu par un parti dès 1411, m. 9 déc. 1437

26. Albert II, duc d'Autriche, roi de Hongrie et de Bohême, m. 27 octobre 1439

27. Frédéric II, duc d'Autriche, m. 19 août 1493

28. Maximilien I, m. 12 janvier 1519

29. Charles-Quint, roi d'Espagne, m. 21

Ans de J. C.

septembre 1558, ayant abdiqué dès 25 octobre — 1556
30. Ferdinand I, m. 25 juillet — 1564
31. Maximilien II, m. 11 octobre — 1576
32. Rodolphe II, m. 10 janvier — 1612
33. Mathias, m. 20 mars — 1619
34. Ferdinand II, m. 15 février — 1637
35. Ferdinand III, m. 2 avril — 1657
36. Léopold I, m. 5 mai — 1705
37. Joseph I, m. 17 avril — 1711
38. Charles VI, le dernier mâle de la maison d'Habsbourg-Autriche, m. — 1740
39. Charles VII, électeur duc de Bavière; avec l'appui de la France il se fait couronner empereur, ne peut se soutenir, et meurt de chagrin en — 1745

Marie-Thérèse, reine de Hongrie, fille aînée et héritière de Charles VI, porte dans la maison de Lorraine, qui avait une origine commune avec celle d'Habsbourg-Autriche, l'empire d'Allemagne, et les royaumes de Hongrie et de Bohême, par son mariage avec

40. François I, duc de Lorraine, grand-duc de Toscane, qui hérite de la maison

EMPEREURS D'ALLEMAGNE.

Ans de J. C.

    d'Autriche, et est élu empereur en 1745, m. en   1765
41. Joseph II, m.   1790
42. Léopold II, son frère, m.   1792
43. François II, élu empereur d'Allemagne en 1792, abdique cette dignité en 1806, après avoir érigé ses états héréditaires en empire en 1804, sous le nom d'empire d'Autriche.

EMPIRE D'AUTRICHE.

Etendue . . . .   10,000 milles carrés (1).
Population . . . . .   21,000,000 d'habitans.
Revenus. . . . .   390,000,000 de francs.
Armée. . . . .   400,000 hommes.

1. François I (le même dont il vient d'être question) est né le 12 février 1768; il a succédé en 1792 aux royaumes de Bohême et de Hongrie, et érigé en 1804 ses états héréditaires en empire, sous le nom d'empire d'Autriche.

Ce monarque a épousé, 1° Elisabeth-Wilhelmine-Louise de *Wurtemberg*, morte sans enfans le 19 février 1790; 2° Marie-Thérèse de Naples, morte le 13 avril 1807; 3° Marie-Louise d'Autriche Brisgaw-Modene, aujourd'hui régnante.

---

(1) Espace de chemin qui contient environ mille pas géométriques, ce qui fait un peu plus du tiers de l'ancienne lieue commune de France. Mais il faut observer qu'en Allemagne le *mille* équivaut à près de *deux lieues* de France.

Enfans du second lit.

1° S. A. I. et R. Monseigneur Ferdinand-Charles-Léopold-François-Joseph-Crescentius, PRINCE IMPÉRIAL, archiduc d'Autriche, prince royal de Hongrie et de Bohême, né le 19 avril 1793.

2° S. A. I. et R. Monseigneur François-Charles-Joseph, archiduc, né le 7 décembre 1802.

3° S. A. I. et R. Monseigneur Jean-Népomucène-Charles-François-Joseph, archiduc, né le 29 août 1805.

4° S. A. I. et R. Madame Marie-Louise, archiduchesse d'Autriche, née le 12 décembre 1791, mariée le 11 mars 1810, à Napoléon I, empereur des Français, roi d'Italie.

5° S. A. I. et R. Madame Léopoldine-Caroline-Josephe, archiduchesse, née le 22 janv. 1797.

6° S. A. I. et R. Madame Marie-Clémentine-Françoise, archiduchesse, née le 1 mars 1798.

7° S. A. I. et R. Madame Caroline-Ferdinande-Joséphine-Demétrie, archiduchesse, née le 8 avril 1801.

PRINCES D'AUTRICHE.

8° S. A. I. et R. Madame Marie-Anne-Françoise, archiduchesse, née le 8 juin 1804.

Princes et princesse frères et sœur de S. M. l'empereur d'Autriche.

S. A. I. et R. Monseigneur l'archiduc grand-duc de Wurzbourg. (*Voyez* Wurzbourg.)

S. A. I. et R. Monseigneur l'archiduc Charles, né le 5 septembre 1771, ancien généralissime des armées autrichiennes.

S. A. I. et R. Monseigneur l'archiduc Joseph-Antoine, palatin du royaume de Hongrie, né le 9 mars 1776, *veuf* le 16 mars 1801, d'Alexandra-Pawlowna, grande-duchesse de Russie.

S. A. I. et R. Monseigneur l'archiduc Antoine-Victor-Joseph, grand-maître de l'ordre Téutonique, né le 21 août 1779.

S. A. I. et R. Monseigneur l'archiduc Jean-Baptiste-Joseph-Fabien-Sébastien, né le 20 janvier 1782, feld-maréchal-lieutenant, directeur-général du génie et des fortifications.

S. A. I. et R. Monseigneur l'archiduc René-Jean-Michel-François-Jérôme, né le 30 septembre 1783, général feld-zeugmestre.

PRINCES D'AUTRICHE.

S. A. I. et R. Monseigneur l'archiduc Louis-Joseph-Jean, né le 14 décembre 1784.

S. A. I. et R. Monseigneur l'archiduc Rodolphe-Jean-Joseph, né le 8 janvier 1788, coadjuteur de l'archevêque d'Olmutz.

S. A. I. et R. madame l'archiduchesse Marie-Thérèse-Josephe-Charlotte-Jeanne, née le 14 janvier 1767, mariée le 18 octobre 1787, à Antoine-Clément de Saxe, frère du roi régnant, né le 27 décembre 1755. (*Voyez* SAXE.)

Princes d'Autriche de l'ancienne branche de Modène-Brisgaw.

S. A. I. et R. Monseigneur François-Joseph-Jean, archiduc d'Autriche, né le 7 octobre 1779, général de cavalerie.

S. A. I. et R. Monseigneur Ferdinand, son frère, né le 25 avril 1781, archiduc d'Autriche, général de cavalerie.

S. A. I. et R. Monseigneur Maximilien, frère des précédens, né le 14 juillet 1782, archiduc d'Autriche, vice-directeur de l'artillerie.

S. A. I. et R. Monseigneur Charles-Ambroise,

frère des précédens, archevêque de Gran, primat d'Hongrie, mort en 1809.

S. A. I. et R. madame Marie-Thérèse, sœur des précédens, née le 1 novembre 1773, mariée à Victor-Emmanuel, roi de Sardaigne.

S. A. I. et R. madame Marie-Anne-Léopoldine, sœur des précédents, né le 10 décembre 1776, mariée à Charles-Théodore, électeur palatin de la maison de Bavière, mort en 1799.

S. M. Marie-Louise-Béatrice, sœur des précédens, née le 14 décembre 1787, mariée le 6 janvier 1808, à l'empereur d'Autriche François I. (*Voyez* page 197.)

Princesse, mère de tous ces enfants.

S. A. I. et R. madame Marie-Béatrice d'Est, née le 7 avril 1750, fille d'Hercule III, dernier duc de Modène, de l'illustre maison d'Est, mariée à Ferdinand, archiduc d'Autriche, à qui elle porte le duché de Modène, que ce prince échange contre le Brisgaw, pays qui, par les événemens de la guerre, a été depuis dévolu au grand-duc de Bade. L'archiduc Ferdinand mourut le 24 décembre 1806.

ROYAUME DE BOHEME.

Le royaume de Bohême contenait autrefois la célèbre forêt Hercinie, que les auteurs grecs et latins ont tant chantée; ses premiers habitans furent les Boiens, qui furent chassés par les Marcomans, lesquels à leur tour furent expulsés par les Sclaves, venus du Palus-Méotide ou de la Mer Noire.

Ducs ou rois de Bohême.

	Ans de J. C.
1. Borzivoi, premier duc chrétien de Bohême, en 890, il meurt	910
2. Spitigène I, m. sans postérité	911
3. Wratislas I, son pere, m.	916
4. Wenceslas I, assassiné en	936
5. Boleslas I, l'assassin de son frère, m.	967
6. Boleslas II, dit le Débonnaire et le Chaste, m.	999
7. Boleslas III, dit l'Aveugle, m. sans postérité en 1037, après avoir abdiqué en	1002
8. Jaromir I, son frère, assassiné en	1037

Ans de J. C.

9. Udalric I, son frère, m. la même année 1037
10. Brétislas I, dit le Guerrier et l'Achille, m. 1055
11. Spitigène II, m. sans postérité en 1061
12. Wratislas II, son frère, se fait déclarer roi de Bohême par l'empereur Henri IV en 1086, m. 1092
13. Conrad I, son frère, m. 1093
14. Brétislas II, fils aîné de Wratislas II, fut tué à la chasse en 1100
15. Borzivoi II, son frère, est expulsé du trône par Suatopluc qui suit, en 1107
16. Suatopluc, petit-fils de Brétislas I, et cousin du précédent, est assass. en 1109
17. Wratislas III, frère de Borzivoi II, m. 1125
18. Sobieslas I, son frère, m. 1140
19. Wratislas IV, neveu des deux précédens, m. 1174
20. Sobieslas II, fils de Sobieslas I, m. 1178
21. Frédéric I, fils de Wratislas IV, mort sans postérité mâle en 1190
22. Conrad II, petit-fils de Conrad I, mort de la peste en 1191

Ans de J. C.

23. Wenceslas II, fils de Sobieslas I, m. en prison en — 1193
24. Henri-Brétislas I, le dernier fils de Wratislas III, meurt sans postérité en — 1196
25. Wratislas V, fils de Wratislas IV, abdique en faveur de son frère aîné qui suit, en — 1197
26. Prémislas-Ottocare I, dit le Victorieux, succède à son frère, m. — 1230
27. Wenceslas III, dit le Borgne, m. — 1253
28. Prémislas-Ottocare II, vaincu par Rodolphe d'Habsbourg, empereur, et tué à la bataille de Laâ en — 1278
29. Wenceslas IV, il fut roi de Bohême et de Pologne, et mourut en — 1305
30. Wenceslas V, roi de Bohême, assassiné en — 1306
31. Henri de Carinthie, marié à Anne, sœur de Wenceslas V, se fait reconnaître roi de Bohême en 1306, mais il ne peut se maintenir, et se retire dans son duché héréditaire, où il mourut en — 1335

La maison de Luxembourg est appelée à régner sur la Bohême.

Ans de J. C.

32. Jean I de Luxembourg, dit l'Aveugle, épouse Elisabeth de Bohême, sœur de Wenceslas V; cette princesse lui porte tous ses droits sur ce royaume, dont il est reconnu souverain en 1310. Il fut tué à la bataille de Crécy, où il combattait pour la France, en 1346

33. Charles I, roi de Bohême, élu empereur sous le nom de Charles IV, m. 1378

34. Wenceslas VI, roi de Bohême, élu empereur sous le nom de Wenceslas I, prince cruel et sanguinaire, surnommé le Néron de son siècle, déposé de l'empire en 1400, meurt en 1419

35. Sigismond I, son frère, fut roi de Bohême par succession paternelle, et de Hongrie par mariage; il fut élu empereur, et mourut sans enfant mâle en 1437

La Bohême et la Hongrie entrent dans la maison d'Autriche.

Ans de J. C.

36. Albert d'Autriche, premier du nom en Bohême, et deuxième du nom comme empereur d'Allemagne, épouse Elisabeth de Luxembourg-Bohême, fille unique et héritière de Sigismond I; elle lui porte les royaumes de Bohême et de Hongrie. Il m. en   1439
37. Ladislas I, dit le Posthume, mort sans alliance en   1457

La Bohême sort de la maison d'Autriche, et est gouvernée par des rois électifs.

38. Georges Podiebrad, élu roi en 1458, m. en   1477
39. Wladislas VI, fils de Casimir IV, roi de Pologne, est élu roi en 1471, et meurt en   1516
40. Louis I, son fils, tué à la Bataille de Mohatz, sans laisser de postérité, en   1526

ROIS DE HONGRIE.

La Bohême rentre dans la maison d'Autriche, pour ne plus en sortir.

Ans de J. C.

41. Ferdinand I d'Autriche, frère de l'empereur Charles-Quint, et son successeur à l'empire, avait épousé Anne de Bohême et d'Hongrie, sœur de Louis I; cette princesse lui porta ses droits sur ces deux royaumes, qui entrerent dès-lors dans la maison d'Autriche pour ne plus en sortir.

En 1619 les protestans de Bohême proclamèrent pour roi l'électeur palatin Frédéric V, à l'exclusion de Ferdinand II d'Autriche, héritier direct et légitime, qui sut anéantir les prétentions de son concurrent par le gain qu'il fit sur lui de la bataille de Prague en 1620.

Voyez pour la succession politique des rois de Bohême, celle des empereurs d'Allemagne de la maison d'Autriche, page 195.

EMPIRE D'AUTRICHE.

ROYAUME DE HONGRIE.

Le royaume d'Hongrie se forme d'une partie de l'ancienne Pannonie, de la Dacie, et du pays des Jazyges. Les Huns s'en rendirent maîtres sur les Romains, vers le milieu du quatrième siècle ; ils en furent chassés par les Goths-Gépides après la mort d'Attila. Mais ceux-ci ne purent s'y maintenir contre les Lombards, qui les expulsèrent à leur tour, et finirent ensuite par être dépossédés eux-mêmes par les Avares ou Abares. Charlemagne fit pendant huit ans une guerre cruelle à ces derniers, et les subjugua totalement en 799. Alors ce pays fut soumis aux Carlovingiens, jusqu'à la mort de Charles-le-Gros.

Vers la fin du IXe siècle cet état se vit inondé par un peuple nouveau, sorti, comme les Huns et les Avares, de la Scythie asiatique, et composé d'*Onigours* et de *Magdiares*. C'est de ces premiers que le nom *hongrois* tire son origine.

Ducs, puis rois de Hongrie.

Ans de J. C.

1. Almon, issu d'Attila, régnant vers   890
2. Harpad, régnant vers   899

	Ans de J.C.
3. Zoltan ou Zulta, régnant vers	907
4. Toxun, régnant vers	940
5. Geisa I, se fait chrétien vers	996
6. Saint Etienne, baptisé avec son père Geisa en 996, règne sur la Hongrie, et lui donne des lois écrites, m.	1038
7. Pierre, dit l'Allemand, avait épousé une princesse du sang royal, se fait élire en 1039, et est déposé et expulsé en	1042
8. Aba ou Owon, époux d'une sœur de S. Etienne, se fait élire en 1042, et est mis à mort en	1044
Pierre est rétabli; mais André, son rival, le fait prisonnier et priver de la vue en	1046
9. André I, issu de la famille de saint Etienne, est élu en 1047, et meurt en	1062
10. Béla I, m.	1065
11. Salomon, se fait moine, et m. en	1075
12. Geisa II, m.	1077
13. Ladislas I, m.	1095
14. Coloman, déposé en	1114

EMPIRE D'AUTRICHE,

          Ans de J. C.

15. Etienne II, éprouve le même sort en   1131
16. Béla II, m.   1141
17. Geisa III, m.   1161
18. Etienne III, m.   1173
  Ladislas II, associé en 1172, ne règne que six mois.
19. Etienne IV, roi en 1173, ne règne que 5 mois.
20. Béla III, règne jusqu'en   1196
21. Emeric, m.   1200
22. Ladislas III, ne règne que 6 mois.
23. André II, roi en 1201, m.   1235
24. Béla IV, m.   1275
25. Etienne V, m.   1278
26. Ladislas IV, m. sans postérité   1291
27. André III, surnommé le Vénitien, petit-fils d'André II, mais toujours censé usurpateur, m.   1301
28. Wenceslas, depuis roi de Bohême et V du nom, aussi censé usurpateur, est chassé en   1305
29. Othon de Bavière, fils d'une sœur d'Etienne V, règne jusqu'en   1308

Ans de J. C.

30. Marie, sœur unique de Ladislas IV, mariée à Charles II, comte d'Anjou, roi de Sicile, est regardée comme seule reine légitime dès 1291, meurt seulement titulaire 25 mars   1323

>Charles Martel ou Charles I, fils de Marie, roi par cession de sa mère dès 1290, était mort aussi seulement titulaire avant le 25 mai 1296.

31. Charles-Robert ou Charles II, fils de Charles-Martel, couronné dès août 1310, m. 16 juillet   1342
32. Louis I, depuis roi de Pologne, m. 12 septembre   1382
33. Marie, fille aînée, mariée à Sigismond de Luxembourg, fils de l'empereur Charles IV, meurt sans postérité en 1384, détrônée dès   1385
34. Charles de Sicile-Duras ou Charles III, déjà roi de Naples, usurpateur, possède jusqu'à sa mort 1 janvier   1386
35. Sigismond de Luxembourg, depuis roi de Bohême et empereur, couronné avec sa femme dès 1382, et confirmé

après elle par les états, possède aussi
jusqu'à sa m. en 1437

36. Elisabeth, fille du second lit de Sigismond, mariée à Albert II, duc d'Autriche, aussi empereur, m. 27 septembre 1439

37. Uladislas VI, roi de Pologne et I en Hongrie, fils d'une seconde fille de Louis I, m. 1444

38. Ladislas V, fils d'Elisabeth, aussi roi de Pologne, mort sans postérité 22 novembre 1457

39. Mathias Corvin, surnommé Huniade, élu par la nation en 1458, m. 1490

40. Uladislas Jagellon ou Uladislas II, fils de Casimir IV, roi de Pologne, et d'une sœur de Ladislas V, et aussi roi de Bohême, m. 1 mars 1516

41. Louis II, unique fils d'Uladislas, né 1 juillet 1506, meurt sans postérité aussi roi de Bohême, 29 août 1526

(La nation, qui n'avait accordé la couronne qu'à la postérité de Sigismond, rentre dans son droit d'élection.)

DUCS DE LORRAINE,

Rois électifs, et depuis héréditaires.

Ans de J. C.

42. Jean de Zapolki, vayvode ou prince de Transylvanie, élu dés 1526, m. en 1540

43. Ferdinand I d'Autriche, frère de l'empereur Charles-Quint, et depuis empereur lui-même, fut d'abord reconnu pour roi comme époux de Marie, sœur de Louis II, laquelle était héritière du royaume de Hongrie, qui depuis ce tems a été possédé par la maison d'Autriche. *Voyez* pour la succession politique des rois de Hongrie celle des empereurs d'Allemagne, depuis Ferdinand I, p. 195.

La maison d'Autriche étant issue des *ducs de Lorraine*, j'ai cru indispensable de fournir au lecteur la succession naturelle et politique de ces princes.

Ducs de Lorraine.

1. Albert ou Adelbert I, fils d'Eberhard I, comte de Nordgaw, issu de la maison

EMPIRE D'AUTRICHE,

Ans de J. C.

d'Alsace, et fondateur de Bouzonville, m. 1038

2. Albert II, tué par Godefroi-le-Barbu en 1048
Gérard, frère d'Albert II, ne règne pas, mais son fils lui succède.

3. Gérard I, dit d'Alsace, fils du précédent, succède à son oncle Albert II, et m. 1070

4. Thierri I, dit le Vaillant, m. 1115
5. Simon I, m. 1139
6. Mathieu I, m. 1176
7. Simon II abdique en faveur de son frère en 1205
8. Ferri I, frère du précédent, abdique en faveur de son fils en 1206
9. Ferri II, m. 1213
10. Thibault I, m. 1220
11. Mathieu II, son frère, m. 1251
12. Ferri III, m. 1303
13. Thibault II, m. 1312
14. Ferri IV, dit le Lutteur, allié de la France, tué à la bataille de Cassel en 1328
15. Raoul I, allié de la France, tué à la bataille de Crécy en 1346

DUCS DE LORRAINE.

                                    Ans de J. C.
16. Jean I, m.   1390
17. Charles I, meurt sans enfans mâles en 1431

Maison d'Anjou régnante en Lorraine.

18. Isabelle, fille de Charles I, épouse René I d'Anjou, dit le bon roi René, et lui porte la Lorraine; elle meurt en 1452, et René I en 1480; mais il avait abdiqué en   1450
19. Jean II d'Anjou, leur fils, duc de Lorraine, m.   1470
20. Nicolas I d'Anjou, mort sans postérité en   1473

La Lorraine, à l'extinction de la maison d'Anjou, rentre dans la branche de Vaudémont, issue en ligne directe, légitime et masculine, des ducs de Lorraine.

                                    Ans de J. C.
Ferri I, dit le Courageux, comte de Vaudémont, fils de Jean I, duc de Lorraine, s'allie à la France, et est tué à la bataille d'Azincourt en   1415

	Ans de J. C.
Antoine I, comte de Vaudémont, se prétend héritier de Charles I, son oncle, qui ne laissait point d'enfans mâles; il fait la guerre à René d'Anjou, et meurt en	1447
Ferri II, comte de Vaudémont, épouse Iolande d'Anjou, fille du roi René, et meurt en	1472
21. René II, fils de Ferri II, comte de Vaudémont, hérite du duché de Lorraine après la mort de Nicolas I d'Anjou; il meurt en	1508
22. Antoine I, dit le Bon, m.	1544
23. François I, m.	1545
24. Charles II, m.	1608
25. Henri I, dit le Bon, m.	1624
26. François II, son frère,	1632
27. Charles III, se brouille avec la France, qui le dépouille de ses états, et meurt après avoir abdiqué en	1675
28. Nicolas-François I, son frère, d'abord cardinal, lui succède, et se marie à Claude de Lorraine, sa cousine, m.	1670

29. Charles IV, fils du précédent, général

DUCS DE LORRAINE.

Ans de J. C.

célèbre de l'empereur Léopold I, m. 1690

30. Léopold I, rétabli dans son duché par le traité de Ryswick en 1697, m. 1729

31. François-Etienne I est obligé de céder la Lorraine à Stanislas Leczinski, roi de Pologne détrôné, et beau-père de Louis XV, roi de France. On lui donne en échange le grand-duché de Toscane. Il épouse Marie-Thérèse d'Autriche, fille et héritière de l'empereur Charles VI, le dernier mâle de la maison d'Autriche. Cette princesse lui porte les royaumes de Hongrie et de Bohême, et tous les états héréditaires de la maison d'Autriche. François-Etienne est élu EMPEREUR D'ALLEMAGNE, en 1745, sous le nom de François I. Il est la souche de l'illustre maison d'Autriche de nos jours. (*Voyez* pour sa descendance page 196, article François I). A la mort de Stanislas Leczinski les duchés de Lorraine et de Bar furent réunis à la France.

EMPIRE DE RUSSIE.

Craignez Dieu et Nowogorod la grande!... tel était le cri avec lequel on faisait trembler les ennemis de la puissante république des Sclaves, peuples qui habitaient une partie de la Sarmatie, que nous nommons aujourd'hui Russie, et qui avaient choisi Nowogorod pour leur ville principale. Mais ces peuples, assez belliqueux, assez forts pour asservir d'autres nations, ne purent éloigner d'eux le sort réservé aux républiques : des guerres intestines, des déchiremens domestiques les mirent à deux doigts de leur perte, et les forcèrent à avoir recours à des princes étrangers pour rétablir la paix parmi leurs citoyens, et les défendre contre des nations qu'ils avoient long-tems opprimées. Ces princes étaient trois frères, de la nation varaigne ou varangienne; les Sclaves, connaissant et leur valeur et leur génie, leur députèrent, en 861, les plus considérables d'entre eux, pour les engager à venir s'établir dans leur pays et à leur donner des lois. Rurick, Cinaf, et Trouvor, acceptèrent la proposition, et vinrent de l'Ingrie se fixer dans la région des

EMPIRE DE RUSSIE.

Sclaves. Cinaf et Trouvor moururent quelque tems après sans laisser de postérité; Rurick joignit à son territoire les possessions de ses frères, et fonda l'un des plus vastes empires de l'univers, et la première dynastie de la monarchie Moscovite.

Ans de J. C.

1. Rurick I, fondateur de l'empire de Russie, monte sur le trône en 862, règne 17 ans, m.   879

   Oleg, parent et tuteur d'Igor, fils de Rurick, administre pendant 34 ans, m. 913.

2. Igor I, fils de Rurick, hérite en 879, mais ne règne qu'en 913, m.   945

3. Swiatoslaf I, son fils, hérite sous la tutele et la régence d'Olga, sa mère; il règne en 955, m.   973

4. Jaropolk I, son fils, règne 9 ans, massacré en   980

5. Wolodimir I, dit le Grand, son frère, règne 35 ans; il est converti à la foi par les Grecs et se fait baptiser; on le considère comme l'apôtre et le Salomon de la Russie, m.   1015

	Ans de J. C.
6. Swiatopolk I, fils de Jaropolk I, m.	1018
7. Jaroslaf I, fils de Wlodomir I, m.	1054
8. Jsiaslaf I, fils aîné de Jaroslaf I; il fut chassé du trône, puis rétabli, et tué dans une bataille	1078
9. Wsévolod I, son frère, règne 15 ans, m.	1093
10. Swiatopolk II, fils d'Jsiaslaf I, succède à l'empire en 1093, du consentement de Wolodimir II, fils d'Wsévolod I; il règne 20 ans, m.	1113
11. Wolodimir II, dit Monomaque, fils d'Wsévolod I, règne 11 ans, m.	1125
12. Mestislaf I, fils de Wolodimir II, m.	1132
13. Jaropolk II, son frère, règne 10 ans, m.	1142
14. Wiatcheslaf I, deuxième fils de Wolodimir II, paraît sur le trône en 1146 et 1154, mais il en fut chassé; il mourut empoisonné en	1154
15. Wsévolod II, fils d'Oleg, petit-fils de Jaroslaf I, règne 8 ans, m.	1147
16. Jgor II, son frère, paraît sur le trône en 1146, en est chassé, se fait moine, et est massacré en	1147

EMPIRE DE RUSSIE.

Ans de J. C.

17. Jsiaslaf II, fils de Mestislaf I; il monte sur le trône en 1147, en est chassé, puis rétabli. Rotislaf, son frère, régnait conjointement avec lui. Il m. en   1154
18. Wiatcheslaf II, son frère, m.   1156
19. George ou Jouri I, surnommé Dolgorouki ou Longue-Main, prince de Susdal, fils de Wolodimir II, monte sur le trône en 1155, fonde Moskow, m.   1158
20. André I, dit Bogoliouski (qui aime Dieu), fils de Jouri I, hérite en 1158, établit sa résidence à Wolodimir, assassiné en   1175
21. Michel I, frère d'André, ne règne qu'un an, m.   1176
22. Wsévolod III, autre frère d'André I, règne 35 ans, m.   1213
23. George ou Jouri II, m.   1238
24. Jaroslaf II, fils de Wsévolod III, m.   1246
25. Alexandre I, surnommé Newski, fils de Jaroslaf, est honoré dans l'église grecque comme saint, m.   1262

Ans de J. C.

26. Jaroslaf III, son frère, m. — 1270
27. Bazile ou Vasili I, fils de Jaroslaf, m. — 1276
28. Démétrius I, fils d'Alexandre, règne en 1276, est chassé en 1293, rétabli, m. — 1294
29. André II, son frère, m. — 1301
30. Daniel I, autre frère, m. — 1302
31. Michel II, fils de Jaroslaf III, assass. en — 1317
32. Georges III, son frère et son assassin, m. — 1324
33. Alexandre II, fils de Michel, détrôné et mis à mort en — 1327
34. Iwan I, fils de Daniel, m. — 1340
35. Siméon I, fils d'Jwan, fut surnommé le Superbe, m. — 1353
36. Iwan II, son frère, m. — 1360
37. Démétrius II, fils de Constantin, est détrôné en — 1361
38. Démétrius III, surnommé Donski, m. — 1389
39. Bazile II, son fils, m. — 1425
40. Bazile III, son frère, dit l'Aveugle, m. — 1462
41. Iwan III, dit le Grand et le Menaçant, son fils, m. — 1505
42. Bazile IV, son fils, règne 28 ans, m. — 1534
43. Iwan IV, son fils, fut surnommé le

		Ans de J. C.
	Conquérant; il est le premier qui ait pris le titre de czar de Russie, m.	1584
44.	Fœdor I, son fils; il est le dernier souverain de la première dynastie des Russes, dont Rurick fut le premier prince; il m. sans postérité	1598
45.	Boris Godounof, dont la sœur Irène avoit épousé Fœdor I, se fait proclamer czar, et devient fourbe et sanguinaire, m.	1605
46.	Fœdor II, son fils, lui succède; il est détrôné et étouffé en	1605
	Démétrius, premier imposteur, règne et est massacré en 1606.	
47.	Bazile V, dit Chouiski, issu par sa mère des anciens ducs de Susdal, règne en 1606, et est détrôné en	1610
	Démétrius, second imposteur.	
	Démétrius, troisième imposteur.	
48.	Uladislas I, fils de Sigismond, roi de Pologne, est élu czar de Russie en 1610; mais il est déposé en	1613
	Démétrius, quatrième imposteur.	

EMPIRE DE RUSSIE.

SECONDE DYNASTIE,

ISSUE DE LA MAISON DE ROMANOFF.

Ans de J. C.

49. Michel Romanof, fils de Fœdor Nikititz Jourief, connu sous le nom de patriarche *Philaret*, est appelé au trône de Russie en 1613; il fonde la deuxième dynastie des souverains de cet empire, m.   1645

50. Alexis I, son fils, m.   1676

51. Fœdor III, fils du précédent, meurt sans postérité en   1682

52. Iwan V, son frère, règne seul en 1682, et ensuite avec Pierre I, son frère, qui suit, m.   1695

53. Pierre I, frère d'Iwan V; il est surnommé le Grand, et considéré comme le législateur et le restaurateur de l'empire de Russie; il règne seul jusqu'à sa mort, arrivée en   1725

54. Catherine I, son épouse, règne jusqu'en   1727

55. Pierre II, petit-fils de Pierre I, et fils

d'Alexis et de Charlotte de Brunswick-Wolfenbuttel, est appelé au
trône en 1727, m.   1730

56. Anne I, fille du czar Iwan V, et épouse
de Frédéric-Guillaume, duc de Courlande, mort le 21 janvier 1711, est
élue impératrice de Russie en 1730,
m.   1740

57. Iwan VI, arrière-petit-fils d'Iwan V, et
fils d'Ulric-Antoine de Brunswick-
Bevern, et de Catherine de Mecklenbourg, fille de Charles-Léopold, duc
de Mecklenbourg, et de Catherine
de Russie, fille d'Iwan V, fut appelé
au trône en 1740, déposé en 1741,
et mourut sans postérité en   1764

58. Elisabeth I, fille de Pierre I, dit le
Grand, règne en 1741, m.   1762

59. Pierre III, petit-fils de Pierre le-Grand,
et fils de Charles-Frédéric, duc de
Holstein-Gottorp, et d'Anne de Russie, fille aînée de Pierre-le-Grand,
est appelé au trône en 1741, mais ne
règne qu'en 1762; il est détrôné la

EMPIRE DE RUSSIE.

Ans de J. C.

même année par son épouse, dont l'article suit, m.   1762

60. Catherine II, son épouse, de la maison d'Anhalt-Zerbest, prend les rênes de l'empire en 1762, et règne glorieusement jusqu'en   1796

61. Paul I, leur fils, m.   1801

62. Alexandre I, son fils, empereur de toutes les Russies, né le 23 décembre 1777, succède à son père, Paul I, le 24 mars 1801; il a épousé le 9 oct. 1793,

Elisabeth-Alexiewna, princesse de Bade, née le 24 janvier 1779, impératrice régnante.

Princes et princesses du sang impérial.

S. A. I. et R. Monseigneur Constantin-Paulowitz, grand-duc de Russie, frère de S. M. l'empereur, né le 8 mai 1779, marié le 26 février 1796 à Anne-Feodorowna, princesse de Saxe-Cobourg Saalfeld, née le 23 septembre 1781.

EMPIRE DE RUSSIE.

S. A. I. et R. Nicolas-Paulowitz, grand-duc, frère de S. M. l'empereur, né le 2 juillet 1796.

S. A. I. et R. Michel-Paulowitz, grand-duc, frère de S. M. l'empereur, né le 28 février 1798.

S. A. I. et R. Marie-Paulowna, grande-duchesse de Russie, sœur de S. M. l'empereur, née le 15 février 1786, mariée le 3 août 1804 à Charles-Frédéric, prince héréditaire de Saxe-Weymar, né le 2 février 1783.

S. A. I. et R. Catherine-Paulowna, grande-duchesse de Russie, sœur de S. M. l'empereur, née le 21 mai 1788, mariée à Pierre-Frédéric-Georges, prince d'Holstein-Oldenbourg, né le 9 mai 1784.

S. A. I. et R. Anne-Paulowna, grande-duchesse de Russie, sœur de S. M. l'empereur, née le 18 janvier 1795.

IMPÉRATRICE-MÈRE.

S. M. Marie-Feodorowna, princesse de Wurtemberg, née le 25 octobre 1759, veuve le 24 mars 1801, de S. M. l'empereur Paul I, et mère de S. M. l'empereur régnant et des princes et princesses mentionnés ci-dessus.

Statistique.

Etendue....   310,000 mill. carr. d'Allem. (1)
Population..   42,000,000 d'habitans.
Revenus....   820,000,000 de francs.
Armée......   400,000 hommes.

---

(1) Cette étendue est immense; mais le terroir n'est pas généralement fertile; il faut tout au plus compter 80,000 milles carrés de terre en rapport.

EMPEREURS D'ORIENT

OU DE CONSTANTINOPLE.

Empereurs d'Orient et premiers princes grecs.

L'EMPEREUR CONSTANTIN-LE-GRAND transporta le siége de son empire en 330, de Rome à *Byzance;* cette dernière ville prit alors le nom de *Constantinople.* Les successeurs (1) de ce prince, jusqu'à Jovien I, gouvernèrent les Gaules, l'Espagne, l'Allemagne, l'Italie, l'Afrique, l'Asie et l'Egypte, par des Césars ou lieutenans qu'ils prenaient parmi leurs enfans ou leurs généraux ; mais, après Jovien, l'empire fut divisé en deux, c'est-à-dire, en Empire d'Occident, dont le siége demeura à Rome, et en Empire d'Orient, dont le siége fut fixé à Constantinople.

Ans de J.C.

1. Valens I, frère cadet de Valentinien I,

---

(1) *Voyez*, pour l'article de Constantin et de ses successeurs, page. 133 et suivantes.

Ans de J. C.

empereur d'occident, voyez page 135, fut déclaré Auguste par son aîné le 28 mars 364, et Empereur d'Orient par le partage fait en Juin suivant, m.   378

Procope, gendre de Valens, révolté 28 septembre 366, est défait 27 mai 366, et décapité.

2. Théodose I ou le Grand, beau-frère de Valens et petit-fils d'une fille de Constantin I, déclaré Auguste ou Empereur en Orient par Gratien 17 janvier 379, meurt.   395

3. Arcadius ou Arcade, fils aîné de Théodose I, déclaré Auguste à Constantinople dès 19 janvier 383, m.   408

4. Théodose II ou le Jeune, unique fils d'Arcadius, déclaré Auguste 11 janvier 402, mort   450

Cet empereur fut le premier qui fit un code en seize livres, concernant les constitutions des empereurs depuis Constantin-le-Grand jusqu'à lui; c'est ce qu'on appelle le *Code Théodosien*, publié en 438.

5. Pulchérie, sœur aînée de Théodose II,

OU DE CONSTANTINOPLE.

Ans de J. C.

déclarée Auguste avec lui et son héritière, gouverne seule jusqu'au 24 août.

6. Marcien, marié avec Pulchérie, meurt   457
7. Léon I, m.   474
8. Léon II ou Léon Zénon, fils d'une fille de Léon I, m.   474
9. Zénon dit l'Isaurien, pere de Léon II, laissé administrateur de l'empire pour son fils, déclaré Auguste avec lui, est dépossédé en   475
10. Basilisque, beau-frère de Léon I, meurt en prison, aussi dépouillé en   477
11. Zénon, rétabli par l'expulsion de Basilisque, m.   491
12. Anastase I, marié avec la veuve de Zénon, déclaré Auguste, m.   518
13. Justin I.   527
14. Justinien I, neveu et gendre de Justin I, m.   565

    Cet empereur, voyant que l'autorité du droit romain était fort affaiblie en Occident, fit travailler à une compilation générale de la jurisprudence romaine; on la publia en 533 : c'est ce qu'on appelle

Ans de J. C.

Digeste ou *Pandectes*. Les *Institutes de Justinien*, en quatre livres, contiennent les élémens et principes du droit romain, et sont la dernière partie du corps du droit. On les appelle *Institutes de Justinien*, parcequ'elles ont été rédigées par les ordres de cet empereur.

Les *Nouvelles* de Justinien, au nombre de cent soixante-cinq, sont les constitutions que cet empereur fit sur de nouveaux cas, et après la révision du code fait par ses ordres. On les appela encore *Nouvelles*, parcequ'elles furent publiées après le code Théodosien.

15. Justin II ou le Jeune, dit Curopalate, neveu de Justinien I, m.   578
16. Tibère Constantin ou Tibère I, m.   582
17. Maurice, gendre de Tibère I, est assassiné en   602
18. Phocas, usurpateur, a le même sort en   610
19. Héraclius I, cousin germain de Maurice, m.   641
20. Héraclius Constantin ou Héraclius II, fils aîné d'Héraclius I, couronné dès 22 janvier 613, et seul empereur après

Ans de J. C.

son père, meurt même année — 641

21. Héracléonas ou Héraclius III, frère cadet d'Héraclius II, associé par testament de son père avec titre d'Auguste, meurt dépouillé — 641

22. Héraclius Constantin ou Héraclius IV, aussi nommé Constantin, fils d'Héraclius II, proclamé Auguste par le peuple, meurt en Sicile — 668

(Il avait voulu rétablir le siége de l'empire à Rome, et s'y rendit le 5 juillet 665; mais il fut obligé d'en sortir le 17.)

23. Constantin III, surnommé Pogonat, fils d'Héraclius IV, déclaré César dès 661, et proclamé Auguste d'abord en Sicile, puis à Constantinople en 668, m. — 685

Tibère et Héraclius V, frères cadets de Constantin III, proclamés Augustes avec lui, meurent peu après.

24. Justinien II, surnommé Rhinotmète, fils aîné de Constantin III, associé dès 681, est détrôné et exilé en — 695

25. Léonce, Patrice de Constantinople, proclamé par révolte contre Justi-

20.

	Ans de J. C.
nien, meurt en 705 enfermé dans un monastère et dépouillé dès	698
26. Tibère, surnommé Apsimare, proclamé par seconde révolte, est chassé et décapité en	705
27. Justinien II, rétabli et assassiné en décembre	711

Tibère, fils de Justinien II, associé par son père, avec titre d'Auguste, a le même sort.

28. Philippique Bardane, usurpateur, proclamé Auguste vers 15 déc., meurt déposé dès 3 juin	713
29. Anastase II, auparavant nommé Arthémius, fils d'une sœur de Constantin III, meurt relégué dans un monastère, dépouillé dès	716
30. Théodose III, proclamé par révolte, meurt dans la cléricature, ayant cédé l'empire en	717
31. Léon III, surnommé l'Isaurien, m.	741
32. Constantin IV, surnommé Copronyme, fils de Léon III, m.	775

Ans de J. C.

Artabase, beau-frère de Constantin IV, proclamé à Constantinople, par révolte, en 741 ou 742, est mis à mort.

33. Léon IV, surnommé Chazare, fils de Constantin IV, m.   780

34. Constantin V, fils de Léon IV, meurt dépouillé en   797

35. Irène, veuve de Léon IV, d'abord tutrice de Constantin V, et seule après lui, meurt enfermée dans un monastère 9 août 703, dépossédée dès 31 octobre   802

36. Nicéphore I, Patrice et Logothète ou Grand-Trésorier de l'empire, usurpateur, m.   811

Bardane, surnommé le Turc, patrice et gouverneur de Natolie, proclamé par révolte 19 juillet 803, meurt dans un monastère, ayant renoncé à l'empire.

37. Staurace, fils de Nicéphore, déclaré César dès décembre 803, meurt dans un monastère 11 janv. 812, déposé en   811

38. Michel I, surnommé Rhangabé, beau-frère de Staurace, et Curopalate ou

Ans de J. C.

Maire du Palais Impérial, proclamé et couronné 2 ou 11 octobre, meurt dans un monastère, dépouillé en . . . 813

39. Léon V, surnommé l'Arménien, m. . . 820

40. Michel II, surnommé le Bègue, gendre de Constantin V, m. . . 829

41. Théophile, fils de Michel II, associé et couronné du vivant de son père, m. . . 842

42. Michel III, surnommé Porphirogénète, fils de Théophile, laissé enfant, et aussi couronné du vivant de son père, meurt. . . 867

Théodora, mère de Michel, régente pendant sa minorité, meurt reléguée dans un monastère dès 854 ou 857.

Bardas, frère de Théodora, et auteur de son exil, fait César en 860 ou dès 855, est mis à mort 1 ou 29 avril 866.

43. Basile I, surnommé le Macédonien, beau-frère de Michel III, associé et couronné dès 26 mai 866, m. . . 886

44. Léon VI, surnommé le Philosophe, fils aîné de Basile I, associé et couronné dès 6 janv. 870, m. . . 911

Ans de J. C.

Il est l'auteur des Nouvelles touchant les matières ecclésiastiques, et c'est lui qui fit rédiger en un seul corps toutes les lois contenues dans la compilation de Justinien ; c'est ce qu'on appelle les Constitutions impériales.

45. Alexandre, frère de Léon VI, déclaré Auguste par son aîné, m.   912

46. Constantin VI, surnommé Porphyrogénète, fils de Léon VI, laissé enfant et couronné dès 9 juin 911, m.   969

Zoé, mère de Constantin VI, et sa tutrice peut-être dès 911, est reléguée vers 15 avril 919.

Constantin Ducas, co-tuteur avec Zoé et six autres patrices, par disposition d'Alexandre, et sous le titre de César, ou même sous celui d'Auguste en 912, meurt même année.

Léon Phocas, autre co-tuteur sous même titre après Constantin Ducas, meurt aussi même année ou 913.

Romain I, surnommé Lécapène, remarié avec Zoé, d'abord seulement co-tuteur, ensuite maître de l'empire par l'expulsion des autres, fait César 24 sept. 918;

associé et couronné Auguste 17 ou 24 déc. 919, meurt moine 15 juill. 948, chassé et relégué dès 20 déc. 944.

Christophe, Etienne et Constantin, tous trois fils de Romain I, faits Césars par leur père, et couronnés avec titre d'Auguste 24 déc. 928, meurent moines, exilés dès 27 janv. 945 ou 947.

47. Romain II ou le jeune, unique fils de Constantin VI, couronné dès 2 avril 948, m.   963

Théophanon ou Théophanie, veuve de Romain II, laissée tutrice de deux fils en bas âge, gouverne seule jusqu'au 16 août suivant.

48. Nicéphore Phocas ou Nicéphore II, beau-frère du même Romain II, proclamé dès 2 juillet, remarié avec Théophanon, et couronné 16 août, m.   969

49. Jean Tzimiscès ou Zimiskès, autre beau-frère de Romain II, m.   976

50. Basile II, surnommé le Bulgaroctone, fils aîné de Romain II, déclaré César 22 avril 960, et véritablement empereur après son père en mars 963, mais

OU DE CONSTANTINOPLE.

Ans de J. C.

    couronné seul 25 décembre 969, m.   1025
51. Constantin VII, frère cadet de Basile II, couronné avec lui dès 25 décemb. 969, m.   1028
52. Romain Argire ou Romain III, mari de Zoé, fille aînée de Constantin VII, couronné avec elle dès 3 novembre 1028, m.   1034
53. Michel IV, surnommé le Paphlagonien, second mari de Zoé, meurt moine, et déposé en   1041
54. Michel V, surnommé Calaphate, neveu de Michel IV, a le même sort   1042
55. Zoé, veuve de Romain III et de Michel IV, d'abord maîtresse de l'Etat sous le nom de Michel V, ensuite exilée et rappelée après lui, meurt en septembre 1050, ayant partagé la couronne le 11 juin   1042

    Théodora, sœur de Zoé, enfermée dans un monastère sous Romain III, en 1031, proclamée impératrice avec sa sœur, après Michel V, le 20 avril 1042, et associée au gouvernement, est reléguée de nouveau.

Ans de J. C.

56. Constantin VIII surnommé Monomaque, troisième mari de Zoé, meurt veuf en . . . 1054
57. Théodora, sœur de Zoé, remise sur le trône après Constantin VIII, m. 1056
58. Michel VI, surnommé le Stratiotique, couronné par ordre de Théodora, déposé dès . . . 1057
59. Isaac Comnène I du nom, meurt moine, ayant abdiqué dès . . 1059
60. Constantin Ducas I ou Constantin IX, désigné successeur d'Isaac Comnène peu avant sa mort, meurt en . 1067
61. Eudoxie, veuve de Constantin Ducas, laissée tutrice de deux fils en bas âge, et régente, meurt reléguée dans un monastère vers . . 1067
62. Romain Diogène, ou Romain IV, second mari d'Eudoxie, meurt privé du trône dès . . . 1071
63. Michel Ducas, ou Michel VII, surnomé Parapinace, fils aîné de Constantin Ducas I, laissé enfant, et couronné peu après la mort de son

OU DE CONSTANTINOPLE.

Ans de J. C.

père, meurt moine, et déposé dès 1075

64. Constantin Ducas II, ou Constantin X, frere cadet de Michel VII, couronné avec son aîné dès 1067, meurt dépouillé vers 1078

65. Nicéphore Botaniate, ou Nicéphore II, proclamé par révolte dès le premier octobre 1077, marié à la veuve de Michel VII, et couronné le 3 avril 1078, meurt relégué dans un monastere, dépouillé dès 1081

Nicéphore Bryenne ou Nicéphore III, aussi proclamé par révolte dans la Morée et autres provinces de l'empire 3 oct. 1077, meurt dépouillé par Nicéphore II dès 1078 ou 1079.

66. Constantin Ducas III ou Constantin XI, unique fils de Michel VII, né et proclamé dès 1074, mais privé de l'empire avec son père, le 31 mars 1075, couronné le 3 avril 1078, et une seconde fois dépouillé, remis sur le trône 1 avril 1081, meurt en 1083

67. Alexis Comnène ou Alexis I, neveu

Ans de J. C.

d'Isaac I, gendre de Constantin Ducas II, et beau-frère de Constantin Ducas III, proclamé et couronné avec ce dernier le 1 avril 1081, meurt — 1118

68. Jean Comnène I, surnommé Calo-Jean, fils aîné d'Alexis I, couronné dès 1092, meurt en — 1143

Isaac Comnène II, frère cadet de Calo-Jean, d'abord associé par son aîné, et ensuite exclus, meurt seulement proto-vestiaire ou grand-chambellan de l'empire.

Alexis Comnène et Andronic Comnène I, fils aînés de Calo-Jean, étaient morts avant leur père.

Isaac Comnène III, autre fils de Calo-Jean, déshérité par son père, meurt seulement proto-vestiaire de l'empire.

69. Manuel Comnène I du nom, et quatrième fils de Calo-Jean, institué héritier par son père, et proclamé 8 avril 1143, meurt — 1180

70. Alexis Comnène ou Alexis II, unique fils de Manuel I, laissé enfant et couronné en avril 1182, est étranglé — 1183

Marie de Poitiers (de la maison des comtes de Valentinois en Dauphiné, et des sires

OU DE CONSTANTINOPLE.

Ans de J. C.

de Rye au comté de Bourgogne), mère d'Alexis II, et sa tutrice, meurt reléguée dès 17 avril 1182.

Jean Comnène II, fils d'Andronic II, l'un des fils aînés de Calo-Jean, administrateur ou régent, et co-tuteur avec Marie de Poitiers, a le même sort.

71. Andronic Comnène ou Andronic I du nom, fils d'Isaac II, et mari d'une fille d'Isaac III, d'abord co-tuteur d'Alexis II, maître du gouvernement en avril 1182, associé à l'empire et couronné le 2 septembre suivant, et seul empereur en 1183, meurt dépouillé en 1185

Alexis Branas, mari d'une sœur de l'empereur Manuel I, et par son mariage substitué au nom de Comnène, proclamé par un parti vers juin 1185, est tué au premier siége de Constantinople en août suivant.

72. Isaac L'Ange I ou Isaac II du nom, petit-fils d'une sœur de l'empereur Calo-Jean, et mari d'une fille cadette d'Isaac III, aussi substitué au nom

	Ans de J. C.
de Comnène, et proclamé le 12 septembre 1185, est détrôné en	1195

Isaac Ducas-Comnène, fils d'une troisième cadette d'Isaac III, et petit-fils d'une autre sœur de l'empereur Calo-Jean, proclamé par un parti, meurt fugitif en l'isle de Chypre en 1194.

73. Alexis L'Ange-Comnène ou Alexis III, frère aîné d'Isaac II, et mari d'Euphrosine Camatère-Ducas, dont la mère étoit sœur d'Isaac Ducas-Comnène, proclamé et couronné le 10 avril 1195, est chassé en 1203

74. Isaac L'Ange-Comnène ou Isaac II, rétabli par les princes et seigneurs français croisés pour les expéditions de Palestine, meurt le 8 février . . . 1204

Alexis L'Ange-Comnène II ou Alexis IV, fils aîné d'Isaac II, mis sur le trône avec son père, et couronné 1 août 1203, est étranglé 28 janvier 1204.

75. Alexis Camatère-Ducas Comnène ou Alexis V, surnommé Murtzuphle, frère d'Euphrosine femme d'Alexis III, mis sur le trône par la mort d'I-

saac II et de son fils Alexis IV, meurt
fugitif et dépouillé dès 1204

Les divisions et les meurtres qui affligeaient Constantinople donnent lieu aux princes croisés de s'emparer de l'empire, dont il ne reste aux Grecs qu'une partie subdivisée en deux monarchies, l'une à Nicée, réunie dans la suite à Constantinople, et l'autre à Trébisonde.

Princes français ou latins, avec leurs héritiers, seulement empereurs titulaires de Constantinople.

76. Baudouin IX, comte de Flandres et de Hainault, et I du nom, à Constantinople, élu par les princes croisés dès 16 mai 1204, couronné le 23, et fait prisonnier des Bulgares le 15 avril 1205, meurt sans postérité vers la fin de juillet 1206

77. Henri de Flandres, frère cadet de Baudouin, administrateur de l'empire en 1205, couronné après la mort de

son frère, le 20 août 1206, meurt
aussi sans postérité   1216

Manuel ou Michel-L'Ange Comnène, second fils de l'empereur Isaac II, proclamé à Andrinople par une partie des
Grecs révoltés vers janvier 1205, meurt
seulement despote ou prince d'Étolie,
ayant traité de ses droits ou prétentions
en 1209.

78. Pierre II, sire de Courtenai, comte
d'Auxerre, marquis de Namur, petit-fils du roi Louis-le-Gros, et mari
d'Yolande de Flandres, sœur des empereur Baudouin et Henri, couronné à Rome le 9 avril 1217, et fait prisonnier des Grecs la même année,
meurt dans sa prison vers janvier   1218

79. Yolande de Flandres, femme de Pierre
de Courtenai, couronnée avec lui
9 avril 1217, et régente pendant sa
captivité, m.   1219

Philippe, sire de Courtenai, fils aîné de
Pierre et d'Yolande de Flandres, indu-
bitablement proclamé à Constantinople
après la mort de sa mère, mais pour lors

Ans de J. C.

absent, et non mis en possession, meurt en 1226 marquis de Namur seulement, ayant refusé la couronne vers le commencement de 1220.

(Dans l'interrègne, Narjot, seigneur de Tocy, chevalier du comté d'Auxerre, marié avec une princesse grecque de la maison de Banas, paraît avoir eu l'administration de l'empire, mais sans titre d'empereur.)

80. Robert, sire de Courtenai, fils cadet de Pierre II et d'Yolande de Flandres, proclamé dès 1220, et couronné à Constantinople 25 mars 1221, meurt aussi sans postérité en 1228

(Suit un second interrègne, durant lequel Narjot de Tocy est encore administrateur.)

81. Jean de Brienne, roi de Jérusalem, et fils d'Erard II, comte de Brienne en Champagne, élu administrateur avec titre d'empereur, et couronné en septembre 1231, m. 21 mars 1237

Théodore L'Ange-Comnène, neveu des empereurs Isaac II et Alexis III, et héritier du premier après Manuel ou Michel, son second fils, vers 1215, est qualifié empereur des Grecs à Thessalonique en 1222, et porte ce titre jusqu'en 1230, qu'il est tué.

Manuel L'Ange-Comnène, frère cadet de Théodore; Jean L'Ange, fils du même Théodore, et Asan, roi des Bulgares, mari d'une sœur de Jean, portent successivement le même titre.

82. Baudouin de Courtenai ou Baudouin II du nom, autre fils cadet de Pierre II et d'Yolande de Flandres, né en 1217, proclamé dès 1228 et, véritablement empereur en 1239, dépossédé en 1261, meurt seulement titulaire vers la fin de 1272

83. Philippe, sire de Courtenai, fils unique de Baudouin, et empereur titulaire après son père, meurt en 1285

84. Catherine de Courtenai, fille unique de Philippe, mariée en 1301 à Charles de France, comte de Valois et d'Anjou, second fils du roi Philippe-le-Hardi; elle meurt en 1308

	Ans de J. C.

85. Charles de France, comte de Valois et d'Anjou, mari de Catherine, et empereur titulaire par donation de sa femme en 1301, m. — 1325

86. Catherine de Valois, fille aîné de Charles et de Catherine de Courtenai, impératrice titulaire de Constantinople, et mariée le 30 juillet 1313 à Philippe de Sicile, prince de Tarente I. du nom, fils cadet de Charles II, roi de Naples, meurt veuve en — 1346

Philippe de Sicile, prince de Tarente, premier du nom, mari de Catherine de Valois, et qualifié empereur de Constantinople après son mariage, était mort 26 déc. 1332.

Jeanne de Valois, seconde fille de Charles et de Catherine de Courtenai, meurt 9 juillet 1363, mariée dès 1318 à Robert d'Artois, comte de Beaumont-le-Roger, mort en Angleterre en 1345, révolté contre le roi Philippe de Valois.

87. Robert, prince de Tarente, fils aîné de Philippe et de Catherine de Va-

lois, empereur titulaire après sa mère, meurt sans postérité … 1364

88. Philippe II, prince de Tarente, fils cadet du même Philippe I et de Catherine de Valois, empereur titulaire après son aîné, meurt aussi sans postérité … 1368

Marguerite de Tarente, fille aînée de Philippe I et de Catherine de Valois, avait épousé, 1° Edouard de Bailleul, roi d'Ecosse, fils de Jean, mort sans postérité; 2° François de Baux, duc d'Andrie, comte d'Aveline, de la maison des sires ou princes d'Orange.

Jeanne ou Irène de Tarente, seconde fille de Philippe I et de Catherine de Valois, avait épousé, 1° Léon I, roi d'Arménie, de la maison de Lusignan, mort sans postérité; 2° Léon II, aussi roi d'Arménie, oncle et successeur de Léon I.

89. Jacques de Baux, duc d'Andrie, fils de Marguerite de Tarente et de François de Baux, prince de Tarente, et empereur titulaire de Constanti-

	Ans de J. C.
nople après son oncle Philippe II, meurt sans postérité vers	1382
90. Léon III, roi d'Arménie, fils de Jeanne de Tarente et du roi Léon II, dernier empereur titulaire, meurt à Paris sans postérité légitime 29 nov.	1393

(Avec lui le titre est éteint; et le droit seul ou les prétentions passent successivement aux comtes d'Eu, princes du sang descendans de Robert d'Artois, comte de Beaumont-le-Roger, puis aux comtes de Nevers, cadets des derniers ducs de Bourgogne, et de ceux-ci dans les maisons de Clèves et de Mantoue.)

Derniers princes grecs à Nicée et ensuite rétablis à Constantinople.

91. Alexis L'Ange-Comnène ou Alexis III, chassé de Constantinople en 1203, retiré à Nicée et relégué dans un monastère en 1204, mais toujours qualifié empereur, meurt en	1206
92. Théodore Lascaris I, despote ou prince de Natolie, gendre d'Alexis L'Ange-	

Ans de J. C.

Comnène, proclamé dès 1204 par une partie des Grecs, et couronné en 1206 à Nicée qui reste le siége de l'empire, meurt en 1222

93. Jean Vatatze ou Vatace I, gendre de Théodore Lascaris I, substitué au nom de Lascaris par son mariage, et couronné après son beau-père, meurt en 1255

94. Théodore Vatace-Lascaris II du nom, fils unique de Jean Vatace, couronné en 1256, m. 1259

95. Jean Vatace-Lascaris II, unique fils de Théodore II, laissé en bas âge, meurt en 1262 ou 1263, enfermé dans un château, et dépouillé dès le commencement de 1261

Eudoxie, sœur et unique héritière de Jean Vatace-Lascaris, réfugiée à Rome en 1262, est mariée vers 1263 à Guillaume-Pierre I, comte de Vintimille, aîné des comtes du Luc.

(De ce mariage naît un fils, dont le sang passe par une fille, en 1498, dans la maison des comtes de Tende, bâtards de Savoie, et de celle-ci, par deux autres filles successivement, dans les maisons d'Urfé et de Larochefoucauld-Langheac.)

96. Michel Paléologue I, petit-fils d'une sœur aînée de la femme de Théodore Lascaris I, d'abord tuteur de Jean Vatace - Lascaris II, couronné à Nicée en 1260, ensuite à Constantinople 25 décembre 1261, et maître de l'empire par le meurtre de son pupille, m.   1283

(Les Grecs avaient repris la ville de Constantinople sous ce prince le 25 juillet 1261.)

97. Andronic Paléologue I, fils de Michel I, couronné dès 1264, meurt moine 13 février 1332, déposé ou dépouillé dès   1328

Michel Paléologue II, fils aîné d'Andronic, associé dès 1293, et couronné 21 mai 1294, était mort dès 1320.

98. Andronic Paléologue II ou le jeune, fils de Michel II, associé par son

Ans de J. C.

aïeul, couronné 2 février 1325, et
maître de l'empire en 1328, m.   1341
99. Jean Paléologue I, fils d'Andronic II,
laissé en bas âge, et couronné dès 19
nov., est dépouillé en   1347
100. Jean Cantacuzène, grand-domes-
tique ou grand-maître de la maison
impériale, d'abord tuteur et ensuite usurpateur, couronné à Andrinople en 1346 et à Constantinople 14 mai 1347, meurt moine
après avoir été chassé ou forcé à une
abdication en   1355
101. Mathieu Cantacuzène, fils de Jean,
associé et couronné en 1354, chassé et relégué, m.   1356
Jean Paléologue I, remis en possession
de Constantinople en 1355, et de
tout l'empire en 1357, meurt en
1391, ayant abdiqué dès   1384
102. Andronic Paléologue III, fils aîné de
Jean I, couronné dès 1373, et
même associé à l'empire auquel il
renonce vers 1383, et qu'il reven-

OU DE CONSTANTINOPLE.

Ans de J. C.

dique après l'abdication de son père en 1384, meurt après avoir renoncé entièrement à l'empire en   1387

103. Manuel ou Michel Paléologue III, fils cadet de Jean I, couronné avec son aîné dès 1373, et seul véritable empereur depuis l'abdication de leur père en 1384, meurt moine 21 juillet 1425; ayant abdiqué dès   1419

104. Jean Paléologue II, fils aîné de Manuel, couronné 19 janv. 1419, m. sans postérité en   1448

105. Constantin Paléologue, surnommé Dragasès, second fils de Manuel, associé et couronné dès 1445, est tué à la prise de Constantinople par les Turcs le 29 mai   1453

Les Turcs, maîtres de Constantinople, y établissent le siége de leur empire.

Sultans ou Princes turcs avant la prise de Constantinople.

1. Ottoman ou Osman I du nom, décoré du titre de Sultan dans la Natolie

EMPEREURS D'ORIENT

Ans de J. C.

en 1299 par Aladin, grand-sultan d'Iconium, et regardé comme le premier fondateur de la monarchie Ottomane, m. en   1326

> Du Cange prétend prouver qu'Ottoman était arrière-petit-fils d'un frère de l'empereur Andronic Comnène I, lequel s'étant retiré chez les Turcs y avait été marié, et dont le fils était devenu dans la suite prince de cette nation par l'extinction de la postérité masculine de son beau-père.

2. Orchan ou Urchan I, fils d'Ottoman I, meurt en   1360

> Soliman, fils aîné d'Orchan I, non compté ordinairement, est cru avoir régné depuis 1558 jusqu'en 1359.

3. Amurath I, autre fils d'Orchan I, m. en   1390

4. Bajazet I, fils d'Amurath I, meurt en 1403, fait prisonnier des Tartares dès   1399

> (Tamerlan, kan ou prince des Tartares, vainqueur de Bajazet, retient quelque temps la monarchie.)

5. Josué ou Issem, fils aîné de Bajazet I, omis par plusieurs auteurs, sultan à la prison de son père, m. 1403
6. Soliman, frère cadet de Josué, meurt en 1412, dépouillé dès 1410
7. Musa ou Moïse, autre frère cadet de Josué, meurt en 1413
(Quelques auteurs en font deux princes, mais à tort.)
8. Mahomet I, troisième cadet de Josué, m. en 1422
9. Amurath II, fils aîné de Mahomet I, m. 10 fév. 1451
(Sous son successeur commence l'empire des Turcs à Constantinople.)

Sultans ou Empereurs turcs depuis la prise de Constantinople.

1. Mahomet II, fils aîné d'Amurath II, maître de Constantinople 29 mai 1453, et depuis cette conquête qualifié empereur, m. 3 mai 1481
2. Bajazet II, fils aîné de Mahomet II, m. 23 juin 1512

EMPEREURS D'ORIENT

Ans de J. C.

3. Sélim I, fils de Bajazet II, m. 21 septembre 1520
4. Soliman II, fils unique de Sélim I, m. 4 sept. 1566
5. Sélim II, fils de Soliman II, m. 30 nov. ou 13 déc. 1574
6. Amurath III, fils aîné de Sélim II, m. 18 janv. 1595
7. Mahomet III, fils d'Amurath III, m. 20 décembre 1603
8. Achmeth I, fils aîné de Mahomet III, m. 15 nov. 1617
9. Osman II, fils aîné d'Achmeth I, dépossédé peu après la mort de son père, et rétabli dès janvier 1618, est étranglé 19 mai . . . 1622
10. Mustapha I, frère cadet d'Achmeth, d'abord tuteur de son neveu et ensuite couronné, dépossédé et emprisonné en janvier 1618, et remis sur le trône par révolte 19 mai 1621, meurt en 1639, déposé dès sept. 1623
11. Amurath IV, frère cadet d'Osman II, m. 8 fév. 1640

Ans de J. C.

12. Ibrahim, autre frère cadet d'Osman II, est étranglé par révolte 17 août 1648
13. Mahomet IV, fils aîné d'Ibrahim, m. 4 janv. 1693, déposé dès 8. nov. 1687
14. Soliman III, frère cadet de Mahomet IV, m. 22 juin 1691
15. Achmeth II, autre frère cadet de Mahomet IV, m. 6 fév. 1695
16. Mustapha II, fils aîné de Mahomet IV, meurt en avril 1707, déposé dès sept. 1703
17. Achmeth III, frère cadet de Mustapha II, meurt 23 juin 1736, obligé d'abdiquer dès 1 oct. 1730
18. Mahomet V, fils de Mustapha II, m. 1754
19. Osman II, frère de Mahomet V, m. 1757
20. Mustapha III, m. 1774
21. Achmeth IV, m. 1789
22. Sélim III, fils de Mustapha III, m. 1807
23. Mustapha IV, déposé en 1808
24. Mahmud, neveu de Sélim III, empereur régnant, proclamé le 11 août

ROYAUME D'ESPAGNE.

L'Espagne est appelée par les anciens *Hespérie*, *Ibérie*, *Celtibérie*. Les Romains et les Carthaginois y établirent des colonies et s'y livrèrent des batailles sanglantes; après eux, des Scythes, des Daces, des Getes, des Vandales, des Suaves, des Alains, des Ostrogoths, des visigoths et des Maures-Arabes, s'établirent dans cette contrée, et ne s'y traitèrent pas mieux que n'avaient fait les Romains et les Carthaginois. Ferdinand le Catholique, roi d'Aragon, chassa les Maures de Grenade en 1492, et affranchit ainsi l'Espagne de toute nation étrangère.

ROIS GOTHS EN ESPAGNE.

Ans de J. C.

1. Ataulphe, beau-frère d'Alaric, élu en 411, massacré à Barcelone en — 415
2. Sigeric, élu à Barcelone, et massacré après un règne de quelques jours en — 415
3. Wallia, beau-frère d'Ataulphe, élu à Barcelone en 415, mort à Toulouse en — 420

Ans de J. C.

4. Théodoric I ou Théodoret, élu à Toulouse en 420, et tué à la bataille de Châlons, qu'Aëtius gagna sur les Huns en — 451

5. Thorismond, son fils, élu en 451, assassiné par Théodoric son frère en — 452

6. Théodoric II, frère et assassin du précédent, est élu en 452, assassiné aussi par Evaric son frère en — 466

7. Evaric I, autre frère et assassin du précédent, est élu en 466, m. à Arles en — 484

8. Alaric son fils, élu en 484, tué de la main de Clovis à la bataille de Vouillé en — 507

9. Amalaric, élu en 507, tué à Narbonne après avoir été défait par les Français en — 531

En lui finit la maison de Théodoric I, qui avait donné six rois aux Goths.

10. Théudis ou Theudes, élu en 531, tué à Barcelone en — 548

11. Théudisele ou Théodogesile, élu en 548, mort en — 549

12. Agila, élu en 549, massacré à Mérida en — 554

ROYAUME D'ESPAGNE,

Ans de J. C.

13. Athanagilde, élu en 554, mort à Tolède en — 567
14. Liuva I ou Leva, élu en 567, mort à Narbonne — 572
15. Leuvigilde, associé au trône par Liuva son frère en 568, seul roi en 572, mort à Tolède en — 585
16. Récared I, élu en 585, m. — 601
17. Liuva II, élu en 601, massacré en — 603
18. Viteric, élu en 603, massac. à Tolède en — 610
19. Gundemar, élu en 610, mort à Tolède en — 612
20. Sisébut, élu en 612, mort à Tolède en — 621
21. Récared II, élu en 621, mort à Tolède la même année.
22. Suintila, élu en 621, détrôné en 623, mort dans l'obscurité en — 635
23. Sisénand, élu en 631, mort à Tolède en — 636
24. Chintila, élu en 636, mort à Tolède en — 640
25. Tulga, élu en 640, détrôné en — 642
26. Chindasuinthe, élu en 642, mort à Tolède en — 652
27. Récésuinthe, associé au trône en 649, règne seul en 652, m. à Herticos près de Salamanque en — 672

ROIS DES ASTURIES.

Ans de J. C.

28. Vamba, élu en 672, détrôné et renfermé dans un monastère, m. en — 688
29. Ervige, élu en 680, m. à Tolède en — 687
30. Egiza, élu en 687, m. à Tolède en — 700
31. Vitiza, associé au trône en 698, règne seul en 700, détrôné en 709, m. en 710
32. Rodrigue, élu en 710; il disparut après une bataille en — 712

ROIS DES ASTURIES.

33. Pélage, parent de Rodrigue, élu vers 718; il est vainqueur des Arabes, qu'il chasse des Asturies et de Léon; il fonde une nouvelle dynastie, et m. 737
34. Favila, élu en 737, tué à la chasse en 739
35. Alphonse I, surnommé le Catholique, élu en 739, mort en — 757
36. Froila I, élu en 757, assassiné en — 768
37. Aurèle, élu en 768, mort en — 774
38. Silo, élu 774, mort en — 782
39. Alphonse II, fils de Froila, élu en 782, est détrôné presque aussitôt, mais il remonte sur le trône en 791.
40. Maurégat, usurpe le trône en 783, m. 788

ROYAUME D'ESPAGNE,

ROIS DE LÉON ET DES ASTURIES.

Ans de J. C.

41. Vérémond I surnommé le Diacre, neveu d'Alphonse le Catholique, élu en 788, abdique en — 791
42. Alphonse II, surnommé le Chaste, dont il vient d'être question, remonte sur le trône en 791, et meurt en — 842
43. Ramire I, règne en 842, meurt en — 850
44. Ordogno I, élu en 850, meurt en — 866
45. Alphonse III règne en 866, abdique en 910, meurt en — 912
46. Garcie I, règne en 910, meurt en — 914
47. Ordogno II règne en 914, meurt en — 923
48. Froila II, élu en 923, meurt en — 924
49. Alphonse IV, élu en 924, abdique en 927, meurt en — 932
50. Ramire II son frère, règne en 927, meurt en — 950
51. Ordogno III, règne en 950, meurt en — 955
52. Sanche I, frère d'Ordogno, élu en 955, meurt empoisonné en — 967
53. Ramire III son fils, élu en 967, mort en 982

Ans de J. C.

54. Vérémond II, fils d'Ordogno III, élu en 982, mort en — 999
55. Alphonse V son fils, règne en 999, tué au siége de Viseu en — 1027
56. Vérémond III son fils, règne en 1027; il est tué dans une bataille que Ferdinand son beau-frère lui livre en — 1037

En lui finit la postérité masculine des anciens rois Goths en Espagne, descendus de Pélage.

ROIS DE CASTILLE ISSUS DE LA MAISON DE NAVARRE.

Ils réunissent dans la suite sous leur domination tous les royaumes d'Espagne.

57. Sanche, dit le Grand, fils de dom Garcie III, dit le Trembleur, roi de Navarre, et petit-fils de Sanche II, dit Abarca, prit le titre d'*Empereur* des Espagnes, et mourut assassiné en — 1035
58. Ferdinand I, dit le Grand, roi de Castille par le partage que fit son père Sanche le Grand de ses états, et roi de Léon et des Asturies par son ma-

riage avec Sancie, sœur et héritière de Vérémond III, qui fut tué dans une bataille que Ferdinand et dom Garcie IV son frère, roi de Navarre, lui livrèrent en 1037; il meurt en   1065

59. Alphonse VI, roi de Léon; son frère Sanche, roi de Castille, le dépouille, en 1068, par la victoire de Plantada, gagnée par Le Cid, célèbre capitaine, sur l'armée d'Alphonse; mais Sanche ayant été assassiné en 1072, non seulement Alphonse régna paisiblement sur Léon, mais il hérita encore de la Castille. Le Cid s'attacha d'abord à ce prince, et en fut disgracié. Alphonse mourut en   1109

60. Urraque Ire, fille et unique héritière d'Alphonse VI, règne et épouse 1° Raymond, comte de Bourgogne; 2° Alphonse VI le Batailleur, roi d'Aragon; elle meurt en   1126

        Du premier lit vint:

61. Alphonse VII, m.   1157

Les deux royaumes de Léon et de Castille se divisent encore.

Ans de J. C.

Suite des rois de Castille.   *Rois de Léon.*

62. Sanche III, m.	1158	1. Ferdinand I, fils d'Alphonse VIII, est roi de Léon, m.	1182
63. Alphonse VIII, m.	1214		
64. Henri I, m. s. post.	1217	2. Alphonse IX, m.	1230

65. Bérengère, sœur de Henri I, hérite et règne ; elle épouse Alphonse, roi de Léon ; leur fils qui suit réunit de nouveau les deux royaumes ; elle meurt en   1246

66. St. Ferdinand II, fils de Bérengère de Castille et d'Alphonse d'Aragon, fait la guerre avec succès contre les Maures, m.   1252

Il fut canonisé en 1671.

67. Alphonse X, dit le Sage, son fils ; il fut élu roi des Romains, et mourut en   1284

68. Sanche, dit le Brave, son fils, se révolte contre son père ; règne en 1284 et meurt   1295

69. Ferdinand III, dit l'Ajourné, m.   1313

                                            Ans de J. C.

70. Alphonse XI, règne deux ans, m.   1350
71. Pierre le Cruel, son fils, est détrôné
    par Henri de Transtamare, son frère
    naturel, qui gagne sur lui la bataille
    de Montiel, où Pierre fut tué en   1369
72. Henri II, bâtard d'Alphonse XI, et frère
    naturel de Pierre le Cruel, fut d'a-
    bord comte de Transtamare, puis roi
    de Castille et de Léon par la victoire
    de Montiel ; il meurt   1379
     Il eut pour rival, Jean d'Angle-
    terre, duc de Lancastre, qua-
    trième fils du roi Edouard III. Ce
    Jean avait épousé Catherine, fille
    de Pierre le Cruel.
73. Jean I, fils d'Henri II, m.   1390
74. Henri III, dit le Maladif, son fils, fut
    le premier qui porta le titre de *Prince
    des Asturies*; il meurt en   1406
75. Jean II, son fils ; son règne fut agité
    par des guerres intestines ; il meurt   1454
76. Henri IV, dit l'Impuissant ; se laissa
    déposer en effigie en 1465, et m.   1474

Réunion des Espagnes.

Ans de J. C.

77. Isabelle Ire, sœur d'Henri IV, hérite de la Castille et de Léon en 1474; elle se marie à Ferdinand le Catholique, roi d'Aragon : cette alliance réunit les Espagnes. Isabelle mourut en 1504

Voyez pour la postérité d'Isabelle et de Ferdinand le Catholique, ce dernier article p. 271 et 272.

ROIS D'ARAGON.

1. Ramire I, fils naturel de Sanche le Grand roi de Catille, obtient en partage le royaume d'Aragon, et y fonde une dynastie; il meurt 1067
2. Sanche-Ramire, son fils, lui succède en Aragon, tué au siége d'Huesca en 1094
3. Pierre I, son fils, meurt sans postérité en 1104
4. Alphonse Ier, dit le Batailleur, son frère, lui succède; il meurt aussi sans postérité en 1134

Ans de J. C.

5. Ramire II, autre frère, dit le Prêtre-Roi, parcequ'il avait été moine pendant 40 ans avant sa succession au trône, m. — 1147

6. Pétronille Ire, sa fille, hérite et règne, Elle épouse Raymond, comte de Barcelone, qui, quoique à la tête de la régence, n'a que le titre de prince d'Aragon. Pétronille meurt en — 1162

7. Alphonse II, dit le Chaste, leur fils, meurt en — 1196

8. Pierre II, est tué à la bataille de Muret en — 1213

9. Jayme ou Jacques I, dit le Conquérant, m. — 1276

10. Pierre III, dit le Grand ; il s'empare de la Sicile à la faveur des Vêpres siciliennes en 1282, m. — 1285

11. Alphonse III, dit le Bienfaisant, son fils, m. — 1291

12. Jacques II, frère du précédent, m. — 1327

13. Alphonse IV, fils de Jacques II, m. — 1336

14. Pierre IV, surnommé le Cruel, m. — 1387

15. Jean I, son fils, m. — 1395

ROIS D'ARAGON.

Ans de J. C.

16. Martin I, frère du précédent, meurt sans postérité en — 1410
17. Ferdinand I, dit le Juste, fils d'Eléonore d'Aragon, fille de Pierre IV, est appelé au trône en 1410; m. — 1416
18. Alphonse V, dit le Sage, son fils; il fait la conquête de Naples, qu'il donne à Ferdinand d'Aragon, son fils naturel; il meurt sans postérité légitime — 1458
19. Jean II, frère du précédent, hérite du trône d'Aragon à la mort d'Alphonse V, et devient encore roi de *Navarre* par son mariage avec *Blanche d'Evreux*, fille et héritière de Charles le Mauvais, roi de *Navarre*; m. — 1479

Réunion des Espagnes.

78*. Ferdinand II, dit le Catholique, son fils, se marie à Isabelle, héritière de Castille et de Léon. *Voyez* page 269.

---

* Cet ordre numérique de 78 se rapporte à l'ordre de succession qui vient après Isabelle, page 269.

Cette alliance réunit enfin les Espagnes. De ce mariage il ne resta cependant qu'une fille qui suit, et qui porta l'Espagne dans la Maison d'*Autriche*. Ferdinand mourut en 1516

79. Jeanne Ire, dit la Folle, fille de Ferdinand d'Aragon et d'Isabelle de Castille, obtient la succession de toutes les Espagnes, et les porte dans la maison d'Autriche par son mariage avec Philippe le Beau, dont l'article va suivre : Jeanne eut la raison égarée, et mourut en 1555

Une branche de la maison d'Autriche va régner en Espagne.

80. Philippe I, dit le Beau, fils de Maximilien I, archiduc d'Autriche et empereur d'Allemagne, devint roi de Castille par son mariage avec Jeanne la Folle ; il fut reconnu roi en 1505, mais il mourut en 1506

81. Charles I, fils de Philippe le Beau, archiduc d'Autriche, et de Jeanne

ROYAUME D'ESPAGNE.

Ans de J. C.

la Folle, héritière des Espagnes, devint maître de cette monarchie en 1506 et 1516; fut élu empereur d'Allemagne sous le nom de *Charles-Quint* en 1519, et mourut en 1558
82. Philippe II, son fils, m. 1598
83. Philippe III, m. 1621
84. Philippe IV, m. 1665
85. Charles II, meurt sans postérité en 1700

Une branche de la maison royale de France va régner en Espagne.

86. Philippe V, duc d'Anjou, petit-fils de Louis XIV, et de Marie-Thérèse-d'Autriche-Espagne, fille de Philippe IV, est déclaré héritier de ce royaume du chef de sa mère, en 1700, règne depuis cette époque jusqu'en 1724, qu'il abdique en faveur de son fils, qui suit :
87. Louis I, fils aîné, règne par l'abdication de son père, mais il meurt la même année, sans laisser de postérité.

ROYAUME D'ESPAGNE.

Ans de J. C.

Philippe V, remonte sur le trône, et règne jusqu'à l'époque de sa mort arrivée en 1746

88. Ferdinand VI, deuxième fils de Philippe V, hérite en 1746, et meurt sans postérité en 1759

89. Charles III, son frère, était déjà roi de Naples dès 1735; il cède ce royaume à Ferdinand, son second fils, pour venir régner en Espagne, jusqu'à sa mort arrivée en 1788

90. Charles IV, fils aîné du précédent, hérite en 1788, fait cession en 1808 de tous ses états à l'empereur Napoléon-le-Grand, qui les cède à Joseph-Napoléon, son frère, roi de Naples, qui suit :

Une branche de la maison impériale de France va régner en Espagne.

91. Joseph-Napoléon I, roi de Naples, cède ce royaume en 1808, pour venir régner sur l'Espagne. Ce monarque est frère de l'empereur des

Français, et Grand-Electeur de l'empire. Il est né le 7 janvier 1768 ; il a épousé, le 1er août 1794, Marie-Julie, reine des Espagnes et des Indes, née le 26 décembre 1777. De ce mariage viennent :

1º S. A. R. Charlotte-Zénaïde-Julie, infante d'Espagne, née le 8 juillet 1801 ;

2º S. A. R. Charlotte, sa sœur, infante d'Espagne, née le 31 octobre 1802.

Statistique.

Etendue..........	24,000 lieues carrées.
Population.......	10,000,000 d'habitans.
Revenus..........	340,000,000 de francs.
Armée............	110,000 hommes.

ROYAUME DE PORTUGAL.

Le Portugal faisait partie de l'ancienne *Lusitanie* ; il fut long-temps soumis aux Carthaginois et aux Romains ; mais, lorsque ce dernier peuple perdit le sceptre du monde, les Goths, les Visigoths, les Sueves, les Alains et les Vandales se jetèrent sur le Portugal, où ils s'établirent jusqu'à ce que les Maures vinrent les en chasser pour s'y fixer eux-mêmes. Alphonse VI, roi de Castille et de Léon, voulant à son tour expulser les Maures de la péninsule, appela à son secours Henri, duc de Bourgogne, petit-fils de Robert le Vieux, duc de Bourgogne, et arrière-petit-fils de Robert II, roi de France ; le duc Henri conduisit en Portugal une armée considérable, à la tête de laquelle il gagna plusieurs victoires sur les Maures, qui furent forcés de lui abandonner la majeure partie de ce royaume. Alphonse, pour reconnaître les services du duc Henri, lui fit épouser Thérèse, sa fille naturelle, et lui céda l'autorité souveraine dans les pays qu'il venait de conquérir. Cependant il paraît que Henri ne prit que le titre de comte ; mais comme il est la souche des rois de Portugal, je commencerai par lui leur chronologie.

Ans de J. C.

1. Henri de France, duc de Bourgogne, arrière-petit-fils du roi de France Robert II, établi *comte* en Portugal, m. 1130
2. Alphonse I, dit Henriquez, son fils, gagne sur les Maures la célèbre victoire d'Ourique en 1139, et est proclamé *roi* par les soldats sur le champ de bataille, m. 1185
3. Sanche I, m. 1211
4. Alphonse II, dit le Gros, m. 1223
5. Sanche II, déposé en 1246
6. Alphonse III, usurpe sur son frère Sanche II, et fait la conquête des Algarves, m. 1279
7. Denis, son fils, dit le Père de la patrie, m. 1325
8. Alphonse IV, dit le Brave, m. 1357
9. Pierre I, dit le Cruel et le Justicier, m. 1367
10. Ferdinand I, meurt sans postérité mâle en 1383

Rois de la race d'Avis.

Ans de J. C.

11. Jean I, dit le Grand et le Roi de bonne mémoire, fils naturel de Pierre I et de Thérèse Lorenzo, d'abord grand-maître d'Avis, puis déclaré régent et défenseur du Portugal en 1383, se fait proclamer roi en 1385; il donne origine à la Maison de Bragance, et meurt en   1433
12. Edouard I, fils du précédent, m.   1438
13. Alphonse V, dit l'Africain, m.   1481
14. Jean II, dit le Parfait, meurt sans laisser de postérité légitime en   1495
15. Emmanuel I, le Grand et le Fortuné, petit-fils d'Edouard I, succède à Jean II, son cousin-germain; son règne est le plus glorieux de l'histoire de Portugal; m.   1521
16. Jean III, son fils, établi l'inquisition, et m.   1557
17. Sébastien I, petit-fils du précédent, tué à Alcaçar en Afrique, sans laisser de postérité, en   1578

Ans de J.C.

18. Henri I, fils puiné d'Emmanuel le Grand, cardinal et régent en 1562, se fait déclarer roi en 1578, et meurt sans postérité en 1580

Rois d'Espagne qui réunissent le Portugal.

19. Philippe II, déja roi d'Espagne, se met en possession du Portugal du chef de sa mère Isabelle, fille d'Emmanuel le Grand ; il m. 1598
20. Philippe III, roi d'Espagne et de Portugal, m. 1621
21. Philippe IV, roi d'Espagne et de Portugal en 1621; il perd ce dernier royaume par la révolution opérée par la maison de Bragance, en 1640

Rois de la maison de Bragance.

22. Jean IV, dit le Fortuné, descendant, au septième degré, d'Alphonse, duc de Bragance, fils naturel du roi de Portugal Jean I, et arrière petit-fils

	Ans de J. C.
d'Emmanuel le Grand par Catherine de Portugal, son aïeule; soulève les Portugais contre la tyrannie des Espagnols en 1640, et se fait proclamer roi; il règne jusqu'à sa mort arrivée en	1656
23. Alphonse VI, son fils, détrôné et emprisonné en	1667
24. Pierre II, frère du précédent, déclaré régent en 1667, et roi en 1683, à la mort d'Alphonse VI, qui ne laissait point de postérité; m.	1706
25. Jean V, m.	1750
26. Joseph I, ne laisse que des filles, et meurt en	1777
27. Pierre III, frère du précédent, épouse Marie-Françoise, sa nièce, fille de Joseph I, et meurt en	1786

Maison de Brésil.

JEAN, prince de Brésil, fils de Pierre III, né le 13 mai 1767, déclaré régent de Portugal en 1799, pendant la maladie de la reine sa mère, quitte ce royaume en 1807 pour aller régner sur ses états

ROYAUME DE PORTUGAL.

d'Amérique, où il fonde la nouvelle maison de Brésil. Il a épousé le 9 janvier 1790 Charlotte-Joachime d'Espagne, née le 25 avril 1775. De ce mariage viennent,

1° S. A. R. Don Antoine, né le 12 août 1798.
2° S. A. R. Don Michel, né le 26 octobre 1802.
3° S. A. R. Marie-Thérèse, née le 23 avril 1793.
4° S. A. R. Isabelle-Marie, née le 19 mai 1797.
5° S. A. R. Marie-Françoise, née le 22 avril 1800.
6° S. A. R. Marie-Isabelle, née le 4 juillet 1801.
7° S. A. R. Marie-Anne, née le 25 juillet 1805.

Princesses du sang sœurs de la reine.

S. A. R. Marie-Anne, fille du roi Joseph I, née le 7 octobre 1736.

S. A. R. Marie-Françoise, sœur de la précédente, née le 24 juillet 1746, veuve le 11 septembre 1788, de Joseph-François-Xavier, son neveu.

Statistique du royaume de Portugal.

Etendue............ 5,000 lieues carrées.
Population......... 2,000,000 d'habitans.
Revenus............ 83,000,000 de francs.
Armée............. 25,000 hommes.

ROYAUME DE NAPLES.

Le royaume de Naples faisait autrefois partie des possessions des Grecs ; ils y établirent des colonies, et lui donnèrent le nom de *Grande-Grèce*. Il prit ensuite le nom de *Campanie* et de *Duché de Naples* lorsque les empereurs d'Orient et les exarques de Ravennes s'en furent rendus maîtres. Les Sarrasins s'en emparèrent sur ceux-ci vers le neuvième siècle, et s'y établirent, jusqu'à ce que les fils de *Tancrède*, seigneur de *Hauteville* près de Coutances, revenant de la croisade, à la tête de plusieurs gentilshommes normands, en firent la conquête, et y fondèrent une dynastie qui dura depuis 1043 jusqu'en 1194. Alors la maison impériale de Souabe en prit possession jusqu'en 1265, que Charles d'Anjou, frère de saint Louis, vint en faire la conquête et y établir une dynastie qui finit en 1435. La maison d'Aragon, qui avoit déjà pris la Sicile dès 1282, fut appelée au trône de Naples à l'extinction de la maison d'Anjou, et conserva cette monarchie jusqu'en 1700, époque à laquelle Philippe de France, petit-fils de Louis XIV, hérita des monarchies espagnole et des deux Siciles. Sa

ROYAUME DE NAPLES.

postérité y régna jusqu'en 1806, qu'une branche de la maison impériale de France fut appelée au trône des deux Siciles.

                                                  Ans de J. C.

1. Guillaume Tancrède I, surnommé Bras-de-fer, proclamé comte de la Pouille en 1043, m. sans potérité   1046
2. Drogon ou Dreux I, comte de Venose, frère du précédent, lui succède, et meurt assassiné en   1051
3. Humfroi ou Humfred, autre frère, succède en 1051, et meurt en   1057
4. Robert I, dit Guiscard ou le Rusé, autre fils de Tancrède et frère des trois précédents, leur succède en 1057; il conquiert la Sicile conjointement avec Roger, l'un de ses frères, qui s'en déclare comte ; Robert m. 1085

Ducs de Calabre et de la Pouille.

5. Roger I, surn. Bursa, fils de Robert I, m.   1111
6. Guillaume II fait hommage de ses états au pape Calixte II, et meurt sans post. en   1227

Comtes de Sicile.

1. Roger I, le dernier des 12 fils de Tancrède, et frère de Robert I, dit Guiscard, conquiert avec ce dernier la Sicile, s'en fait déclarer grand-comte en 1096, et m.   1101

ROYAUME DE NAPLES

Ans de J. C.

7. Roger II, dit le jeune, fils de Roger I, comte de Sicile, lui succède dans cette principauté, et hérite encore de la Pouille et de la Calabre à la mort de Guillaume II, son cousin; il fait ériger, en 1129, par l'anti-pape Anaclet, la Sicile en *royaume* avec souveraineté sur le duché de Naples et la principauté de Capoue; il m. 1154

Roger, son fils aîné, meurt en 1148, et laisse un fils naturel, nommé Tancrède, dont il sera question plus loin.

8. Guillaume III, dit le mauvais, deuxième fils de Roger II, m. 1166
9. Guillaume IV, dit le Bon, m. sans post. 1189
10. Tancrède I, fils naturel de Roger, fils aîné du roi Roger II, succède à la mort de Guillaume IV, m. 1194
11. Guillaume V, fils du précédent, est dépossédé et fait prisonnier par l'empereur Henri VI, qui lui fait crever les yeux en 1194

En lui finit, par les mâles, la maison de Tancrède.

Empereurs d'Allemagne de la maison de Souabe, rois de Sicile et de Naples.

Ans de J. C.

12. Henri VI, empereur d'Allemagne, de la maison de Hohenstauffen-Souabe, s'empare de la Sicile et de Naples, du chef de Constance, son épouse, fille du roi Roger II; il y règne jusqu'à sa mort arrivée en   1197

13. Frédéric II, son fils, empereur d'Allemagne, lui succède également, sous le nom de Frédéric I, dans les royaumes de Naples et de Sicile, m.   1250

Il a un fils naturel, nommé Mainfroi, dont il sera question plus bas.

14. Conrad IV, fils de Frédéric II, est élu empereur d'Allemagne ou roi des Romains, en concurrence avec Guillaume de Hollande; il succède en Sicile et à Naples, et meurt de poison en   1254

15. Mainfroi, fils naturel de Frédéric II, est déclaré régent du royaume pen-

Ans de J. C.

dant la minorité de Conradin, son neveu, fils légitime de Conrad IV; mais il usurpe sur ce jeune prince, et est tué à la bataille de Bénévent, qui lui est livrée par Charles d'Anjou, appelé par le pape à la succession du royaume des deux Siciles, m.   1266

16. Conradin, fils de Conrard IV, veut s'emparer de Naples et de la Sicile, après la mort de Mainfroi, qui avait usurpé sur lui, mais il est fait prisonnier par le féroce Charles d'Anjou, qui le fait décapiter sur un échafaud à Naples en   1269

Rois des Deux-Siciles de la maison de France.

17. Charles I, comte d'Anjou et de Provence, frère de S. Louis, roi de France, fait la conquête du royaume des deux Siciles sur Mainfroi et Conradin, et s'en fait couronner roi dans l'église du Vatican à Rome, en 1266, par les délégués du pape Clément IV, auquel

il soumet ses états, en se considérant comme vassal du saint-siége. Sa cruauté et son avarice lui firent perdre, en 1282, le royaume de Sicile par les vêpres siciliennes; il mourut en   1285

Rois de Naples.   *Rois de Sicile.*

18. Charles II, dit le Boiteux, fils du précédent, m.   1309
19. Robert II, dit le Bon et le Sage, troisième fils du précédent, m.   1343
    Charles, duc de Calabre, son fils, meurt avant lui en 1328, et laisse
20. Jeanne I, petite-fille de Robert II, célèbre par ses malheurs et ses crimes, ne laisse point de posterité de quatre maris, et m. étranglée en   1382
21. Charles III, dit Durazzo, arrière-petit-fils de Charles II, et l'assassin de Jeanne I, qui l'avait appelé au trône, est assassiné lui-même en   1386
    Louis I d'Anjou, fils de Jean II, roi de Fran-

1. Pierre III, roi d'Aragon, et 1er comme roi de Sicile, époux de Constance, fille de Mainfroi, s'empare de la Sicile en 1282, à la faveur des vêpres siciliennes, y règne jusqu'à sa mort, arrivée en   1285
2. Jacques I, second fils de Pierre, cède la Sicile à son frère, pour aller régner en Aragon, m.   1296
3. Frédéric I, frère du précédent, m.   1337
4. Pierre II, m.   1342
5. Louis I, mort sans postérité en   1355
6. Frédéric II, dit le Simple, frère du précédent, m.   1377
7. Martin I, dit le Jeune, prince d'Aragon, ép. Marie, fille et héri-

ce, fut son compétiteur au trône de Naples; il m. 1384.

22. **Ladislas I**, fils de Charles III, est surnommé le Victorieux et le Libéral; il meurt sans postérité en 1414

Louis II d'Anjou, fils de Louis I, fut son compétiteur au trône de Naples, m. 1417.

23. **Jeanne II**, dite Jeannelle, sœur de Ladislas I, lui succède en 1414, et meurt sans postérité en 1435

Ans de J. C.

tière de Frédéric II, et lui succède avec elle; il m. 1409

Ne laissant point de postérité légitime, il lègue la Sicile à son père Martin II, roi d'Aragon, qui suit:

8. **Martin II**, dit le Vieux, roi d'Aragon, père du précédent, hérite de la Sicile, et meurt sans postérité en 1410

9. **Ferdinand I**, dit le Juste, roi d'Aragon, neveu de Martin II, est proclamé roi de Sicile en 1412, m. 1416

24. **Alphonse V**, dit le Sage et le Magnanime, roi d'Aragon, fils de Ferdinand I, dit le Juste, roi d'Aragon et de Sicile, succède à son père dans ces deux royaumes en 1416, et est appelé au trône de Naples, en 1421, par Jeanne II; il meurt en 1458

Louis III d'Anjou fut son compétiteur au trône de Naples; il m. en 1434. René d'Anjou, son frère, dit le Bon Roi René, et duc de Lorraine, hérita de ses prétentions et devint compétiteur; il m. 1480.

Ans de J. C.

25. Ferdinand I, fils naturel d'Alphonse V, lui succède aux trônes de Naples et de Sicile, m. 1494

Jean d'Anjou, fils du bon roi René, fut son compétiteur et son rival, m. 1470.

26. Alphonse II, fils aîné de Ferdinand I, est attaqué par Charles VIII, roi de France, qui le force d'abdiquer en 1495

27. Ferdinand II, attaqué comme son père par les Français, est obligé de fuir de ses états ; il y fut néanmoins rétabli, m. sans postérité 1496

28. Frédéric II, fils de Ferdinand I, succède à son neveu, est dépouillé en 1501 par Louis XII, roi de France, et Ferdinand-le-Catholique, roi d'Aragon ; il meurt en France sans laisser de postérité mâle 1504

29. Ferdinand II, dit le Catholique, roi d'Aragon, et III du nom, comme roi de Naples et de Sicile, succède à Frédéric II ; il épouse Isabelle,

héritière de Castille, et réunit toutes
les Espagnes et les Siciles, m. 1516
Jeanne-la-Folle, sa fille et son
héritière, porte tous ses royaumes
dans la maison d'Autriche, par son
mariage avec l'archiduc Philippe-
le-Beau, fils de l'empereur Maximilien I.

Rois des Deux-Siciles de la maison d'Autriche.

30. Charles-Quint, empereur, fils de
Jeanne-la-Folle et de Philippe le
Beau, m. 1558
31. Philippe II, roi d'Espagne, fils de
Charles-Quint, m. 1598
32. Philippe III, roi d'Espagne, fils du
précédent, m. 1621
33. Philippe IV, roi d'Espagne, m. 1665
34. Charles II, roi d'Espagne, mort sans
postérité en 1700

La maison de France règne de nouveau.

35. Philippe V, petit-fils de Louis XIV,
est déclaré héritier de Charles II,

roi d'Espagne, en 1700 ; il règne
sur les deux Siciles jusqu'en — 1708

L'empereur Charles VI s'empare de Naples en 1708, comme héritier de la Maison d'Autriche-Espagne, puis de la Sicile en 1719; mais la guerre de 1733 lui fit perdre ces deux royaumes, qui rentrèrent sous la domination d'une branche de la maison d'Espagne.

Victor-Amédée, duc de Savoie, fut aussi momentanément *roi de Sicile*, en 1713 jusqu'en 1719, qu'il céda cette couronne contre celle de Sardaigne.

36. Charles III, fils de Philippe V, est déclaré roi de Naples en 1735 ; il quitte cette couronne en 1759 pour aller succéder en Espagne à Ferdinand VI, son frère ; il cède les deux Siciles à Ferdinand IV, son second fils, qui suit, et meurt — 1788

37. Ferdinand IV, deuxième fils de Charles III, succède à son père en 1759 dans

les royaumes des deux Siciles ; il les perd ensuite dans ses guerres avec la France, et cesse de régner en   1806

Rois de la race impériale de France.

38. Joseph-Napoléon I, frère de S. M. l'empereur des Français, est proclamé roi des deux Siciles en 1806 ; il abdique cette couronne pour aller régner sur les Espagnes en   1808

39. Joachim-Napoléon I, prince français, et grand-amiral de l'empire, beau-frère de S. M. l'empereur, est proclamé roi des deux Siciles en 1808. Il est né le 27 mars 1771 ; il a épousé, le 20 janvier 1800, S. M. Marie-Annunciade-Caroline, sœur de l'Empereur des Français, née le 25 mars 1782. De ce mariage viennent :

1° S. A. R. Mgr. Napoléon-Achille, prince royal, né le 21 janvier 1801 ;

2° S. A. R. Mgr. Napoléon-Lucien-Charles, né le 16 mai 1803 ;

ET DE SICILE.

3° S. A. R. Madame Lætitia-Josèphe, née le 25 avril 1802;
4° S. A. R. Madame Louise-Julie-Caroline, née le 22 mars 1805.

Statistique du royaume de Naples.

Etendue............ 3,500 lieues carrées.
Population.......... 4,600,000 habitans.
Revenus............ 38,000,000 de francs.
Armée.............. 40,000 hommes.

———

La population de la Sicile est de..... 2,000,000 d'habitans.

ROYAUME DE BAVIERE.

Le royaume de Bavière, *Bajoria* ou *Bajoaria*, tire son nom des *Boyens*, peuples venus de la Gaule celtique pour s'établir dans cette partie de l'Allemagne.

La province de ce royaume, située au sud du Danube, faisait autrefois partie de l'ancienne *Vindélicie* et de la *Norique*.

Pepin et Charlemagne rendirent ces peuples tributaires, et annexèrent leur pays à l'empire français. Mais dans le partage qui s'opéra, quelque temps après, entré les enfans de Louis-le-Débonnaire, la Bavière fut érigée en royaume particulier, et servit de souveraineté à quelques uns des descendans de ce monarque, puis elle passa sous la souveraineté des empereurs d'Allemagne, qui lui donnèrent pour souverains les princes issus de la Maison de Wittelsbach, qui descendait elle-même de la race des Carlowingiens.

Ans de J. C.

1. Otton I de Wittelsbach, dit le Grand, réintégré en 1180 dans le duché de

ROYAUME DE BAVIERE.

Ans de J. C.

Bavière par l'empereur Frédéric I, après la déposition d'Henri-le-Lion; il meurt en 1183

2. Louis I, son fils; l'empereur Frédéric II lui concède le palatinat du Rhin; il meurt en 1231

3. Otton II, dit l'Illustre, m. 1253

Henri, son second fils, fait la souche des anciens ducs de la basse Bavière.

4. Louis II, dit le Sévère, porte, par son suffrage, la Maison d'Habsbourg au trône d'Allemagne, m. 1294

Suite des électeurs palatins ou branche aînée, dite Rodolphine.

Ducs et électeurs de Bavière ou branche puînée, dite de Bavière.

5. Rodolphe I, dit le Bègue, continue la branche aînée, et m. 1319
6. Adolphe I, dit le Simple, m. 1327
7. Rodolphe II, dit l'Aveugle, son frère, m. 1353
8. Robert I, dit le Roux, autre frère, m. 1390
9. Robert II, dit le Petit, fils d'Adolphe I, m. 1398
10. Robert III, dit le Bref

1. Louis I, fils de Louis II, dit le Sévère, fonde la branche de Bavière, proprement dite, et est élu empereur d'Allemagne en 1314 sous le nom de Louis V; il m. 1347
Louis et Guillaume, deux de ses fils, vont régner sur le Brandebourg et la Hollande,

ROYAUME DE BAVIERE.

Ans de J. C.

et le Débonnaire, élu empereur d'Allemagne en 1400, m. 1410
Etienne, l'un de ses fils, devient chef de la branche de Simmeren, et père de Louis I, dit le Noir, auteur de la branche de Deux-Ponts, d'où vient le roi de Bavière aujourd'hui régnant.

11. Louis III, dit le Barbu, m. 1436
12. Louis IV, dit le Pieux et le Bon, m. 1449
13. Frédéric I, dit le Victorieux, son frère, m. 1476
Louis, son second fils, fonde la maison comtale de Lœvenstein.
14. Philippe I, dit l'Ingénu, fils de Louis IV, m. 1508
Robert-le-Vertueux, l'un de ses fils, meurt de poison en 1504. Il devient père d'Otton-Henri I, dont l'article viendra plus bas.
15. Louis V, dit le Pacifique, m. sans post. 1544
16. Frédéric II, dit le Sage, son frère, m. 1556
17. Otton-Henri I, fils de Robert-le-Vertueux, et petit-fils de Philippe I, fut surnommé le Magnanime, et m. sans postérité en 1559

où ils fondent des dynasties.
2. Etienne I, dit le Bouclé, fils de Louis I, m. 1375
Etienne, second fils du précédent, fonde la branche d'Ingolstadt, et devient père de la méchante Isabeau, reine de France.
Frédéric, frère du précédent, fonde la branche de Landzhut.
3. Jean I, dit le Pacifique, m. 1397
4. Ernest I, m. 1438
5. Albert I, dit le Pieux, m. 1460
6. Jean II, meurt sans postérité en 1463
7. Sigismond I, son frère, meurt après avoir abdiqué en 1501
8. Albert II, dit le Sage, m. 1508
9. Guillaume I, dit le Constant, m. 1550
10. Albert III, dit le Magnanime, m. 1579
11. Guillaume II, dit le Religieux, m. 1626
12. Maximilien I, dit le Grand, fait entrer dans sa branche l'électorat palatin, m. 1651
13. Ferdinand-Marie I, m. 1679

ROYAUME DE BAVIERE.

Ans de J. C.

La branche de Simmeren devient électorale.

18. Frédéric III, dit le Pieux, chef de la branche de Simmeren, hérite de l'electorat palatin en 1559, et m. 1576
19. Louis V, dit le Facile, m. 1583
20. Frédéric IV, chef de l'union évangélique, m. 1610
21. Frédéric V, zélé protestant, est élu roi de Bohême en 1619, et occasionne la guerre de 30 ans contre la maison d'Autriche, qui le dépouille; il m. 1632

14. Maximilien - Emmanuel I, m. 1726
15. Charles-Albert I, empereur sous le nom de Charles VII en 1742, ne peut se soutenir sur le trône d'Allemagne, malgré l'appui de la France, et meurt de chagrin en 1745
16. Maximilien-Joseph I, m. sans postérité en 1777

Sa succession passe à l'électeur Palatin, Charles - Théodore, chef de la branche aînée. Voyez page suivante, n° 27.

22. Charles-Louis I, son fils, est rétabli par la paix de Westphalie en 1648 ; il meurt en 1680
23. Charles I, mort sans postérité en 1685

La branche de Neubourg devient électorale.

24. Philippe - Guillaume I, chef de la branche de Neubourg, hérite de l'électorat en 1685, m. 1690
25. Jean-Guillaume I, m. 1716

26. Charles-Philippe I, son frère, fonde le palais de Manheim, et meurt sans postérité mâle en ... 1742

La branche de Sulzbach devient électorale.

27. Charles-Théodore I, chef de la branche de Sulzbach, hérite de l'électorat Palatin en 1742, et de la Bavière en 1777; il institue l'ordre du Lion, et meurt sans postérité en ... 1799

La branche de Bischweillers-Deux-Ponts devient électorale et royale.

28. Maximilien-Joseph I, chef de la branche de Bischweillers-deux-Ponts-Birckenfeld, hérite de la Bavière en 1799, et l'érige en royaume en 1806. Ce monarque est né le 27 mai 1756. Il s'est marié, 1° le 30 sept. 1785, à Marie-Wilhelmine-Auguste de *Hesse-Darmstadt*, morte le 30 mars 1796; 2° le 9 mars 1797, à Frédérique-Wilhelmine-Caroline, princesse de Bade, née le 13 juillet 1776, aujourd'hui régnante.

ROYAUME DE BAVIERE.

Princes et princesses du premier lit.

1° S. A. R. Monseigneur Louis-Charles-Auguste, PRINCE ROYAL, né le 25 août 1786, marié le 12 octobre 1810, à Thérèse-Charlotte-Louise-Amélie de Saxe-Hildbourghausen, née le 8 juillet 1792.

2° S. A. R. Monseigneur Charles-Théodore-Maximilien-Auguste, né le 7 juillet 1795.

3° S. A. R. Madame Auguste-Amélie, née le 21 juin 1788, mariée le 13 janvier 1806, à S. A. I. et R. Monseigneur le PRINCE EUGÈNE, prince français, grand-duc héréditaire de Francfort, et vice-roi d'Italie, né le 3 septembre 1780. (*Voyez Grand Duché de Francfort.*)

4° S. A. R. Madame Charlotte-Auguste, née le 8 février 1792, mariée le 8 juin 1808, à S. A. R. Monseigneur Frédéric-Guillaume-Charles, PRINCE ROYAL DE WURTEMBERG, né le 27 septembre 1781. (*Voyez Wurtemberg.*)

Princesses du second lit.

1° S. A. R. Mme Elisabeth-Louise,
2° S. A. R. Mme Amélie-Auguste,
} nées jumelles le 12 novembre 1801.

ROYAUME DE BAVIERE.

3° S. A. R. Mme Frédérique-Sophie-Dorothée-Wilhelmine,
4° S. A. R. Mme Marie-Anne-Léopoldine, } nées jumelles le 27 janvier 1805.

5° S. A. R. Madame Maximilienne-Joséphine-Caroline-Elisabeth, née le 21 juillet 1810.

Princesses sœurs de S. M. le roi de Bavière.

S. M. Marie-Amélie-Auguste, sœur de S. M. le roi de Bavière, née le 11 mai 1752, mariée à Frédéric-Auguste, Roi de Saxe, aujourd'hui régnant, né le 23 décembre 1750. (*Voyez* Royaume de Saxe.)

S. A. S. Madame Marie-Anne, née le 18 juillet 1753, mariée, le 30 janvier 1780, à S. A. S. Monseigneur le duc Guillaume de Bavière, né le 10 nov. 1752 (*Voyez* page 301.)

Princesse douairière Palatine et de Bavière.

S. A. I. et R. Madame Marie-Anne-Léopoldine, Archiduchesse d'Autriche, née le 11 décembre 1776, mariée à S. A. S. l'électeur palatin Charles-Théodore, mort le 16 février 1799. (*Voyez* page 298.)

Princes de la maison royale de Bavière, de l'ancienne branche de Deux-Ponts-Birckenfeld.

S. A. S. Monseigneur le duc Guillaume de Bavière, chef de l'ancienne branche de *Deux-Ponts-Birckenfeld*, né le 10 nov. 1752, marié, le 30 janv. 1780, à S. A. S. Madame Marie-Anne DE BAVIÈRE, sœur du roi de Bavière, aujourd'hui régnant, née le 18 juillet 1753. De ce mariage viennent :

1° S. A. S. Monseigneur Pie-Auguste, né le 1 août 1786, marié, le 26 mai 1807, à S. A. S. Madame Marie-Louise-Julie, PRINCESSE D'AREMBERG, née le 10 avril 1789. De ce mariage vient :

S. A. S. Maximilien-Joseph, né le 4 décembre 1808.

2°. S. A. S. Madame Marie-Elisabeth-Amélie-Françoise, née le 9 mai 1784, mariée, le 9 mars 1808, à S. A. S. Monseigneur Alexandre I, PRINCE DE NEUFCHATEL et DE WAGRAM, vice-connétable de l'empire français, né le 30 décembre 1753. (*Voyez* Principauté de Neufchâtel.)

ROYAUME DE BAVIÈRE.

Princesse douairière de Deux-Ponts.

S. A. R. Madame Marie-Amélie-Auguste de Saxe, sœur du roi de Saxe, née le 26 septembre 1757, veuve le 1er avril 1795 de S. A. S. Monseigneur le duc Charles-Auguste de Deux-Ponts, frère de S. M. le roi de Bavière aujourd'hui régnant.

Statistique du royaume de Bavière.

Étendue............	5,570 lieues carrées.
Population...........	3,700,000 habitans.
Revenus............	50,000,000 de francs.
Armée.............	60,000 hommes.

ROYAUME DE SAXE.

Les Saxons sortirent du Holstein et du Jutland pour s'établir dans l'Allemagne septentrionale. On donna le nom de *Westphales* à ceux qui passèrent le Weser vers le couchant, et celui d'*Ostphales* à ceux qui se fixèrent entre l'Elbe et l'Oder. Witickind, roi des Saxons, soutint long-tems contre Charlemagne l'indépendance et la liberté de sa nation; il finit cependant par se soumettre et se faire chrétien.

                                    Ans de J. C.

1. Witickind I, dit le Grand, duc ou roi des Saxons, et duc d'Angrie, m.   811
    Witickind, son fils, du même nom que lui, dont il sera question page 308, fonde la branche de Wettin, d'où vient la maison royale de Saxe d'aujourd'hui.

2. Wigbert I, duc de Saxe et d'Angrie, meurt   825
    Walpert, son second fils, fonde la branche d'Oldenbourg, dont les rameaux règnent aujourd'hui en Russie, en Suède, en Danemarck.

ROYAUME DE SAXE.

	Ans de J. C.
3. Brunon I, m.	840
4. Ludolphe I, dit le Grand, m.	864
5. Brunon II, tué à la bataille d'Ebersdorf contre les Normands, en	881
6. Otton I, dit le Grand et l'Illustre, refuse la couronne impériale d'Allemagne, et m.	912
7. Henri I, dit l'Oiseleur, élu empereur d'Allemagne en 919, m.	936

Suite des ducs de Saxe de la branche aînée.	*Ducs de Bavière de la maison de Saxe.*	
8. Otton II, dit le Grand, duc de Saxe et empereur d'Allemagne, cède la Saxe à la maison de Billung, et m. 973	1. Henri I, dit le Querelleur, fils de Henri, dit l'Oiseleur, est créé duc de Bavière en 942, et m.	955
Suite des empereurs d'Allemagne de la maison de Saxe.		
Otton III, dit le Roux, son fils, empereur ou roi de Germanie, m. 983.	2. Henri II, dit Hézillon ou le Jeune, m.	995
Otton IV, dit la Merveille du monde, fils d'Otton III, empereur d'Allemagne, m. 1002.		
Henri II, dit le Saint, fils de Henri-le-Querelleur, duc de Saxe et de Bavière, m. 1024.	3. Henri III, dit le Saint, second du nom comme empereur d'Allemagne, m.	1024

La maison de Billung devient électorale de Saxe.

Ans de J. C.

9. Herman I, de l'illustre maison de Billung-Stubenskorn, obtient la Saxe, et m. 973
10. Bernard I, son fils, appelé par quelques uns Bennon, m. 1010
11. Bernard II, m. 1062
12. Otton III, m. 1073
13. Magnus I, m. 1106

    Wulfilde, sa fille aînée, épouse Henri-le-Noir, duc de Bavière, de la maison d'Est, et devient mère de Henri II, dit le Superbe, duc de Saxe et de Bavière, dont il sera question plus avant.

    Eilike, fille puînée de Magnus I, épouse Otton de Ballœnstadt et d'Ascanie ou d'Anhalt, à qui elle porte le Brandebourg, qui dépendait alors de la Saxe. De ce mariage vint Albert l'Ours, margrave de Brandebourg, souche de l'illustre maison d'Anhalt, et père de Bernard III, duc de Saxe, dont l'article viendra plus bas.

La maison de Supplenbourg donne un duc de Saxe.

Ans de J. C.

14. Lothaire, comte de Querfurt et de Supplenbourg, fut pourvu du duché de Saxe par l'empereur Henri V, à la mort du duc de Magnus I, qui ne laissait point de postérité mâle; mais ce même Lothaire, ayant été élevé à l'empire en 1125, conféra le duché de Saxe à Henri-le-Superbe, duc de Bavière, qui suit. Lothaire mourut, sans postérité, en   1137

La maison d'Est-Bavière devient ducale de Saxe.

15. Henri II, dit le Superbe, duc de Bavière, de la maison d'Est, et petit-fils par sa mère Wulfilde de Magnus I, duc de Saxe, fut mis en possession de ce duché par l'empereur Lothaire de Querfurt, et mourut en   1139

16. Henri III, dit le Lion, son fils, duc de Saxe et de Bavière, proscrit et dé-

pouillé par l'empereur Frédéric I, qui donne la Bavière à la maison de Wittelsbach, et la Saxe à la maison d'Anhalt, en 1180. Henri mourut en 1195
    Guillaume, fils de ce prince, fonde la maison de Brunswick, qui règne aujourd'hui sur l'Angleterre.

La maison d'Anhalt devient ducale de Saxe.

17. Bernard III, fils d'Albert-l'Ours, comte d'Anhalt et margrave de Brandebourg et d'Eilike, fille de Magnus I, duc de Saxe, est pourvu de ce duché, en 1180, par l'empereur Frédéric I, qui en dépouille Henri-le-Lion. Bernard m.   1212
    Henri, dit le Gras et le Vieux, second fils de Bernard III, est la souche de l'illustre maison d'Anhalt de nos jours.
18. Albert I, son fils aîné, m.   1260
    Jean, son second fils, donne l'origine à la maison de Saxe-Lawenbourg, éteinte en 1689.
19. Albert II, m.   1298

	Ans de J. C.
20. Rodolphe I, m.	1356
21. Rodolphe II, m.	1370
22. Wenceslas I, son frère, tué au siège de Zell en	1388
23. Rodolphe III, empoisonné en	1418
24. Albert III, son frère, mort sans postérité en	1422

Le duché de Saxe, à la mort d'Albert III, est dévolu à Frédéric-le-Belliqueux, margrave de Misnie, descendant en ligne directe et légitime de Witickind-le-Grand. Je rapporte ici sa généalogie entière.

Branche de Saxe-Wettin qui devient margraviale de Misnie et de Thuringe, puis électorale et royale de Saxe et de Pologne.

Witickind, fils puîné de Witickind-le-Grand dont il a été parlé, page 303, est pourvu du comté de *Wettin*, dont sa branche prend le nom distinctif; m.	840
Dithmar I, m.	900

ROYAUME DE SAXE.

Ans de J. C.

Dithmar II, créé, en 935, margrave de Misnie, m.	940
Thierri I, m.	980
Dedon I, tué en	1009
Thierri II, m.	1039
Dedon II, hérite de la Lusace, et m.	1075
Dedon III, mort sans postérité, en	1100
Conrad I, dit le Pieux, son frère, m.	1157
Otton I, dit le Riche, à cause de la découverte qu'il fit des mines d'argent de Freyberg, m.	1189
Albert I, dit le Superbe, empoisonné en	1195
Thierri III, son frère, dit l'Exilé, m.	1220
Henri I, dit l'Illustre et le Clément, obtient le landgraviat de Thuringe, qu'il ajoute à ses autres possessions; il meurt en	1288
Albert II, dit le Dénaturé, sacrifie les intérêts de ses enfans légitimes pour le jeune *Apicius,* qu'il avait eu d'une concubine, m.	1314
Frédéric I, dit le Mordu, m.	1326

ROYAUME DE SAXE.

Ans de J. C.

Frédéric II, dit le Sérieux, refuse la couronne impériale, m. 1349

Frédéric III, dit le Vaillant, m. 1381

La maison de Wettin hérite du duché de Saxe.

25. (1) Frédéric I du nom, comme duc de Saxe, mais quatrième du nom comme comte de Wettin, margrave de Misnie, et fils de Frédéric III, dit le Vaillant, fut pourvu de l'électorat de Saxe en 1423, après la mort d'Albert III, de la maison d'Anhalt ; il fut surnommé le *Belliqueux*; m. 1428

26. Frédéric II, dit le Pacifique, électeur de Saxe, m. 1464

Albert, dit le Courageux, son second fils, fonde la branche Albertine, qui obtient l'électorat à la place de la branche aînée. (*Voyez* page 312 l'article Maurice I, n° 31.

---

(1) Ce numéro se rapporte aux électeurs-ducs de Saxe, dont Frédéric IV, de la branche de Wettin, dit le Vaillant, devint le vingt-cinquième, en succédant à Albert III, dont il est question page 308.

Ans de J. C.

27. Ernest I, devient chef de la branche Ernestine, m. 1486
28. Frédéric III, dit le Sage, refuse la couronne impériale, se déclare le protecteur de Luther, et meurt sans postérité en 1525
29. Jean I, dit le Constant, son frère, célèbre par la confession d'Augsbourg, qu'il se charge de présenter à l'empereur Charles-le-Quint, m. 1532
30. Jean-Frédéric I, se fait chef des protestans, est vaincu et dépouillé par Charles-le-Quint en 1548, m. 1554

    Jean-Frédéric, son fils, donne asile à Grumbach, assassin de l'évêque de Wurzbourg, et se fait mettre au ban de l'empire. Il meurt dépouillé après une captivité de vingt-huit ans.

    Jean-Guillaume, autre fils de l'électeur Jean-Frédéric I, fonde la branche de Saxe-Gotha-Altembourg, d'où viennent celles de Weymar, de Gotha, d'Eisenach, d'Iéna, de Meinungen, d'Hildbourghausen, de Sualfeld-Cobourg de nos jours.

ROYAUME DE SAXE.

La branche puînée, dite Albertine, devient régnante.

Ans de J. C.

31. Maurice I, petit-fils d'Albert-le-Courageux, chef de la branche Albertine, obtient l'électorat de Saxe, à l'expulsion de Jean-Frédéric I son cousin, et meurt sans postérité mâle en 1553
32. Auguste I, dit le Pieux, frère de Maurice I, lui succède, m. 1586
33. Christian I, fils du précédent, m. 1591
34. Christian II, meurt sans postérité en 1611
35. Jean-Georges I, m. 1656
36. Jean-Georges II, m. 1680
37. Jean-Georges III, m. 1691
38. Jean-Georges IV, mort sans postérité en 1694

La maison de Saxe devient royale de Pologne.

39. Frédéric-Auguste I, électeur de Saxe, élu roi de Pologne en 1697, m. 1733
40. Frédéric-Auguste II, électeur de Saxe, roi de Pologne, m. 1763

ROYAUME DE SAXE.

Ans de J. C.

41. Frédéric Christian I, meurt la même année qu'il succède en Saxe.　　1763

42. Frédéric-Auguste III, aujourd'hui glorieusement régnant, érige son électorat en royaume, en 1806, et obtient le *duché de Varsovie*, en 1807, par le traité de Tilsitt. Ce monarque est né le 23 décembre 1750; il s'est marié, le 29 janvier 1769, à Marie-Amélie-Auguste, Princesse de Bavière, sœur du roi, née le 11 mai 1752. De ce mariage vient :

S. A. R. Madame Marie-Auguste-Antoinette, princesse royale de Saxe, fille unique, née le 21 juin 1782.

Princes frères de S. M. le roi de Saxe.

S. A. R. Monseigneur Antoine-Clément, né le 27 décembre 1755, marié 1° à Marie-Charlotte-Antoinette de Savoie, morte le 30 décembre 1782; 2° le 18 octobre 1787 à Marie-Thérèse-Josephe-Charlotte-Jeanne, archiduchesse d'Autriche, sœur de S. M. l'empereur d'Autriche, François I, née le 14 janvier 1767. Il n'existe aucun enfant de ces deux mariages.

ROYAUME DE SAXE.

S. A. R. Monseigneur Maximilien-Marie, né le 13 avril 1759, marié, le 9 mai 1792, à Caroline-Marie-Thérèse DE PARME, morte le 1 mars 1804. De ce mariage viennent :

1° S. A. R. Frédéric-Auguste-Albert-Marie, né le 18 mai 1797.

2° S. A. R. Clément-Marie-Joseph, né le 1 mars 1798.

3° S. A. R. Jean-Népomucène-Marie, né le 12 décembre 1801.

4° S. A. R. Madame Marie-Amélie-Frédérique, née le 10 août 1794.

5° S. A. R. Madame Marie-Ferdinande-Amélie-Xavière, née le 27 avril 1796.

6° S. A. R. Madame Marie-Anne-Caroline, née le 15 novembre 1799.

7° S. A. R. Madame Marie-Josephe, née le 6 décembre 1803.

Princesses sœurs de S. M. le roi de Saxe.

S. A. R. Madame Marie-Amélie-Auguste, née le 26 septembre 1757, mariée à S. A. R. Monseigneur le duc Charles-Auguste de Deux-Ponts, frère de S. M. le roi de Bavière, mort le 1ᵉʳ avril 1795. Cette princesse est connue sous le nom de duchesse *douairière de Deux-Ponts.*

S. A. R. Madame Thérèse-Marie-Josephe-Anne-Antoinette-Walpurge-Ignace-Madeleine-Xavière-Augustine-Louise-Fortunée, née le 27 février 1761.

Statistique du royaume de Saxe, non compris le duché de Varsovie.

Etendue............ 800 milles carrés.
Population......... 2,020,000 habitans.
Revenus............ 30,000,000 de francs.
Armée.............. 25,000 hommes.

DUCHÉ DE VARSOVIE.

Le duché de Varsovie s'est élevé sur les débris de l'ancien royaume de Pologne, qui était la patrie des anciens *Sclaves* et *Sarmates*. Longtems les Polonais ont été les peuples les plus belliqueux du nord de l'Allemagne. Leurs dissensions domestiques furent dans la suite la seule cause de leur décadence.

Ans de J. C.

1. Leck I, considéré comme le premier fondateur de la monarchie polonaise, sous le titre de duc de Pologne, vers l'an   550
2. Wissimir I, son fils, fait bâtir Wismar et Dantzick vers l'an   610
3. Cracus I, règne vers l'an   700
4. Leck II, son fils, règne en   748
   Il fut déposé par le peuple.
5. Vanda I, sœur du précédent, lui succède, et se précipite dans la Vistule en   751

    Ici s'éteint la race de Leck I, et vient un interrègne, pendant lequel l'état est gouverné par douze palatins.

Ans de J. C.

6. Prémislas-Leszko I, Polonais d'une origine plébéienne, délivre sa patrie des Hongrois qui voulaient l'asservir, et est élu duc par la nation assemblée. Il gouverne sagement, et meurt sans postérité en ... 804

7. Leszko II, Polonais d'une origine plébéienne, est élu en 804, et fait le bonheur de ses sujets, m. ... 810

8. Leszko III, son fils succède au trône et aux vertus de son père, m. ... 815

9. Popiel I, déshonore son règne par des débauches et une oisiveté coupables, meurt en ... 830

10. Popiel II ajoute aux vices de son père une cruauté qui le fait considérer comme un monstre; il meurt lui et tous ses enfans en ... 842

Dynastie des Piasts.

11. Piast I, simple habitant du village de Cruswic, est élu duc de Pologne, pour mettre fin à l'interrègne qui

DUCHÉ DE VARSOVIE.

Ans de J. C.

avait suivi la mort de Popiel II. Il porte sur le trône des vertus qui ont rendu sa mémoire et ses descendans chers aux Polonais, m.   861

12. Ziémovit I, son fils, lui succède, m.   892
13. Leszko IV, m.   913
14. Ziemomislas I, m.   964
15. Micislas I, m.   992
16. Boleslas I, dit Chrobri ou l'Intrépide, m.   1025
17. Micislas II, m.   1037

Un interrègne de quatre ans arme l'ambition des palatins, et cause des désastres infinis jusqu'à la majorité de Casimir I, qui suit :

18. Casimir I, fils de Micislas II, m.   1058
19. Boleslas II, dit le Hardi, son fils, se déclare et se couronne lui-même roi de Pologne (*ses ancêtres n'avaient pris jusqu'alors que le titre de ducs*), mort en   1081
20. Uladislas I, dit Herman, frère de Boleslas II, m.   1102

DUCHÉ DE VARSOVIE. 319

Ans de J. C.

21. Boleslas III, surnommé Bouche-Tortue, fils du précédent, m. 1138
22. Uladislas II, détrôné en 1146
23. Boleslas IV, frère du précédent, dit le Crépu, m. 1173
24. Micislas III, autre frère, détrôné en 1177
25. Casimir II, dit le Juste, troisième frère d'Uladislas II, succède; il m. 1194

Conrad, son second fils, fonde la branche des ducs de Mazovie et de Cujavie.

26. Leszko V, dit le Blanc, fils aîné de Casimir II, assassiné en 1227
27. Boleslas V, dit le Chaste, meurt sans postérité en 1279
28. Leszko VI, dit le Noir, de la branche des ducs de Mazovie, et arrière-petit-fils de Casimir II, succède à Boleslas V; meurt sans postérité en 1289

Un interrègne de six ans cause de violens troubles.

29. Przemislas II, arrière-petit-fils de Micislas III, succède; il est assassiné en 1296
30. Uladislas III, dit Loketek, frère de

DUCHÉ DE VARSOVIE.

Ans de J. C.

Leszko VI, succède en 1296, et est déposé en 1300

31. Wenceslas I, roi de Bohême, époux de Richsa-Elisabeth, fille de Prémislas II, est appelé au trône de Pologne par la diète qui avait déposé Uladislas III ; mais son règne ne fut que de quatre ans ; les Polonais se soulevèrent contre les gouverneurs qu'il avait établis, et les chassèrent en 1304

Uladislas III est rétabli, et meurt en 1333

32. Casimir III, dit le Grand, fils d'Uladislas III, lui succède ; meurt d'une chûte de cheval en 1370

En lui finit en Pologne la dynastie des Piasts, qui y avait régné pendant 528 ans.

Rois de Pologne et de Hongrie issus de la maison de France.

33. Louis I, dit le Grand, roi de Hongrie, succède au trône de Pologne en

1370; il était fils d'Elisabeth, sœur de Casimir III, roi de Pologne, et de Charles-Robert, roi de Hongrie, arrière-petit-fils de Charles de France, duc d'Anjou, roi de Naples et de Sicile, et frère de Saint-Louis; m. 1382

Il ne laisse que deux filles, dont l'une porte la Hongrie à l'empereur Sigismond, de la maison de Luxembourg, et l'autre la Pologne à Jagellon, grand-duc de Lithuanie, qui suit :

Dynastie des Jagellons.

34. Uladislas V, grand-duc de Lithuanie, appelé auparavant Jagellon, épouse Heedwige, fille de Louis I, qui lui porte en dot la Pologne; il y règne glorieusement; m. 1434
35. Uladislas VI, son fils, lui succède, et est encore élu roi de Hongrie, en 1440; mais il fut tué à la bataille de Warne en 1444
36. Casimir IV, frère du précédent, duc

DUCHÉ DE VARSOVIE.

Ans de J. C.

de Lithuanie, lui succède, et se fait couronner en   1447

37. Jean-Albert I, fils de Casimir IV, meurt sans postérité en   1501

38. Alexandre I, frère du précédent, meurt sans postérité en   1506

39. Sigismond I, autre frère, m.   1548

40. Sigismond-Auguste I, fils du précédent, meurt sans postérité en   1572

En lui finit la dynastie des Jagellons, qui avait régné 186 ans en Pologne.

Rois électifs.

41. Henri I, de Valois, frère de Charles IX, roi de France, est élu roi de Pologne, en 1573 ; le séjour de ce pays lui déplaît, et il quitte furtivement Cracovie pour retourner en France, où la mort de son frère lui laissait le trône vacant, en   1575

42. Etienne Battori I, prince de Transylvanie, élu roi de Pologne en 1575 ; épouse la princesse Anne, sœur de

DUCHÉ DE VARSOVIE.

Ans de J. C.

Sigismond-Auguste I, meurt sans postérité, 1586

43. Sigismond II, fils de Jean III, roi de Suède, et petit-fils, par sa mère, de Sigismond I, roi de Pologne, est élu roi en 1587, m. 1632

44. Uladislas VII, son fils, meurt sans postérité en 1648

45. Jean-Casimir I, son frère, lui succède ; mais les tribulations qu'il éprouve sur le trône le portent à abdiquer en 1668

> Il quitte la Pologne, et se retire en France, où le roi Louis XIV lui donne l'abbaye de Saint-Germain-des-Prés. Il mourut à Nevers en 1672, sans postérité.

46. Michel I, Coributh Wieçnowieçki, fils de Jéremie Wieçnowieçki, palatin de Russie, descendant des Jagellons, fut élu roi en 1669, chancelle sur le trône, et meurt sans postérité en 1673

47. Jean I Sobieski, grand-maréchal de Pologne, fut élu roi en 1674. Son

	Ans de J. C.
génie militaire lui fait délivrer Vienne, assiégée par les Turcs, en 1683; il meurt en	1696

Un interrègne laisse le tems aux factions d'agiter la Pologne, et d'éloigner du trône Jacques Sobieski, fils aîné du dernier monarque.

La maison de Saxe règne sur la Pologne.

48. Frédéric-Auguste I, électeur de Saxe, est élu roi de Pologne en 1697. Charles XII, roi de Suède, le fait déposer, en 1704, pour élire en sa place;

49. Stanislas I Leczinski, roi de Pologne, en 1704, par la protection de Charles XII, roi de Suède; mais il ne peut se soutenir sur le trône que jusqu'en 1709

Frédéric-Auguste I, est rétabli, et règne jusqu'à sa mort arrivée en 1733

50. Frédéric-Auguste II, son fils, lui succède, et m. 1763

51. Stanislas-Auguste I Poniatowski, est élu en 1764; sous son règne la Russie, la Prusse, et l'Autriche, opèrent

le démembrement de la Pologne ; époque funeste pour ce pays, qui cesse dès-lors de former une puissance redoutable ; Stanislas-Auguste, manquant de forces nécessaires pour soutenir convenablement la dignité royale, préfère se démettre, et descend du trône en   1795

52. Frédéric-Auguste III, roi de Saxe, obtient le duché de Varsovie, qui forme une souveraineté particulière en 1807. *Voyez l'article de ce monarque et celui de sa famille, p. 313.*

Statistique du duché de Varsovie.

Etendue............ 715 milles carrés.
Population........ 2,030,000 habitans.
Revénus........... 21,600,000 francs.
Armée............. 20,000 hommes.

ROYAUME DE SUÈDE.

Des peuplades de Scythes, sorties des bords de la mer Caspienne et de la mer Noire, vinrent s'établir en Suède et en Danemarck plusieurs siècles avant Jésus-Christ. Elles chassèrent de ces pays, aussi appelés *Scandinavie*, les peuples *Cimbres* qui habitaient le Juthland, le Schleewick et le Holstein, auxquels on avait donné le nom de *Chersonèse cimbrique*. Les Cimbres, qui descendaient eux-mêmes des Scythes cimmériens, furent obligés de se réfugier, partie en Laponie et partie en Germanie et dans les Gaules, pour faire place aux nouveaux conquérans. Mais Marius, qui fut envoyé contre eux, les défit en deux rencontres, et anéantit presque entièrement cette nombreuse et belliqueuse nation.

La Suède a donné également origine aux *Goths* et aux *Wandales*, si célèbres dans l'histoire de nos premiers siècles. Ces peuples, divisés en *Ostrogoths* et en *Wisigoths*, inondèrent les Gaules, l'Italie et l'Espagne, et y fondèrent des dynasties qui, par leur ancienneté, tiennent le premier rang parmi les familles souveraines de l'Europe.

Les écrivains suédois font remonter l'époque de leur monarchie à la plus haute antiquité; mais ils sont dénués d'actes et de monumens authentiques pour en attester et garantir la vérité; et, quoique je commence la chronologie des rois de Suède à Éric I, je me fais un devoir d'avertir les lecteurs que les faits et les dates n'acquièrent de certitude qu'à compter d'Éric IX.

Ans du monde.

1. Eric I, roi de Suede en l'an du monde 1849
2. Udo.
3. Abo.
4. Othen I.
5. Charles I.
6. Biorn I
7. Gothar I.
8. Gylfo. L'histoire n'a conservé que le nom de ces huit princes, sans donner ni la durée, ni les actions de leur règne.
9. Othen II, règne vers l'an   2600
10. Humblus, vers   2637

ROYAUME DE SUÈDE.

                                                  Ans du monde.

11. Sigtrug I.   2712
12. Suibdager.   2821
13. Hasmund I.   2891
14. Uffo, assassiné en   2983
15. Huning, frère du précédent, règne en 2983
16. Regner, fils d'Huning, règne en   3031
17. Hothebrod I, règne en   3060
18. Attila I.   3125
19. Hother, roi de Suède et de Danemarck, m.   3174
20. Roderic I.   3252
21. Attila II.   3336
22. Bottwuil.
23. Charles II.
24. Grimmer.
25. Tordon.
26. Gothar II.
27. Adolphe.
28. Algot.
29. Eric II.
30. Lindorp. L'histoire se tait sur les actions de ces neuf princes, et ne fait que fournir leur nom.
31. Alaric I, règne en   3916

ROYAUME DE SUÈDE.

	Ans du monde.
32. Eric III, dit le Sage.	3931
	Ans de J. C.
33. Haldan I, son fils.	43
34. Sivard I.	100
35. Eric IV.	169
36. Haldan II.	181
37. Unguin.	194
38. Raguald I.	203
39. Hasmund II.	220
40. Haquin I.	226
41. Othen III.	230
42. Alver I.	235
43. Ingo I, règne en	240
44. Fiolmus I.	262
45. Stingil I.	308
46. Germunder I.	382
47. Haquin II, dit Ringo, règne en	387
48. Egill I.	399
49. Gothar III.	405
50. Adelus I.	433
51. Ostan I.	437
52. Ingémar I.	453
53. Halstan I.	
54. Raguald II.	

ROYAUME DE SUÈDE.

Ans de J. C.

55. Wuartman.
56. Tordon I.
57. Rodolph.
58. Gothar IV.
59. Arthus I.
60. Haquin III.
61. Charles III.
62. Charles IV.
63. Birger.
64. Charles V.
65. Eric V.
66. Torill.
67. Biorn II.
68. Alaric II.

Tous ces princes, au nombre de seize, remplissent un intervalle de 415 ans; mais l'histoire nous voile leurs faits, en nous conservant seulement leurs noms.

69. Biorn III, règne en	816
70. Brant-Amund I.	824
71. Siward II.	827
72. Héroth I.	834
73. Charles VI en	856
74. Biorn IV, meurt en	883

ROYAUME DE SUÈDE.

Ans de J. C.

75. Ingiald I, petit-fils de Brant-Amund, meurt — 891
76. Olaüs I, dit Tratœlia, m. — 900
77. Ingo II, ou Indelgede, m. — 907
78. Eric VI, surnommé Waderhat, m. — 917
79. Eric VII, dit le Victorieux, m. — 940
80. Sthengill II, dit le Débonnaire, m. — 960
81. Eric VIII, m. — 980
82. Olaus II, dit le tributaire, m. — 1018
83. Hasmund III, dit le Brûleur, m. — 1035
84. Hasmund IV, dit Slemme, m. — 1041
85. Haquin IV, dit le Rouge, m. — 1059
86. Stingill III, dit Jungère, m. — 1061
87. Ingo III, dit le Pieux, embrasse le christianisme, et est assassiné en — 1064
88. Halstan II, son frère, m. — 1080
89. Philippe I, m. — 1110
90. Ingo IV, dit le Bon, m. — 1129
91. Raguald III, m. — 1140
92. Magnus I, m. — 1148
93. Suercher I, m. — 1150
94. Eric IX, dit le Saint, tué en — 1160
95. Charles VII, m. — 1168
96. Canut I, dit Ericson, m. — 1192

ROYAUME DE SUÈDE.

	Ans de J. C.
97. Suercher II, m.	1210
98. Eric X, dit Canutson, m.	1220
99. Jean I, m.	1223
100. Eric XI, dit le Bègue, m.	1250
101. Waldemar I, m.	1279
102. Magnus II, m.	1290
103. Birger II, m.	1310
104. Magnus III, dit Smeck, en	1365
105. Albert I, de Mecklembourg, fils d'une sœur de Magnus, m.	1388
106. Marguerite Ire, reine de Danemarck et de Norwège, possède la Suède jusqu'à sa mort.	1412
107. Eric XII, aussi roi de Danemarck, de Suède et de Norwège, chassé en	1439
108. Christophe I, roi de Danemarck et de Suède, chassé en	1448
109. Charles VIII, dit Canutson, dépossédé en	1458
110. Christiern I, roi de Danemarck et de Suède, chassé en	1463
Charles VIII, rétabli en 1464, m.	1470

ROYAUME DE SUÈDE.

Ans de J. C.

Interrègne de treize ans. Stenon-Sture, neveu de Charles Canutson, administre le royaume.

111. Jean II, roi de Danemarck, fils aîné de Christiern I, règne en Suède en 1483, et est dépossédé en   1502

Interrègne de douze ans. Stenon-Sture administre de nouveau, et meurt en 1503. Swante-Nilson-Sture est élu administrateur à sa place, et meurt en 1512. Son fils Stenon-Sture II lui succède dans l'administration du royaume.

112. Christiern II, surnommé le Néron du Nord, roi de Danemarck et de Suède en 1513, est dépossédé en   1523
113. Gustave I, dit Wasa, arrière-petit-fils d'une sœur de Charles VIII, est proclamé roi en 1523, m.   1560
114. Eric XIII, et XIV selon quelques auteurs, son fils, dépossédé en   1568
115. Jean III, frère du précédent, m.   1592
116. Sigismond I, fils de Jean, était déja roi de Pologne lorsqu'il succéda en Suède, meurt sans postérité en 1632, déposé en   1604

ROYAUME DE SUÈDE.

Ans de J. C.

117. Charles IX, troisième fils de Gustave I, est reconnu roi de Suède en 1604, m. — 1611

118. Gustave-Adolphe I, dit le Grand, fils du précédent, tué à la bataille de Lutzen en — 1632

119. Christine Ire, fille unique de Gustave-Adolphe, lui succède en 1633 ; elle abdique en faveur du prince qui suit, en — 1654

120. Charles X, fils de Jean-Casimir, comte Palatin de Bavière-Deux-Ponts, et de Catherine, fille de Charles IX, roi de Suède, est désigné pour successeur par Christine Ire, sa cousine germaine, et reconnu en 1654 ; il meurt en — 1660

121. Charles XI, fils du précédent, abuse de l'autorité souveraine en gouvernant avec despotisme, m. — 1697

122. Charles XII, célèbre par ses victoires ; Voltaire a écrit sa vie ; tué au siège de Frédérichsall en — 1718

123. Ulrique-Eléonore, sœur de Char-

ROYAUME DE SUÈDE.

Ans de J. C.

les XII, lui succède au royaume de Suède; elle associe au trône son époux, dont l'article suit, et meurt 1745

Frédéric I de Hesse-Cassel, époux d'Ulrique-Eléonore, règne sur la Suède en 1720, et meurt sans postérité en 1751

124. Adolphe-Frédéric I, de Holstein-Eutin, est proclamé roi de Suède en 1751. Son règne est agité par des factions, m. 1771

125. Gustave III, son fils, est assassiné en 1792

126. Gustave IV, fils du précédent, abdique, et descend du trône en 1809

127. Charles XIII, oncle du précédent, et fils d'Adolphe-Frédéric I, déclaré ROI DE SUÈDE en 1809, règne aujourd'hui glorieusement. Ce monarque est né le 7 octobre 1748; il a épousé, le 7 juillet 1774, Heedwige-Elisabeth-Charlotte de Holstein-Oldenbourg, aujourd'hui reine régnante, née le 22 mars 1759; il n'existe aucun enfant de ce mariage.

S. A. R. Monseigneur Charles-Jean-Jules, né le

26 janvier 1763, prince héréditaire de la couronne de Suède, marié, en 1798, à Bernardine-Eugénie-Desiré, sœur de S. M. la reine d'Espagne, née le 8 novembre 1781. De ce mariage vient :

S. A. R. Monseigneur François-Joseph Oscar, né le 6 juillet 1799.

Princesse sœur du roi.

S. A. R. Madame Sophie-Albertine, née le 8 octobre 1753.

Statistique du royaume de Suède.

Etendue............	18,000 lieues carrées.
Population........	2,200,000 habitans.
Revenus...........	30,000,000 de francs.
Armée.............	40,000 hommes.

ROYAUME DE DANEMARCK.

Les premiers peuples qui habitèrent le Danemarck eurent une origine commune avec les Suédois; les Scythes, les Cimbres, les Teutons, les Jutes, et les Goths, vinrent ensuite envahir et peupler ces contrées, puis, se trouvant trop resserrés dans les limites de cette peninsule, ils se répandirent dans les Gaules, la Germanie, et l'Italie, en portant par-tout le fer et le feu. Dans des siècles plus avancés, les Danois firent des incursions en Angleterre et en France, et s'y rendirent redoutables par la force de leurs armes, et leur amour pour le butin. Enfin, en 912, Rollon, chef d'une armée danoise qui avait déja plus d'une fois envahi la Normandie, la Bretagne, le Maine, et l'Anjou, s'établit tout-à-fait dans cette première province, et s'en fit déclarer souverain en épousant la fille du roi de France Charles-le-Simple, et en embrassant le christianisme. Le nom de *Normands*, donné à ces nouveaux peuples, tirait son origine de peuples *du Nord*. Ceci se passait sous le règne de Gormo III, roi de Danemarck.

ROYAUME DE DANEMARCK.

L'histoire des princes de Danemarck est environnée de ténèbres, que la fable a encore plus obscurcis, en prétendant les faire connaître depuis l'an du monde 2910. Si je commence leur chronologie à cette époque, c'est en prévenant le lecteur de ne considérer comme certain que ce qui sera subséquent au huitième siècle.

                                          Ans du monde.

1. Danus I, roi en 2910, m. l'an du monde 2951
2. Humblus I, m.   2959
3. Lotherus I, m.   2976
4. Boghius I, m.   2981
5. Siclod I, m.   3061
6. Gram I, m.   3092
7. Suibdager I, m.   3132
8. Guthorm I, m.   3132
9. Hading I, m.   3186
10. Fronthon I, m.   3263
11. Haldan I, m.   3319
12. Roe I, m.   3382
13. Helgo I, m.   3353
14. Rolvo I, m.   3423
15. Holter I, m.   3465
16. Rarick I, m.   3514

ROYAUME DE DANEMARCK.

	Ans du monde
17. Wiglet I, m.	3563
18. Guitlach I, m.	3595
19. Vermund I, m.	3656
20. Uffo I, m.	3686
21. Danus II, m.	3723
22. Huglet I, m.	3775
23. Fronthon II, m.	3805
24. Danus III, m.	3874
25. Fridlews I, m.	3911
26. Fronthon III, m.	3964

	Ans de J. C.
27. Hiarn I, m.	21
28. Fridlews II, m.	33
29. Fronthon IV, m.	79
30. Ingelh I, m.	102
31. Olaüs I, m.	112
32. Fronthon V, m.	131
33. Harald I, m.	137
34. Harald II, m.	141
35. Haldan II, m.	146
36. Unguin I, m.	155
37. Siwald I, m.	177
38. Sigar I, m.	190
39. Siwald II, m.	201

ROYAUME DE DANEMARCK.

	Aus de J. C.
40. Haldan III, m.	261
41. Harald III, m.	327
42. Olaüs II, m.	331
43. Osmund I, m.	341
44. Sivard I, m.	350
45. Buthl I, m.	351
46. Jarmeric I, m.	367
47. Broder I, m.	369
48. Siwald III, m.	379
49. Snio I, m.	401
50. Roderic I, m.	411
51. Suenon I, m.	467
52. Guitlach II, m.	517
53. Herald IV, m.	527
54. Eschyll I, m.	543
55. Vermund II, m.	621
56. Osmund II, m.	696
57. Biorno I, m.	701
58. Balder I, m.	707
59. Harald V, m.	715
60. Gormo I, m.	765
61. Godefroi I, m.	810
62. Olaüs III, m.	811
63. Heming I, m.	812

ROYAUME DE DANEMARCK.

	Ans de J. C.
64. Siward II, m.	814
65. Ringo I, m.	817
66. Regner I, m.	819
67. Harald VI, m.	842
68. Siward III, m.	846
69. Eric I, m.	855
70. Eric II, m.	863
71. Canut I, m.	873
72. Fronthon VI, m.	890
73. Gormo II, m.	897
74. Harald VII, m.	909
75. Gormo III, m.	930
76. Harald VIII, m.	980
77. Suénon II, dit Tuiskeg, m.	1014
78. Canut II, dit le Grand, roi de Danemarck et d'Angleterre, m.	1036
79. Canut III. Harald, son frère naturel, prend possession de l'Angleterre. Canut m.	1042
80. Magnus I, dit le Bon, fils de S. Olaüs, roi de Norwège, m.	1047
81. Suénon III, m.	1077
82. Harald IX, dit le Fainéant, m.	1080

ROYAUME DE DANEMARCK.

Ans de J. C.

83. Canut IV, dit le Saint ou le Martyr, son frère, égorgé en — 1086
84. Olaüs IV, dit le Famélique, autre frère, m. — 1095
85. Eric III, dit le Bon, frère des précédens, m. — 1105
86. Nicolas I, frère des précédens, massacré en — 1135
87. Eric IV, dit Emund, fils d'Eric III, assassiné en — 1137
88. Eric V, dit l'Agneau, petit-fils d'Eric-le-Bon, abdique en — 1147
89. Canut V, tué par les ordres de Suénon, qui suit, en — 1160
90. Suénon IV, tué dans une bataille en — 1162
91. Waldémar I, dit le Grand, fils de S.-Canut, m. — 1182
92. Canut VI, dit le Pieux, fils du précédent, m. — 1202
93. Waldémar II, dit le Victorieux, frère du précédent, m. — 1241
94. Eric VI, fils aîné de Waldémar II, assassiné en — 1250
95. Abel I, frère du précédent, tué en — 1252

ROYAUME DE DANEMARCK.

Ans de J. C.

96. Christophe I, autre frère, m. 1259
97. Eric VII, fils de Christophe, assassiné en 1286
98. Eric VIII, m. 1319
99. Christophe II, frère du précédent, m. 1334
100. Waldémar III, mort sans postérité mâle en 1375
101. Olaüs V, petit-fils de Waldémar III, par Marguerite, fille de ce dernier, mort en 1387
102. Marguerite I, mère d'Olaüs V, et fille de Waldémar III, m. 1396
103. Eric IX, petit-fils de Waldémar III, est élu roi de Danemarck, de Suède, et de Norwège, abdique en 1438
104. Christophe III, de Bavière, neveu, par sa mère, d'Eric IX, est élu roi de Danemarck, de Suède, et de Norwège, meurt sans postérité en 1448

Les trois royaumes du nord sont de nouveau désunis.

105. Christiern I, fils de Thierri-le-Fortuné, comte d'Oldenbourg, est élu roi de Danemarck en 1448, m. 1481

ROYAUME DE DANEMARCK.

Ans de J. C.

106. Jean I, fils du précédent, m. 1513
107. Christiern II, roi de Danemarck, de Suède, et de Norwège, dit le Néron du Nord, meurt en 1559, après avoir été déposé en 1523
108. Frédéric I, dit le Pacifique, fils de Christiern I, m. 1533
109. Christiern II, fils du précédent, m. 1559
110. Frédéric II, m. 1588
111. Christiern IV, m. 1648
112. Frédéric III, m. 1670
113. Christiern V, m. 1699
114. Frédéric IV, m. 1730
115. Christiern VI, m. 1746
116. Frédéric V, m. 1766
117. Christiern VII, m. 1808
118. Frédéric VI, roi de Danemarck et de Norwège, aujourd'hui régnant, est né le 28 janvier 1768; il a épousé, le 31 juillet 1790, Marie-Sophie-Frédérique *de Hesse-Cassel*, née le 8 octobre 1767, aujourd'hui régnante. De ce mariage viennent,

1° S. A. R. Madame Caroline, princesse de Danemarck, née le 8 novembre 1793.

2° S. A. R. Madame Wilhelmine-Marie, princesse de Danemarck, née le 17 janvier 1808.

Princesse sœur du roi.

S. A. R. Madame Louise-Augustine, née le 7 juillet 1771, mariée, le 27 mai 1786, à S. A. S. le duc Frédéric-Christiern, d'Holstein-Sonderbourg-Augustenbourg, né le 28 septembre 1765.

Princesses tantes du roi.

S. M. Sophie-Madeleine, douairière de Gustave III, roi de Suède, née le 3 juillet 1746.

S. A. R. Madame Wilhelmine-Caroline, née le 10 juillet 1747, mariée, le 1 septembre 1764, à S. A. S. Guillaume, landgrave de Hesse-Cassel, né le 3 juin 1743.

S. A. R. Madame Louise, née le 30 janvier 1750, mariée, le 30 août 1766, à S. A. S. le prince Charles de Hesse-Cassel, vice-roi de Norwège, né le 19 décembre 1744.

Princes cousins-germains du roi.

S. A. R. Monseigneur Christiern-Frédéric, prince de Danemarck, né le 18 septembre 1786, marié, le 21 juin 1806, à S. A. S. Madame la princesse Charlotte-Frédérique de Mecklenbourg-Schwerin, née le 4 décembre 1784.

S. A. R. Monseigneur Frédéric-Ferdinand, prince de Danemarck, né le 22 novembre 1792.

Princesses sœurs des deux précédens.

S. A. R. Madame Julienne-Sophie, née le 18 février 1788.

S. A. R. Madame Charlotte-Louise, née le 30 octobre 1789.

Statistique du royaume de Danemarck.

Etendue.........	15,700 lieues carrées.
Population.....	2,400,000 habitans.
Revenus........	40,000,000 de francs.
Armée..........	70,000 hommes.

ROYAUME DE WURTEMBERG.

Le royaume de Wurtemberg se forme de l'ancien duché de ce nom, et de plusieurs seigneuries de la Souabe, avec quelques villes impériales et leur territoire qui y furent annexés en vertu des changemens survenus en Allemagne dans le commencement de ce siècle.

La maison de Wurtemberg a une origine très ancienne et fort illustre; certains généalogistes prétendent même en trouver la source dans la race royale des Mérovingiens.

                                               Ans de J. C.

1. Emeric I, fait construire sur le mont *Capelberg*, le fameux château de *Beutelsbach*, dont il prit le nom distinctif, m.   532
2. Emico I, m.   603
3. Ulric I, m.   685
4. Albert I, m.   752
5. Eberhard I, m.   811
6. Eberhard II, m.   893
7. Emico II, m.   939
8. Henri I, m.   1008

	Ans de J. C.
9. Ulric II, m.	1053
10. Albert II, m.	1087
11. Conrad I, célèbre par le siège de Weinsperg, en 1138, est elevé à la dignité de comte de l'empire, en 1104, m.	1141
12. Ulric III, m.	1148
13. Jean I, m.	1160
14. Louis I, m.	1179
15. Henri II, m.	1230
16. Eberhard III, m.	1258
17. Ulric IV, surnommé au gros-pouce, m.	1265
18. Ulric V, mort sans postérité en	1282
19. Eberhard IV, surnommé l'Illustre, son frère, m.	1325

Ulric, son fils, n'a pas régné, étant mort en 1315, laissant le prince qui suit :

20. Ulric VI, petit-fils d'Eberhard l'Illustre, m.	1344
21. Eberhard V, dit le Querelleur, m.	1392

Ulric, son fils, fut tué à la bataille de Weil, en 1388, laissant le prince qui suit :

22. Eberhard VI, petit-fils d'Eberhard V, fut surnommé le Débonnaire, m.	1417

ROYAUME DE WURTEMBERG.

Ans de J. C.

23. Eberhard VII, dit le Jeune, m. 1419
    Ulric, son second fils, fonde la branche dite de Stuttgard,
24. Louis II, continue la branche aînée, sous le nom d'Aurach, m. 1450
25. Louis III, mort sans postérité en 1457
26. Eberhard VIII, dit le Barbu, son frère, est élevé à la dignité de duc en 1495, meurt sans postérité mâle en 1496
27. Eberhard IX, dit le Jeune, fils d'Ulric chef de la branche de Stuttgard, hérite de la branche d'Aurach en 1496, et meurt sans postérité en 1504
28. Ulric VII, fils d'Henri I, chef de la branche de Montbéliard, hérite d'Eberhard IX, m. 1550
29. Christophe I, dit le Pacifique, m. 1568
30. Louis IV, dit le Pieux, mort sans postérité en 1593
31. Frédéric I, fils de Georges, chef de la branche de Montbéliard, hérite en 1593, m. 1608
32. Jean-Frédéric I, m. 1628
33. Eberhard X, m. 1674

ROYAUME DE WURTEMBERG.

Ans de J. C.

34. Guillaume-Louis I, m. 1677
35. Eberhard-Louis I, meurt sans postér. 1733
36. Charles-Alexandre I, petit-fils d'Eberhard X, m. 1737
37. Charles-Eugène I, fils du précédent, mort sans postérité en 1793
38. Louis-Eugène I, frère du précédent, mort sans postérité mâle en 1795
39. Frédéric-Eugène I, autre frère des précédens, m. 1797
40. Frédéric I, roi aujourd'hui régnant, est né le 6 novembre 1754. Ce prince a érigé le Wurtemberg en royaume, en 1806; il a épousé 1°, le 11 octobre 1780, Augustine-Caroline-Frédérique-Louise de Brunswick-Wolfenbuttel, morte le 27 septembre 1788; 2° le 18 mai 1797, Charlotte-Auguste-Mathilde, princesse royale d'Angleterre, aujourd'hui reine de Wurtemberg, née le 29 septembre 1766.

Enfans du premier lit.

1° S. A. R. Monseigneur Frédéric-Guillaume-Charles, prince royal de Wurtemberg, né le

27 septembre 1781, marié, le 8 juin 1808, à S. A. R. Madame Charlotte-Auguste, princesse royale de Bavière, née le 8 février 1792.

2° S. A. R. Monseigneur Paul-Charles-Frédéric-Auguste, né le 19 janvier 1785, marié, le 28 septembre 1805, à S. A. R. Madame Catherine-Charlotte-Georgine, princesse de Saxe-Hildburghausen, née le 17 juin 1787. De ce mariage viennent :

    a. S. A. R. Monseigneur Frédéric-Charles-Auguste, né le 21 février 1808.

    b. S. A. R. Madame Frédérique-Charlotte-Marie, née le 9 janvier 1807.

    c. S. A. R. Madame Pauline-Frédérique-Marie, née le 25 février 1810.

3° S. M. Frédérique-Catherine-Sophie-Dorothée, princesse royale de Wurtemberg, aujourd'hui reine de Westphalie, née le 2 février 1783, mariée, le 22 août 1807, à S. M. Jérôme-Napoléon I, roi de Westphalie, né le 15 novembre 1784.

Princes frères de S. M. le roi de Wurtemberg.

1°. S. A. R. Monseigneur Louis-Frédéric-Alexandre, duc de Wurtemberg, né le 30 août

1756, ancien général-major au service de Prusse, a épousé 1° la princesse Marie-Anne Czartorinska, morte en 1796; 2° S. A. S. la princesse Henriette de Nassau-Weilbourg, née le 22 avril 1780.

Enfant du premier lit.

a. S. A. S. Monseigneur Adam-Charles-Guillaume-Stanislas-Eugène-Paul-Louis, né le 16 janvier 1792.

Enfans du second lit.

a. S. A. S. Monseigneur Alexandre-Paul-Louis-Constantin, né le 9 septembre 1804.

b. S. A. S. Madame Marie-Dorothée-Louise-Wilhelmine-Caroline, née le 1 novembre 1797.

c. S. A. S. Madame Louise-Amélie-Wilhelmine Philippine, née le 29 juin 1799.

d. S. A. S. Madame Pauline-Thérèse-Louise, née le 11 septembre 1800.

e. S. A. S. Madame Elisabeth-Alexandrine-Constance, née le 27 février 1801.

2° S. A. R. Monseigneur Eugène-Frédéric-Henri, duc de Wurtemberg, né le 21 novembre 1758, ancien général au service de Prusse, marié, le 21 janvier 1787, à S. A. S. Madame la princesse Louise de Stolberg-Gedern, duchesse douairière de Saxe-Meinungen, née le 13 octobre 1764. De ce mariage viennent :

    a. S. A. S. Monseigneur Frédéric-Eugène-Charles-Paul-Louis, né le 8 janvier 1788.

    b. S. A. S. Monseigneur Frédéric-Paul-Guillaume, né le 25 juin 1797.

    c. S. A. S. Madame Frédérique-Sophie-Dorothée-Marie-Louise, née le 4 juin 1789.

3° S. A. R. Monseigneur Guillaume-Frédéric-Philippe, duc de Wurtemberg, ancien général au service de Danemarck, aujourd'hui ministre de la guerre du royaume de Wurtemberg, né le 27 décembre 1761, marié, le 28 août 1800, à S. A. S. Madame la comtesse Frédérique-Françoise-Wilhelmine de Rhodis-Tunderfeld, née le 18 janvier 1777. De ce mariage viennent :

    a. S. A. S. Monseigneur Chrétien-Frédéric-Alexandre, né le 5 novembre 1801.

 b. S. A. S. Monseigneur Guillaume-Frédéric, né en 1810.

4° S. A. R. Monseigneur Ferdinand-Frédéric-Auguste, duc de Wurtemberg, né le 22 octobre 1763, marié, le 18 mars 1795, à S. A. S. Madame la princesse Albertine-Wilhelmine-Amélie de Schwartzbourg-Sondershausen, née le 5 avril 1771.

5° S. A. R. Monseigneur Alexandre-Frédéric-Charles, duc de Wurtemberg, né le 24 avril 1771, marié, le 17 novembre 1798, à S. A. S. Madame la princesse Antoinette-Ernestine de Saxe-Cobourg-Saalfeld, née le 19 août 1779. De ce mariage viennent :

 a. S. A. S. Monseigneur N***, né en décembre 1804.

 b. S. A. S. Monseigneur Alexandre-Frédéric, né en 1810.

 c. S. A. S. Madame Antoinette-Frédérique, née en 1799.

6° S. A. R. Monseigneur Henri-Frédéric-Charles, duc de Wurtemberg, né le 3 juillet 1772.

ROYAUME DE WURTEMBERG.

Princesse sœur du roi et des précédens, impératrice douairière de Russie.

S. M. Marie-Fœdorowna, princesse de Wurtemberg, née le 25 octobre 1759, veuve, le 24 mars 1801, de S. M. l'empereur de Russie Paul I, et mère de S. M. l'empereur de Russie Alexandre I, aujourd'hui régnant.

Statistique du royaume de Wurtemberg.

Etendue .... 860 lieues carrées.
Population...... 1,303,000 habitans.
Revenus........ 17,000,000 de francs.
Armée .... 16,000 hommes.

ROYAUME DE PRUSSE.

Les chevaliers de l'ordre Teutonique subjuguèrent, après une guerre de plusieurs années, les peuples idolâtres qui habitaient la Prusse, et les obligèrent, en 1283, de reconnaître leur ordre pour souverain. Albert-de-Brandebourg, grand-maître de cet ordre, ayant embrassé le luthéranisme, en 1525, fit déclarer la Prusse *Duché séculier*, et fit de cette province une souveraineté héréditaire dans sa famille. La descendance masculine et directe d'Albert ayant cessé dans son propre fils du même nom que lui, Anne, fille et héritière de ce dernier, porta la Prusse dans la maison de Brandebourg, par son mariage avec Jean-Sigismond I, son cousin, électeur de Brandebourg, qui devait également, comme chef de cette maison, hériter de la Prusse, attendu que cette principauté faisait partie du patrimoine d'une branche cadette. Frédéric, électeur de Brandebourg, fit ériger, en 1701, cette province et la Prusse en royaume, sous le nom de royaume de Prusse.

Les rois de Prusse descendent de la maison de

Hohenzollern, célèbre dans les fastes de l'Allemagne, et comme Burgraviale de Nuremberg, et comme ayant une origine commune avec l'illustre maison d'Autriche.

Ans de J. C.

1. Frédéric I, de Hohenzollern, burgrave de Nuremberg, acquiert de l'empereur Sigismond l'électorat de Brandebourg, en 1415, en reçoit l'investiture au concile de Constance, en 1417, et y règne jusqu'à sa mort arrivée en   1440
2. Frédéric II, dit Dent-de-Fer, son fils, réfuse deux fois la couronne de Pologne, et abdique l'électorat de Brandebourg en   1470
3. Albert I, dit l'Achille et l'Ulysse de son tems, frère du précédent, lui succède en 1470, m.   1486

>Frédéric, second fils d'Albert I, devient père d'Albert, grand-maître de l'ordre Teutonique, qui fit entrer le duché de Prusse dans sa maison.

4. Jean I, dit le Cicéron, fils aîné d'Albert I, m.   1499

ROYAUME DE PRUSSE.

                                            Ans de J. C.

5. Joachim I, dit le Nestor, m.   1535
6. Joachim II, dit l'Hector, m.   1571
7. Jean-Georges I, m.   1598
8. Joachim-Frédéric I, m.   1608
9. Jean-Sigismond I, m.   1619
10. Georges-Guillaume I, m.   1640
11. Frédéric-Guillaume I, dit le Grand-Electeur, m.   1688
12. Frédéric III, premier roi de Prusse, en 1701, m.   1713
13. Frédéric-Guillaume II, m.   1740
14. Frédéric IV, dit le Grand-Frédéric, le héros de sa maison et de son siècle, meurt sans postérité en   1786
15. Frédéric-Guillaume III, neveu du précédent, et petit-fils de Frédéric-Guillaume II, succède en 1786, m.   1797
16. Frédéric-Guillaume IV, roi de Prusse, aujourd'hui régnant, né le 3 août 1770, marié, le 24 décembre 1793, à la princesse Louise-Auguste-Wilhelmine-Amélie de Mecklenbourg-Strélitz, morte le 19 juillet 1810. De ce mariage viennent :

1° S. A. R. Monseigneur Frédéric-Guillaume,

ROYAUME DE PRUSSE.

prince royal de Prusse, né le 15 octobre 1795.

2° S. A. R. Monseigneur Frédéric-Guillaume-Louis, né le 22 mars 1797.

3° S. A. R. Monseigneur Frédéric-Charles-Alexandre, né le 29 juin 1807.

4° S. A. R. Madame Frédérique-Louise-Charlotte-Wilhelmine, née le 13 juillet 1798.

5° S. A. R. Madame Frédérique-Wilhelmine-Alexandrine, née le 23 février 1803.

6° S. A. R. Madame Louise-Auguste-Wilhelmine-Amélie, née le 1 février 1808.

Princes frères de S. M. le roi de Prusse.

S. A. R. Monseigneur Frédéric-Charles-Henri, né le 30 décembre 1781.

S. A. R. Monseigneur Frédéric-Guillaume-Charles, né le 3 juillet 1783, marié, le 12 janvier 1804, à la princesse Marianne de Hesse-Hombourg, née le 14 octobre 1783. De ce mariage vient :

    S. A. R. Madame Caroline-Amélie-Wilhelmine, née le 4 juillet 1805.

Princesses sœurs du roi.

S. A. R. Madame Frédérique-Charlotte-Ulrique-

Catherine, née le 7 mai 1767, mariée, le 29 septembre 1791, à S. A. R. Monseigneur Frédéric, prince d'Angleterre, duc d'Yorck, né le 16 août 1763.

S. A. R. Madame Frédérique-Louise, née le 18 novembre 1774, mariée, le 1 octobre 1791, à S. A. S. le prince Guillaume-Frédéric de Nassau-Orange.

S. A. R. Madame Frédérique-Christine-Auguste, née le 1 mai 1780, mariée, le 13 février 1797, à S. A. S. le prince Guillaume de Hesse, né le 28 juillet 1777.

Prince du sang royal de Prusse, neveu du roi.

S. A. R. Monseigneur Frédéric-Guillaume-Louis, neveu du roi, et fils de feu le prince Frédéric-Louis-Charles, frère du roi, né le 30 octobre 1794.

Princesse nièce du roi.

S. A. R. Madame Frédérique-Wilhelmine-Louise-Amélie, sœur du précédent, née le 30 septembre 1796.

ROYAUME DE PRUSSE.

Princesse tante du roi.

S. A. R. Frédérique-Sophie-Wilhelmine, née le 7 août 1751, mariée, en 1767, à S. A. S. le prince Guillaume de Nassau-Orange, mort en 1806.

Prince grand-oncle du roi.

S. A. R. Monseigneur Auguste-Ferdinand, frère du grand Frédéric, né le 23 mai 1730, marié, le 27 septembre 1755, à S. A. R. la princesse Anne-Elisabeth-Louise de Brandebourg-Schwedt, née le 22 avril 1738. De ce mariage viennent :

    a. S. A. R. Monseigneur Frédéric-Guillaume-Auguste, né le 15 septembre 1779, major-général des armées prussiennes.

    b. S. A. R. Madame Frédérique-Dorothée-Louise-Philippine, née le 24 mai 1770, mariée, le 17 mars 1796, à S. A. S. le prince Antoine-Henri de Radziwil, né le 10 juillet 1775.

ROYAUME DE PRUSSE.

Princesses issues du rameau de Schwedt, cousines du roi.

S. A. S. Madame Frédérique-Charlotte-Léopoldine-Louise, abbesse d'Herforden, née le 18 août 1745.

S. A. S. Madame Louise-Henriette-Wilhelmine, née le 24 septembre 1750, mariée, le 25 juillet 1767, à S. A. S. Léopold-Frédéric-François, duc régnant d'Anhalt-Dessau, né le 10 août 1740.

Statistique du royaume de Prusse.

Etendue....	8,000 lieues carrées.
Population..	5,200,000 habitans.
Revenus....	83,000,000 de francs.
Armée......	50,000 hommes.

ROYAUME D'ANGLETERRE.

Les isles britanniques furent subjuguées par les Romains environ soixante ans avant la naissance de Jésus-Christ. Ils s'y maintinrent jusqu'en 443, que les Scots, les Pictes et les Saxons envahirent ces contrées pour s'y fixer. Les Danois et les Normands débarquèrent ensuite en Angleterre à plusieurs reprises, et y formèrent des établissemens considérables. C'est du mélange de tous ces peuples que la nation britannique de nos jours tire son origine. L'Angleterre est l'Albion des anciens.

Ans de J. C.

1. Egbert I réunit en une seule monarchie tous les petits royaumes qui s'étaient formés dans la Grande-Bretagne, et se fait élire roi de toute l'Angleterre en 800, selon Scaliger, ou 802, selon Sponde; il m.   837
2. Ethelwolphe I, m.   957
3. Ethelbald I, m.   862
4. Ethelbert I, frère du précédent, m.   867
5. Ethelred I, autre frère, m.   871

ROYAUME D'ANGLETERRE.

Ans de J. C.

6. Alfred I, dit le Grand, m. 900
7. Edouard I, dit le Vieux, m. 924
8. Aldestan I, m. 940
9. Edmond I, dit le Conquérant, m. 946
10. Ethelred II, m. 956
11. Edwin I, déposé en 959
12. Edgard I, m. 976
13. S. Edouard, second du nom, martyr, m. 979
14. Ethelred III, dépouillé en 1014
15. Suénon I, roi de Danemarck, conquiert l'Angleterre, et s'en fait couronner roi ; il meurt en 1015
    Ethelred III est rétabli ; il meurt en 1016
16. Edmond II, dit Côte-de-Fer, fils du précédent, m. 1017
17. Saint Canut, roi de Danemarck, proclamé roi d'Angleterre, m. 1037
18. Harald I, aussi roi de Danemarck et d'Angleterre, m. 1040
19. Hardi-Canut, roi de Danemarck et d'Angleterre, m. 1042
20. Saint Edouard III, dit le Confesseur, roi de Danemarck et d'Angleterre, m. 1066
21. Harald II, dernier roi de la race da-

ROYAUME D'ANGLETERRE.

Ans de J. C.

noise, est tué à la bataille d'Hasting, qui lui est livrée par Guillaume-le-Conquérant en . 1066

Dynastie Normande.

22. Guillaume I, dit le Bâtard et le Conquérant, fils naturel de Robert I, duc de Normandie, et d'*Arlette*, fille d'un pelletier de Falaise, est appelé au trône d'Angleterre par le testament d'Edouard-le-Confesseur ; il gagne sur Harald II la célèbre victoire d'Hasting, qui lui assure cette couronne ; m. 1087
23. Guillaume II, dit le Roux, second fils du précédent, lui succède en Angleterre, et meurt sans postérité en 1100
24. Henri I, duc de Normandie, dit Beau-Clerc et le Lion, frère du précédent, hérite de l'Angleterre ; ne laisse qu'une fille, et m. 1135

Mahaut ou Mathilde, sa fille, épouse Geoffroi, comte d'Anjou, surnommé

Ans de J. C.

Plantagenet. Leur fils Henri II règne sur l'Angleterre, et y fonde la dynastie des Plantagenets. (Voyez plus bas, n° 26.)

25. Etienne I, comte de Boulogne, fils d'Etienne VI, comte de Blois, et d'Adèle, fille de Guillaume-le-Conquérant, s'empare du trône en 1135, et règne jusqu'à sa mort, arrivée en   1154

Dynastie Angevine, ou des comtes d'Anjou, dite Plantagenet.

26. Henri II, comte d'Anjou, duc de Normandie, fils de Mahaud, dont il a été question ci-dessus, et de Geoffroi d'Anjou, dit Plantagenet, vient régner sur l'Angleterre à la mort d'Etienne I, et m.   1189

27. Richard I, dit Cœur-de-Lion, son frère, célèbre par les croisades et sa prison en Autriche, meurt sans postérité en   1199

28. Arthur I, neveu de Richard I, est dé-

ROYAUME D'ANGLETERRE.

Ans de J. C.

claré roi ; mais il est assassiné par Jean, son oncle, en — 1203

29. Jean I, dit Sans-Terre, usurpe la couronne sur son neveu, qu'il assassine ; il est déposé en — 1215

30. Louis VIII, comte d'Artois, et depuis roi de France, appelé par la nation, et couronné à Londres. Il cède la couronne en — 1217

31. Henri III, fils de Jean I, succède ; m. 1272

32. Edouard IV, dit aux Longues-Jambes, meurt en — 1307

33. Edouard V, dit de Caernarven, déposé, et assassiné dans sa prison en — 1327

34. Edouard VI, m. — 1377

Edouard, son fils, prince de Galles, et connu sous le nom de *prince Noir*, à cause de la couleur de son armure, est un des plus grands héros dont puisse s'enorgueillir l'Angleterre. Il gagna la célèbre victoire de *Poitiers*, où Jean II, roi de France, fut fait prisonnier en 1355. Edouard mourut en 1376, laissant le prince qui suit :

35. Richard II, petit-fils d'Edouard VI, et

Ans de J. C.

fils du prince de Galles, dit le prince Noir, succède en 1377 à son aïeul. Il est dépouillé en 1399 par Henri IV, dont l'article suit, et inhumainement mis à mort dans sa prison en 1400

Branche de Lancastre, dite de la Rose rouge.

36. Henri IV, petit-fils d'Edouard III, et fils de Jean de Gand, comte de Richemond et duc de Lancastre, usurpe la couronne sur Richard II en 1399; il m. 1413

    Sous ce règne l'on voit naître les fameuses dissentions qui donnèrent lieu aux factions connues sous le nom de Rose rouge et de Rose blanche.

37. Henri V, dit de Monmouth, fils du précédent. Son règne est célèbre dans l'histoire de France et par la fameuse bataille d'Azincourt, qu'il gagne en 1415, et par ses liaisons avec le duc de Bourgogne et la méchante Isabeau de Bavière, reine de France, qui lui

ROYAUME D'ANGLETERRE.

Ans de J. C.

vendit ce royaume, et voulut le faire déclarer roi au préjudice du dauphin, son propre fils. Il m. 1422

38. Henri VI, proclamé en 1422, à l'âge de dix mois, roi d'Angleterre à Londres, et roi de France à Paris après la mort de Charles VI. Il ne put se maintenir ni sur l'un ni sur l'autre trône, et mourut massacré en 1472, après avoir été dépouillé en 1461

Branche d'Yorck, dite de la Rose blanche.

39. Edouard VII, de la branche d'Yorck, détrône Henri VI, son cousin, et règne jusqu'à sa mort, arrivée en 1483
40. Edouard VIII, fils du précédent, succède à son père; mais il est dépouillé et mis à mort par Richard III, son oncle, en 1483
41. Richard III, oncle du précédent, lui succède, et est tué à la bataille de Bosworth, qui lui est livrée par Henri VII en 1485

ROYAUME D'ANGLETERRE.

Branche de Tudor.

Ans de J. C.

42. Henri VII, héritier par sa mère de la branche des Lancastres, ou de la Rose rouge, épouse Elisabeth, héritière de la branche d'Yorck, ou de la Rose blanche, et réunit ainsi tous les droits à la couronne d'Angleterre. Il détrône Richard III en 1485, et m. 1509

43. Henri VIII, son fils, lui succède, et se rend célèbre par ses divorces, le supplice de ses femmes, et ses brouilleries avec le saint-siége ; il m. 1547

44. Edouard IX, fils du précédent, lui succède ; mais il meurt sans postérité en 1553

45. Jeanne Gray, proclamée reine le 10 juillet 1553, ne porte la couronne que neuf jours, ayant été détrônée le 19 juillet suivant. Elle fut décapitée le 12 février 1554

46. Marie I, sœur d'Edouard IX, est appelée au trône ; elle meurt sans postérité de Philippe II, roi d'Espagne 1558

ROYAUME D'ANGLETERRE.

Ans de J. C.

47. Elisabeth I, sœur de la précédente, fait décapiter Marie Stuart, reine d'Ecosse, sa cousine, et meurt sans avoir été mariée 1603

La maison de Stuart, régnante en Ecosse, hérite de l'Angleterre.

48. Jacques I, fils de l'infortunée Marie Stuart dont il vient d'être question, et arrière-petit-fils de Henri VIII, par Marguerite Tudor, sa bisaïeule, hérite de l'Angleterre, à laquelle il réunit l'Ecosse, où il régnait sous le nom de Jacques VI. (*V.* p. 384). Il m. 1625

49. Charles I, fils du précédent, décapité en 1649

Cromwell règne, sous le nom de protecteur, depuis 1649 jusqu'en 1658. Son fils Richard lui succède dans le protectorat, mais il ne put s'y maintenir qu'une année; il fut forcé d'abdiquer.

50. Charles II, fils de Charles I, est rétabli sur le trône de ses pères par le général Monck; il meurt sans postérité en 1685

51. Jacques II, frère du précédent, lui succède en 1685 ; il est détrôné en 1688 par Guillaume de Nassau, prince d'Orange, son propre gendre, qui le force à se réfugier en France. Jacques II y meurt à Saint-Germain-en-Laye en 1701. Son expulsion date de 1688

La maison d'Orange règne sur l'Angleterre.

52. Guillaume III de Nassau-Orange, et stathouder de Hollande, détrône Jacques II, son beau-père, et se fait proclamer roi à Londres le 12 février 1689. La princesse Marie, son épouse, fille de Jacques II, est couronnée en même temps. Guillaume ne laissa point de postérité, et régna jusqu'à sa mort, arrivée en 1702

La maison de Stuart règne de nouveau, mais par les femmes seulement.

53. Anne I, fille de Jacques II, est appelée au trône à l'exclusion de ses propres

frères ; elle règne jusqu'à l'époque
de sa mort, arrivée en $\qquad$ 1714
  Elle ne laisse point de postérité de
  Georges, prince de Danemarck.

La maison de Brunswick-Hanovre hérite par les femmes des Stuarts, et vient régner sur l'Angleterre.

54. Georges I de Brunswick-Hanovre, arrière-petit-fils par les femmes de Jacques I, est appelé au trône d'Angleterre à la mort d'Anne I. Il fonde la dynastie qui dure de nos jours, et meurt en $\qquad$ 1727
55. Georges II, son fils, règne trente-trois ans, et m. en $\qquad$ 1760
  Frédéric-Louis, prince de Galles, son fils aîné, meurt en 1751, laissant Georges III, qui suit :
58. Georges III, fils de Frédéric-Louis, prince de Galles, et petit-fils de Georges II, succède en 1760. Ce monarque est né le 4 juin 1738. Il a épousé le 8 septembre 1761 la princesse Sophie-Charlotte DE

Mecklembourg - Strelitz, aujourd'hui reine d'Angleterre, née le 19 mai 1744. De ce mariage viennent :

1° S. A. R. Monseigneur Georges-Frédéric-Auguste, prince de Galles, et régent du royaume d'Angleterre, né le 12 août 1762; marié le 8 avril 1795 à la princesse Caroline - Amélie - Elisabeth de Brunswick-Wolfenbuttel, née le 17 mai 1768. De ce mariage vient :

S. A. R. Madame Caroline - Charlotte-Auguste, née le 7 janvier 1796.

2° S. A. R. Monseigneur Frédéric, duc d'Yorck, né le 16 août 1763, marié le 29 septembre 1791 à la princesse Frédérique-Charlotte-Ulrique-Catherine de Prusse, née le 7 mai 1767.

3° S. A. R. Monseigneur Guillaume-Henri, duc de Clarence, né le 21 août 1765.

4° S. A. R. Monseigneur Edouard-Auguste, duc de Kent, né le 2 novembre 1767.

5° S. A. R. Monseigneur Ernest-Auguste, duc de Cumberland, né le 5 juin 1771.

6° S. A. R. Monseigneur Auguste-Frédéric, duc de Sussex, né le 27 janvier 1773.

ROYAUME D'ANGLETERRE.

7° S. A. R. Monseigneur Adolphe-Frédéric, duc de Cambridge, né le 24 février 1774.

8° S. A. R. Madame Charlotte-Auguste-Mathilde, princesse d'Angleterre, née le 29 septembre 1766; mariée le 18 mai 1797 à S. M. Frédéric I, roi de Wurtemberg, dont elle est la seconde épouse. (*Voyez* WURTEMBERG.)

9° S. A. R. Madame Auguste-Sophie, princesse d'Angleterre, née le 8 novembre 1768.

10° S. A. R. Madame Elisabeth, princesse d'Angleterre, née le 22 mai 1770.

11° S. A. R. Madame Marie, princesse d'Angleterre, née le 25 avril 1776.

12° S. A. R. Madame Sophie, princesse d'Angleterre, née le 3 novembre 1777.

13° S. A. R. Madame Amélie, princesse d'Angleterre, née le 7 août 1783.

Princesse sœur du roi.

S. A. R. Madame Auguste-Frédérique, princesse d'Angleterre, née le 11 août 1737, douairière du duc Charles-Guillaume de Brunswick-Wolfenbuttel, mort le 10 novembre 1806.

ROYAUME D'ANGLETERRE.

Princes neveux du roi.

S. A. R. Monseigneur Guillaume-Frédéric, duc de Glocester et d'Edimbourg, fils du duc de Glocester, mort en 1805, et de Marie Walpole, est né le 15 janvier 1776.

S. A. R. Madame Sophie-Mathilde, sœur du précédent, et nièce du roi, née le 29 mai 1773.

Statistique du royaume-uni de la Grande-Bretagne, comprenant l'Angleterre, l'Ecosse, et l'Irlande.

Etendue..........	15,000 lieues carrées.
Population........	14,000,000 d'habitans.
Revenus..........	600,000,000 de francs.
Armées de terre et de mer, troupes régulières et milices...........	190,000 hommes.
Vaisseaux de ligne..	170
Frégates..........	340

ROYAUME D'ÉCOSSE.

L'Écosse est l'ancienne patrie des *Scots*, qui s'y fixèrent vers le commencement du cinquième siècle : elle était connue du tems des Romains sous le nom de *Calédonie;* elle fut depuis appelée par les habitans du pays de Galles *Albanie*, puis *Scotland* par les propres nationaux. Ce pays forma long-tems un royaume des plus considérables de l'Europe ; mais les Stuarts, qui en étaient possesseurs, ayant été appelés au trône d'Angleterre, le réunirent en 1603 à la Grande-Bretagne.

	Ans du monde.
1. Fergus I, fondateur de la monarchie écossaise en 3672, meurt en	3697
2. Fertaire I, frère du précédent, m.	3712
3. Maine I, fils de Fergus I, m.	3741
4. Dornadille I, fils du précédent, m.	3769
5. Nothate I, frère du précédent, m.	3789
6. Reuder I, fils de Donardille I, m.	3815
7. Reute I, neveu du précédent, abdique en	3832
8. Thérée I, neveu de Reute I, m.	3844

ROYAUME D'ÉCOSSE.

Ans du monde.

9. Josine I, fils du précédent, m. 3868
10. Finacème I, m. 3898
11. Drueste I, m. 3907
12. Evene I, m. 3926
13. Gille I usurpe, m. 3928
14. Evene II, neveu de Finacème I, m. 3945
15. Eder I, petit-fils de Drueste I, résiste à Jules-César, et meurt en 3993
16. Evene III, fils du précédent, étranglé en 4000

Ans de J. C.

17. Metellan I, honoré par Auguste du nom d'ami et d'allié, m. 35
18. Caractaque I, m. 57
19. Corbrede I, m. 75
20. Dardane I, mis à mort en 78
21. Corbrede II, surnommé Galgaque, m. 113
22. Lugtaque I, massacré en 116
23. Mogal I, massacré en 152
24. Conar I, meurt en prison en 160

Argade, comte d'Argill, gouverne pendant un interrègne de quelques années.

25. Ethode I, neveu de Mogal I, massacré en 199
26. Satrahel I, étranglé en 203

ROYAUME D'ÉCOSSE.

Ans de J. C.

27. Donald I, m. 224
28. Ethode II, déposé en 240
29. Atirco I, se poignarde en 252
30. Nartholoque I, usurpe ; il est poignardé en 263
31. Findoque I, assassiné en 273
32. Donald II, m. 274
33. Donald III, est assassiné en 284
34. Cratlinic I, fils de Findoque I, m. 308
35. Fincormaque I, m. 355
36. Romaque I, assassiné en 358
37. Angusian I, tué contre les Pictes en 360
38. Fetelmaque I, m. 363
39. Eugène I, m. 411
40. Fergus II, tué dans une bataille contre les Romains en 427
41. Eugène II, m. 449
42. Dongard I, m. 454
43. Constantin I, poignardé pour cause de viol en 469
44. Congalle I, m. 501
45. Conrane I, m. 535
46. Eugène III, m. 558
47. Congalle II, m. 568

ROYAUME D'ÉCOSSE.

	Ans de J. C.
48. Kinatelle I, m.	570
49. Aldan I, m.	604
50. Kenneth I, m.	605
51. Eugène IV, m.	620
52. Ferkhard I, m.	632
53. Donald IV, m.	647
54. Ferkhard II, m.	668
55. Malduin I, m.	688
56. Eugène V, m.	692
57. Eugène VI, fils de Ferkhard II, m.	702
58. Amberchelet I, neveu d'Eugène V, m.	704
59. Eugène VII, succède à son frère Amberchelet ; il meurt en	717
60. Mordaché I, neveu d'Amberchelet, m.	730
61. Ethwin I, m.	761
62. Eugène VIII, m.	764
63. Fergus III, empoisonné par sa femme, qui s'en accuse et se poignarde	767
64. Solvathie, m.	787
65. Achanis I, fils d'Etwin I, m.	809
66. Congalle III, m.	814
67. Dongalle I, m.	820
68. Alpin I, m.	823
69. Kenneth II, fils du précédent,	854

ROYAUME D'ÉCOSSE.

Ans de J. C.

70. Donald V, m.   858
71. Constantin II, fils de Kenneth II, m.   874
72. Ethe I, m.   875
73. Grégoire I, fils de Dongalle I, m.   893
74. Donald II, m.   904
75. Constantin III, fils d'Ethe I, m.   943
76. Malcolm I, assassiné en   958
77. Indulphe I, tué d'un coup de flèche en   968
78. Duphe I, assassiné en   973
79. Culène I, tué pour cause de viol en   978
80. Kenneth III, m.   994
81. Constantin IV, tué en   995
82. Grime I, m.   1003
83. Malcolm II, fils de Kenneth III, m.   1033
84. Duncan I, tué par Machabet, qui suit, en   1046
75. Machabet I, usurpe sur Duncan, et est chassé en   1057
86. Malcolm III, fils de Duncan I; il avait épousé sainte Marguerite, arrière-petite-fille d'Edmond Côte-de-fer, roi d'Angleterre. Il meurt en   1093
87. Donald VI, surnommé Banus, frère du précédent, dépouillé par Duncan II en   1094

ROYAUME D'ÉCOSSE.

Ans de J. C.

88. Duncan II, fils naturel de Malcolm III, est chassé à son tour par Donald VI en   1095

Donald VI est rétabli; meurt prisonnier en   1098

89. Edgar I, fils de Malcolm III et de sainte Marguerite; il m. sans postérité en   1107

90. Alexandre I, frère du précédent, est surnommé le Sévère; il meurt sans postérité en   1124

91. David I, frère des précédens, m.   1153

92. Malcolm IV, petit-fils de David I, meurt sans postérité en   1165

93. Guillaume I, dit le Lion, frère du précédent, m.   1214

94. Alexandre II, fils de Guillaume I, meurt sans postérité en   1286

95. Jean I, dit Bailleul, petit-fils par les femmes de David I, est proclamé roi en 1292, mais il est expulsé en   1297

Il se retire en France, où il mourut en 1306.

96. Robert I, dit Brus, arrière-petit-fils de David I par les femmes, m.   1329

ROYAUME D'ÉCOSSE.

Ans de J. C.

97. David II, fils du précédent, est détrôné par Edouard Bailleul en 1332
98. Edouard I, dit Bailleul, fils de Jean I, chasse David II, et s'empare du trône; mais il est obligé d'en descendre lui-même en 1342
David II est rétabli; il meurt sans postérité en 1371

La maison de Stuart règne sur l'Ecosse.

99. Robert II, fils de Walter *Stuart*, grand-sénéchal d'Ecosse, et de Marie, fille de Robert I, dit Bailleul, succède à son oncle maternel David II en 1371; il meurt en 1390
100. Robert III, fils du précédent, m. 1406

Il y a ici un interrègne de dix-huit ans, pendant lequel Robert, duc d'Albanie, et Murdach, son fils, le premier frère, et l'autre neveu de Robert III, administrent et gouvernent.

101. Jacques I, fils de Robert III, assassiné en 1437

Ans de J. C.

102. Jacques II, fils du précédent, tué par accident au siége de Roxborough en   1460
103. Jacques III, fils de Jacques II, tué dans une bataille contre ses propres sujets, en   1488
104. Jacques IV, fils de Jacques III, est tué à la bataille de Floddenfield, contre les Anglais, en   1513
105. Jacques V, fils du précédent, m.   1542
106. Marie I, sa fille unique, lui succède en Ecosse, et épouse François II, roi de France, qui mourut en 1560, sans avoir eu d'enfans d'elle. Cette princesse retourne en Ecosse; elle se brouille avec Elisabeth, sa cousine, reine d'Angleterre, qui la fait arrêter, puis décapiter inhumainement en   1587
107. Jacques VI, fils de Marie I, qui s'était remariée à Henri Stuart-Darnley, son cousin, succède en Ecosse et en Angleterre à cette même Elisabeth qui avait fait mourir sa mère. *Il réunit ces deux royaumes*, et fut le

premier qui prit le titre de ROI DE LA GRANDE-BRETAGNE. (*Voyez* pour sa descendance l'article du royaume d'Angleterre, page 371). Il mourut en 1625

Statistique particulière de l'Ecosse.

Etendue............   3,200 lieues carrées.
Population..........   1,600,000 habitans.

ROYAUME D'IRLANDE.

L'IRLANDE est l'ancienne *Hibernie* ; elle fut quelquefois appelée *Scothie*, ou grande Ecosse. Les Irlandais prétendent tirer leur origine des Scythes, qui s'établirent dans cette isle quinze cents ans avant Jésus-Christ. Les Pictes et les Danois firent de fréquentes incursions ou descentes en Irlande, et n'en furent totalement expulsés que vers le commencement du dixième siècle. Ce pays était divisé en quatre royaumes; savoir, celui d'Ultonie ou Ulster au nord, celui de Mormonie ou Munster au midi, celui de Connacie ou Connaught à l'ouest, et celui de Leinster ou Lagénie à l'est. Il y avait en outre un monarque qui régnait sur toute l'isle, et qui avait l'autorité sur les rois provinciaux. Ce royaume a produit un nombre si prodigieux de saints personnages, qu'il a mérité dans l'histoire le titre d'*Isle des saints*. Henri II, roi d'Angleterre, profitant de quelques troubles qui s'étaient élevés entre Roderick et Dermott, tous deux rois d'Irlande, se saisit de ce royaume en 1172, et en investit son fils Jean-sans-Terre, qui le réunit à l'Angleterre en 1199.

La chronologie des rois antérieurs à Donald-O-Neill n'étant pas certaine, j'ai cru ne devoir la commencer qu'à ce prince.

Ans de J. C.

1. Donald ou Daniel-O (1)-Neill, roi d'Irlande en 956, m.   980
2. Melsechlin ou Malachias, son fils, abdique en faveur de Brien, qui suit, en   1003

---

(1) La lettre O, en Irlande, mise devant un nom, désigne le chef de la famille.

ROYAUME D'IRLANDE.

Ans de J. C.

3. Brien, surnommé Boruma ou le Terrible, roi de Mormonie, est proclamé roi d'Irlande après la cession de Melsechlin; il fut tué en — 1015

Melsechlin règne de nouveau ; il m. — 1023

Un interrègne de vingt ans laisse l'Irlande sans monarque.

4. Dermoth règne vers 1043; il est tué dans une bataille en — 1073

5. Turlogh ou Théodore O-Brien (1), petit-fils de Brien-Boruma, est proclamé roi d'Irlande en 1074; il était

---

(1) C'est de ce monarque que descendait en ligne directe Charlotte-Antoinette-Marie-Septimanie *O-Brien de Thomond,* fille unique de Charles de Thomond, maréchal de France, et épouse d'Antoine-César *de Choiseul-Praslin,* sénateur, qu'elle fit père de Charles-Rainard-Félix de Choiseul-Praslin, aujourd'hui comte de l'empire, et chambellan de S. M. l'Empereur et Roi. Les vertus qui ont honoré la vie de madame de Praslin sont encore présentes à notre esprit, et méritent la reconnaissance de ceux de son siècle. L'auteur de cet ouvrage lui doit particulièrement un tribut qu'il s'empresse de payer à sa mémoire.

ROYAUME D'IRLANDE.

	An. de J. C.
déjà roi de Mormonie, souveraineté qui appartenait en propre à sa famille. Il meurt en	1087
6. Morrough ou Maurice O-Brien, fils du précédent, m.	1120
7. Turlogh ou Théodore O-Conner, roi de Connacie, est proclamé roi d'Irlande; il m.	2157
8. Morrough ou Maurice Mac-Lochlin O-Neill, tué dans un combat en	1136
9. Roderick ou Roger O-Connor, fils de Théodore O-Connor, est dépouillé par Henri II, roi d'Angleterre, en	1172

Depuis cette époque l'Irlande fut réunie à l'Angleterre. (*Voyez* pour la suite de ses rois l'article de la Grande-Bretagne).

Statistique particulière de l'Irlande.

Étendue.............. 3,000 lieues carrées.
Population.......... 3,500,000 habitans.

ROYAUME DE WESTPHALIE.

Le royaume de Westphalie est formé de l'ancien électorat de Hesse-Cassel, d'une partie des anciens duchés de Brunswick, de Hanovre, et d'autres villes et territoires démembrés du royaume de Prusse. Il a été institué en 1807.

Jérôme-Napoléon I, roi de Westphalie, frère de S. M. l'Empereur des Français, est né le 15 novembre 1784; il a épousé le 22 août 1807 la princesse Frédérique-Catherine-Sophie-Dorothée DE WURTEMBERG, née le 2 février 1783, aujourd'hui reine de Westphalie.

Statistique du royaume de Westphalie.

Étendue . . . . 2310 lieues carrées.
Population . . . . 1,920,000 habitans.
Revenus . . . . 35,000,000 de francs.
Armée . . . . 25,000 hommes.

PRINCIPAUTÉ
DE LUCQUES ET DE PIOMBINO.

Lucques était anciennement une des villes principales des Etrusques; elle forma dans la suite une colonie romaine. En 1115, après la mort de la fameuse comtesse Mathilde, elle s'érigea en république, sous la protection des empereurs; mais en 1369 Charles IV de Luxembourg lui vendit sa liberté entière pour cent mille florins d'or. Elle était gouvernée par un gonfalonnier et un sénat. Le premier portait le titre de *prince de la république*.

La principauté de Piombino faisait également partie de l'ancienne Etrurie; elle comptait parmi ses villes principales *Populonia*, place forte qui servait de ville de réunion aux troupes maritimes des Etrusques, et dont les habitans s'occupaient pour la plupart de la navigation. La principauté de Piombino a appartenu aux Pisans, aux Génois, aux maisons d'Appiano, de Visconti, des Ursins; elle se mit ensuite sous la protection des Florentins, des Siennois, puis des empereurs,

P. DE LUCQUES ET PIOMBINO.

du roi d'Espagne, et des Médicis. Elle finit par être possédée par les ducs de Sora, issus d'une famille napolitaine; puis enfin cédée à la France par suite des guerres d'Italie.

En 1805 Lucques et Piombino furent érigés en souveraineté particulière par l'empereur Napoléon-le-Grand, qui en investit son auguste sœur, dont l'article suit :

S. A. I. et R. Madame Marie-Anne-Elisa, sœur de S. M. l'Empereur des Français, née le 3 janvier 1777, grande-duchesse ayant le gouvernement général des départemens de la Toscane, princesse souveraine de Lucques et de Piombino ; mariée le 5 mai 1797 à Monseigneur Félix, prince de Lucques et de Piombino, né le 18 mai 1762. De ce mariage viennent :

1° S. A. I. et R. Madame Napoléon-Elisa, princesse de Piombino, née le 3 juin 1806.

2° Monseigneur Charles-Jérôme, né le 3 juillet 1810.

GRAND-DUCHÉ DE FRANCFORT.

Le grand-duché de Francfort se forme du territoire et de l'ancienne ville impériale de ce nom, de la principauté d'Aschaffenbourg, d'une partie de l'ancien évêché de Fulde, et de la seigneurie de Wertheim.

Le grand-duc de Francfort est en outre prince primat de la Confédération du Rhin, et en préside le collége des rois.

1. Charles I, de l'ancienne et illustre maison des barons d'Alberg, GRAND-DUC de Francfort, PRINCE-PRIMAT de la Confédération du Rhin, PRINCE SOUVERAIN d'Aschaffenbourg, archevêque de Ratisbonne, est né le 8 février 1744.

Grand-duc héréditaire.

S. A. I. et R. Monseigneur Eugène-Napoléon, vice-roi d'Italie, prince de Venise, archichancelier d'état de l'empire français, GRAND-DUC HÉRÉDITAIRE DE FRANCFORT, est né le

GRAND-DUCHÉ DE FRANCFORT.

3 septembre 1780; il a épousé le 13 janvier 1806 la princesse Auguste-Amélie DE BAVIÈRE, née le 21 juin 1788. De ce mariage viennent :

1° S. A. R. Monseigneur Auguste-Napoléon, prince de Venise, né le 8 décembre 1810.

2° S. A. R. Madame Joséphine-Maximilienne-Eugénie-Napoléone, princesse de Bologne, née le 14 mars 1807.

3° S. A. R. Madame Hortense-Eugénie-Napoléone, née le 23 décembre 1808.

Statistique du grand-duché de Francfort.

Étendue.............. 60 milles carrés.
Population........... 278,000 habitans.
Revenus.............. 2,500,000 florins.
Contingent........... 1,400 hommes.

GRAND-DUCHÉ DE BADE

Le grand-duché de Bade est le patrimoine de la famille de ce nom, qui est aussi ancienne qu'illustre, et qui compte pour souche commune avec l'auguste maison d'Autriche les anciens ducs d'Alsace et de Zœhringen. Son alliance avec la France, dans les dernières guerres, lui a procuré le Brisgaw, l'Ortenaw, et une grande partie du palatinat du Rhin.

                                                An de J. C.

1. Herman I, fils puîné de Berthold I, duc de Zœhringen et de Carinthie, épouse Judith *de Calw*, qui lui porte en dot le comté de l'Uffgaw, pays qui forma depuis le territoire de Bade, proprement dit. Herman mourut dans la retraite à l'abbaye de Cluny, et en odeur de sainteté, en   1074
2. Herman II, son fils, m.   1130
3. Herman III, dit le Grand, m.   1160
4. Herman IV, mort en Cilicie en   1190

    Henri, son fils puîné, fonde la branche d'Hochberg, d'où vint celle d'Hochberg-Sausenberg, qui hérita de la principauté de Neufchâtel.

GRAND DUCHÉ DE BADE.

Ans de J. C.

5. Herman V, dit le Pieux, m. — 1243
6. Herman VI, épouse Gertrude, héritière de l'ancienne maison d'Autriche, province dont il fut investi en 1249; il meurt en — 1250
7. Frédéric I, décapité par les ordres du féroce duc Charles d'Anjou, roi de Naples, en — 1268

L'Autriche passe à la maison d'Habsbourg.

8. Rodolphe I, fils puîné d'Herman V, succède à Frédéric I, son neveu, dans les états de Bade; il m. — 1288
9. Herman VII, fils du précédent, m. — 1291
10. Rodolphe II, dit de Pforzheim, m. — 1348
11. Frédéric II, dit le Pacifique, m. — 1353
12. Rodolphe III, dit le Long, m. — 1372
13. Bernard I, m. — 1431
14. Jacques I, dit le Salomon, m. — 1453
15. Charles I, dit le Guerrier, m. — 1475
16. Christophe I, fait construire en 1479 le nouveau château de Bade; il m. — 1529
17. Philippe I, meurt sans postérité mâle en — 1533
18. Bernard II, son frère, m. — 1536

Branche de Bade-Dourlach.

1. Ernest I, fils puîné de Christophe I, fonde

GRAND-DUCHÉ DE BADE.

Ans de J. C.

19. Philibert I, tué à Moncontour en 1569
20. Philippe II, m. sans postérité en 1588
21. Édouard I, petit-fils de Bernard II, m. 1600
22. Guillaume I, 1677
23. Louis-Guillaume I, petit-fils du précédent, le héros de la maison de Bade, et l'un des plus grands capitaines de son siècle ; il bâtit la ville et le château de Rastadt, et m. 1707
24. Louis-Georges I, m. 1761
25. Auguste-Georges I, frère du précédent, m. sans postérité en 1771

la branche de Dourlach; m. 1553
2. Charles I, m. 1577
3. Ernest-Frédéric I, m. sans postérité en 1604
4. Georges-Frédéric I, frère du précédent, m. 1638
5. Frédéric I, m. 1649
6. Frédéric II, m. 1677
7. Frédéric III, dit le Grand, m. 1709
8. Charles-Guillaume I, fonde la ville et le chât. de Carlsruhe ; il m. 1738
Frédéric, son fils, m. avant lui, 1732 et laisse Charles-Frédéric I, qui succède dans tous les états de Bade. Son article suit.

La branche puînée de Dourlach hérite de tous les états de Bade.

26. Charles-Frédéric I, fils de Frédéric de Bade-Dourlach, dont il vient d'être question, hérite de tous les états de Bade, et gouverne pendant un long et glorieux règne. Sa mémoire est encore chère à ses contemporains, et l'histoire citera ses vertus pour

GRAND-DUCHÉ DE BADE.

Ans de J. C.

modèle aux princes qui lui succéderont. Il meurt en 1811

Charles-Louis, fils aîné du précédent, meurt avant lui, en 1801, laissant Charles-Louis-Frédéric, qui suit.

27. Charles-Louis-Frédéric I, successeur de son aïeul au trône de Bade, et aux vertus qui le rendirent si cher à son peuple, promet un règne qui fera retrouver aux Badois le père et le souverain qu'ils ont perdu dans Charles-Frédéric I. Le grand-duc Charles-Louis est né le 11 juin 1786. Il a épousé le 18 avril 1806 S. A. I. et R. Madame la princesse Louise-Adrienne-Stéphanie-Napoléon de France, fille adoptive de S. M. l'Empereur Napoléon I, née le 28 août 1789. De ce mariage vient :

S. A. R. Madame Louise-Amélie-Stéphanie, née le 5 juin 1811.

Princesses sœurs de S. A. R. le grand-duc.

S. A. S. Madame Catherine-Amélie-Christine-Louise, jumelle de S. M. la reine de Bavière, née le 13 juillet 1776.

GRAND-DUCHÉ DE BADE.

S. M. Frédérique-Wilhelmine-Caroline, jumelle de la précédente, née le 13 juillet 1776, a épousé le 9 mars 1797 Maximilien-Joseph, roi de Bavière, né le 27 mai 1756. Cette princesse est régnante aujourd'hui. (*V.* Bavière.)

S. M. Louise-Marie-Auguste-Elisabeth-Alexiewna, née le 24 janvier 1779, a épousé le 9 octobre 1793 Alexandre I, empereur de toutes les Russies, né le 23 décembre 1777. Cette princesse est régnante aujourd'hui. (*Voyez* Russie.)

S. M. Frédérique-Dorothée-Wilhelmine, née le 12 mars 1781, mariée le 31 octobre 1797 à Gustave-Adolphe, roi de Suède, qui a abdiqué en 1809.

S. A. S. Madame Wilhelmine-Louise, née le 10 septembre 1788, mariée le 19 juin 1804 à S. A. R. le prince Louis, grand-duc héréditaire de Hesse-Darmstadt, né le 26 décembre 1777.

GRAND-DUCHÉ DE BADE.

Princes oncles de S. A. R. le grand-duc, nés du premier mariage de S. A. R. le grand-duc Charles-Frédéric I avec la princesse Charlotte-Louise de Hesse-Darmstadt.

Monseigneur Frédéric, prince de Bade, né le 29 août 1756, marié le 9 décembre 1791 à la princesse Christiane-Louise de Nassau-Usingen, née le 16 août 1776.

Monseigneur Louis-Auguste-Guillaume, prince de Bade, né le 9 février 1763.

Princes oncles de S. A. R. le grand-duc, nés du second mariage de S. A. R. le grand-duc Charles-Frédéric I avec madame la comtesse de Hochberg, née Geyer de Geyersberg.

Monseigneur Charles-Léopold-Frédéric, comte de Hochberg, né le 29 août 1790.

Monseigneur Guillaume-Auguste-Frédéric, comte de Hochberg, né le 8 avril 1792.

Monseigneur Maximilien-Frédéric-Jean-Ernest, comte de Hochberg, né le 9 décembre 1796.

Madame Amélie-Christine-Caroline, comtesse de Hochberg, sœur des précédens, née le 26 janvier 1795.

GRAND-DUCHÉ DE BADE.

Princesse mère de S. A. R. le grand-duc.

S. A. S. Madame Amélie-Frédérique de Hesse-Darmstadt, née le 20 juin 1754, douairière de S. A. S. Monseigneur le prince Charles-Louis de Bade, père de S. A. R. le grand-duc régnant, le 16 décembre 1801.

Douairière de S. A. R. le grand-duc Charles-Frédéric I.

Madame Louise-Caroline, comtesse de Hochberg, née Geyer de Geyersberg, le 26 mai 1768, douairière de S. A. R. le grand-duc Charles-Frédéric I, le 10 juin 1811.

Statistique du grand-duché de Bade.

Étendue............	650 lieues carrées.
Population.........	969,000 habitans.
Revenus............	11,000,000 de francs.
Armée.............	8,000 hommes.

GRAND-DUCHÉ
DE BERG ET DE CLÈVES.

Le grand-duché de Berg et de Clèves date sa fondation de 1806.

Chronologie des grands-ducs de Berg et de Clèves.

1. Joachim-Napoléon I, beau-frère de S. M. l'empereur des Français, grand-duc de Berg et de Clèves le 15 mars 1806, porté au trône de Naples en 1808.
2. Napoléon-Louis I, fils aîné du roi Louis-Napoléon, frère de S. M. l'empereur des Français, est né le 11 octobre 1804. Ce prince est grand-duc de Berg et de Clèves depuis le 3 mars 1809.

Statistique.

Etendue............	600 lieues carrées.
Population.........	930,000 habitans.
Revenus............	6,000,000 de francs.
Armée..............	5,000 hommes.

GRAND-DUCHÉ DE HESSE-DARMSTADT.

Le grand-duché de Hesse-Darmstadt se forme de l'ancien landgraviat de ce nom, auquel le souverain actuel a ajouté quelques villes et territoires qui lui ont été concédés à raison de ses alliances avec la France, et de son accession à la confédération du Rhin.

La maison de Hesse a une origine fort ancienne et très illustre, qui ne cède en rien aux familles souveraines les plus considérables de l'Europe.

Chronologie des landgraves, puis grands-ducs de Hesse-Darmstadt.

Ans de J. C.

1. Georges I, dit le Pieux, fils de Philippe-le-Magnanime, landgrave de Hesse, obtient en partage de l'héritage de son père le landgraviat de Darmstadt, dont il forme une souveraineté particulière.

HESSE-DARMSTADT.

Ans de J. C.

qui sert de nom distinctif à sa branche;
il meurt en 1596

Frédéric, son fils puîné, est la souche
de la branche de Hesse-Hombourg.

2. Louis I, dit le Fidèle, son fils aîné, m. 1626
3. Georges II, m. 1661
4. Louis II, m. 1678
5. Louis III, ne règne que quatre mois, et
meurt sans postérité en 1678
6. Louis IV, succède à son frère, m. 1739
7. Louis V, fils du précédent, m. 1768
8. Louis VI, m. 1790
9. Louis VII, grand-duc de Hesse-Darmstadt, aujourd'hui régnant, est né le 14 juin 1753; il a épousé le 19 février 1777 la princesse Louise-Caroline-Henriette de Hesse-Darmstadt, sa cousine, née le 15 février 1761. De ce mariage viennent :

1° S. A. S. Monseigneur Louis, grand-duc héréditaire, né le 26 décembre 1777, marié le 19 juin 1804 à la princesse Wilhelmine-Louise de Bade, née le 10 septembre 1788. De ce mariage viennent :

1° Monseigneur Louis, né le 9 juin 1806,

GRAND-DUCHÉ

2° Monseigneur Charles-Guillaume, né le 23 avril 1809.

2. S. A. S. Monseigneur Louis-Georges-Charles-Frédéric-Ernest, né le 31 août 1780, marié le 29 janvier 1804 à la comtesse Caroline-Ottilie de Nidda, née de Tœrrœk de Zeudræ, le 23 avril 1786. De ce mariage vient :

    Madame la comtesse Louise-Charlotte-Georgine-Wilhelmine, née le 11 novembre 1804.

3° S. A. S. Monseigneur Frédéric-Auguste-Charles, né le 14 mai 1788.

4° S. A. S. Monseigneur Emile-Maximilien-Léopold-Auguste-Charles, né le 3 septembre 1790.

5° S. A. S. Madame Louise-Caroline-Théodore-Amélie, née le 16 janvier 1779, veuve le 16 septembre 1802 de S. A. S. le prince Louis d'Anhalt-Kœthen.

Prince et princesses frère et sœurs de S. A. R. le grand-duc.

S. A. S. Monseigneur Chrétien-Louis, né le 25 nov. 1763, ancien feld-maréchal de l'empire.

DE HESSE-DARMSTADT.

S. A. S. Madame Caroline, née le 2 mars 1746; mariée le 17 septembre 1768 au prince Frédéric-Louis-Guillaume de Hesse-Hombourg, né le 30 janvier 1748.

S. A. S. Madame Amélie-Frédérique, née le 20 juin 1754, veuve le 16 septembre 1801 de S. A. S. le prince Charles-Louis de Bade. Cette princesse est mère de S. A. R. le grand-duc de Bade aujourd'hui régnant. (*Voyez* BADE.)

S. A. S. Madame Louise, née le 30 janvier 1757; mariée le 3 octobre 1775 au prince Charles-Auguste, duc régnant de Saxe-Weimar, né le 3 septembre 1757.

Princesse douairière du prince Georges-Guillaume, oncle du grand-duc régnant.

S. A. S. Madame la princesse Marie-Louise-Albertine de Linange-Heidesheim, née le 16 mars 1749; veuve le 11 juin 1782 du prince Georges-Guillaume, oncle du grand-duc régnant.

BRANCHE DE HESSE-HOMBOURG, ISSUE DE HESSE-DARMSTADT.

Monseigneur Frédéric-Louis-Guillaume-Chrétien, landgrave de Hesse-Hombourg, né le

30 janvier 1748; marié le 27 septembre 1768 à la princesse Caroline de Hesse-Darmstadt, née le 2 mars 1746. De ce mariage viennent :

1° Monseigneur Frédéric-Joseph-Louis, né le 30 juillet 1769.

2° Monseigneur Louis-Guillaume, né le 29 août 1770; marié le 2 août 1804 à la princesse Auguste-Amélie de Nassau-Usingen, née le 30 octobre 1778.

3° Monseigneur Philippe-Auguste-Frédéric, né le 11 mars 1779.

4° Monseigneur Gustave-Adolphe-Frédéric, né le 17 février 1781.

5° Monseigneur Ferdinand-Henri-Frédéric, né le 26 avril 1783.

6° Monseigneur Léopold-Victor-Frédéric, né le 10 février 1787.

7° Madame la princesse Caroline-Louise, née le 26 août 1771, veuve le 18 avril 1807 du prince Louis-Frédéric de Schwarzbourg-Rudolstadt.

8° Madame la princesse Louise-Ulrique, née le 26 octobre 1772; mariée le 19 juin 1793 au prince Charles-Gunther de Schwarzbourg-Rudolstadt, né le 23 août 1771.

DE HESSE-DARMSTADT.

9° Madame la princesse Christiane-Amélie, née le 29 juin 1774; mariée le 12 juin 1792 au prince Frédéric d'Anhalt-Dessau, né le 27 décembre 1769.

10° Madame la princesse Auguste-Frédérique, née le 28 novembre 1776.

11° Madame la princesse Amélie-Marianne, née le 14 octobre 1783; mariée le 12 janvier 1804 au prince Guillaume de Prusse, frère du roi, né le 3 juillet 1783.

Statistique du grand-duché de Hesse.

Etendue................	175 milles carrés.
Population.............	565,800 habitans.
Revenu................	5,000,000 de francs.
Armée.................	4,000 hommes.

GRAND-DUCHÉ DE WURTZBOURG.

Le grand-duché de Wurtzbourg a été formé de l'ancien évêché de ce nom, auquel le souverain actuel a ajouté plusieurs concessions territoriales, qui lui sont échues à raison de ses

GRAND-DUCHÉ DE WURTZBOURG.

alliances avec la France, et de son accession à la confédération du Rhin.

Ferdinand I, archiduc d'Autriche, grand-duc de Wurtzbourg aujourd'hui régnant, frère de S. M. l'empereur d'Autriche, est né le 6 mai 1769; il a épousé la princesse Louise-Marie-Amélie de Naples, morte le 19 septembre 1802. De ce mariage viennent:

1° S. A. I. et R. Monseigneur Léopold-Jean-Joseph, archiduc d'Autriche, grand-duc héréditaire de Wurtzbourg, né le 3 octobre 1797.

2° S. A. I. et R. Madame Marie-Louise, née le 30 août 1798.

3° S. A. I. et R. Madame Thérèse-Françoise-Josèphe, née le 21 mars 1801.

Statistique du grand-duché de Wurtzbourg.

Etendue.............. 120 milles carrés.
Population........... 275,000 habitans.
Revenus.............. 7,000,000 de francs.
Contingent........... 2,000 hommes.

DUCHÉ DE NASSAU-USINGEN.

Le duché de Nassau-Usingen est l'ancien patrimoine de l'auguste maison de ce nom, qui a fourni un empereur à l'Allemagne, et des princes célèbres dans l'histoire moderne. De cette maison viennent les rameaux de Wisbaden, Weilbourg, Idstein, Saarbruck, Usingen, Dillenbourg, Orange, Siegen, Dietz, et Hadamar.

Le duc de Nassau-Usingen préside le collége des princes de la confédération du Rhin.

S. A. S. Monseigneur Frédéric-Auguste, duc de Nassau-Usingen, aujourd'hui régnant, est né le 23 avril 1738; il a épousé le 23 avril 1775 la princesse Louise de Waldeck, née le 20 janvier 1750. De ce mariage viennent:

1° Madame la princesse Christiane-Louise, née le 16 août 1776; mariée le 9 décembre 1791 à S. A. S. Monseigneur le margrave Frédéric de Bade, né le 29 août 1756.

2° Madame la princesse Caroline-Frédérique, née le 30 août 1777; mariée le 9 février 1792 à S. A. S. Monseigneur Au-

DUCHÉ DE NASSAU-USINGEN.

guste-Chrétien-Frédéric, prince d'Anhalt-Koethen, né le 18 novembre 1769.

3° Madame la princesse Auguste-Amélie, née le 30 octobre 1778, mariée le 2 août 1804 au prince Louis-Guillaume de Hesse-Hombourg.

4° Madame la princesse Louise-Marie, née le 18 juillet 1782.

5° Madame la princesse Frédérique-Victoire, née le 22 février 1784.

Princesses nièces du duc régnant.

S. A. S. Madame la princesse Caroline, née le 4 avril 1762; mariée le 2 décembre 1786 au prince Frédéric de Hesse-Cassel.

S. A. S. Madame la princesse Louise-Henriette-Caroline, née le 14 juin 1763.

(*Voyez, pour la statistique de ce duché, à la fin du chapitre suivant.*)

PRINCIPAUTÉ
DE NASSAU-WEILBOURG.

La branche de Nassau-Weilbourg possède une souveraineté qui lui est propre; elle descend, ainsi que celle de Nassau-Usingen, de l'illustre maison de Nassau, et fait partie de la confédération du Rhin.

S. A. S. Monseigneur Frédéric-Guillaume, prince régnant de Nassau-Weilbourg, est né le 25 octobre 1768; il a épousé le 31 juillet 1788 S. A. S. Madame Isabelle, bourgrave de Kirchberg, comtesse de Sayn-Hachenbourg, née le 19 avril 1772. De ce mariage viennent :

1° Monseigneur Georges-Guillaume-Auguste-Henri, prince héréditaire, né le 14 juin 1792.

2° Monseigneur le prince Frédéric-Guillaume, né le 15 décembre 1799.

3° Madame la princesse Henriette-Alexandrine-Frédérique-Wilhelmine, née le 30 octobre 1797.

NASSAU-WEILBOURG.

Princesses sœurs du prince régnant.

S. A. S. Madame Wilhelmine-Louise, née le 28 septembre 1765; mariée le 9 janvier 1786 au prince Henri XIII de Reuss-Greitz, né le 16 février 1727.

S. A. S. Madame la princesse Caroline-Louise-Frédérique, née le 14 février 1770; mariée le 4 septembre 1787 au prince Charles-Louis de Wied-Runkel.

S. A. S. Madame la princesse Amélie-Charlotte-Wilhelmine-Louise, née le 6 août 1776; mariée le 29 octobre 1793 au prince Victor-Charles-Frédér. d'Anhalt-Bernbourg-Schaumbourg, né le 2 novembre 1767.

S. A. S. Madame la princesse Henriette, née le 22 avril 1780; mariée le 28 janvier 1797 au duc Louis-Frédéric-Alexandre de Wurtemberg, né le 30 août 1756. (*Voyez* page 352.)

Statistique du duché de Nassau-Usingen et de la principauté de Nassau-Weilbourg.

Etendue . . . . 108 milles carrés.
Population . . . . 270,000 habitans.
Revenus . . . . 2,500,000 francs.
Contingent . . . . 2,000 hommes.

PRINCIPAUTÉ
DE HOHENZOLLERN-HECHINGEN.

La maison de Hohenzollern-Hechingen a une origine commune avec celle de Brandebourg, devenue royale de Prusse (1). La principauté de Hohenzollern est l'ancien patrimoine des comtes de ce nom, devenus célèbres dans l'histoire d'Allemagne. Ils sont divisés aujourd'hui en deux branches ; 1° celle de Hohenzollern-Hechingen ; 2° celle de Hohenzollern-Sigmaringen.

Ces deux branches font partie de la confédération du Rhin.

S. A. S. Monseigneur Frédéric-Herman, prince de Hohenzollern-Hechingen, né le 22 juillet 1776 ; marié le 26 avril 1800 à S. A. S. Madame Pauline, princesse de Courlande et de Sagan, née le 19 février 1782. De ce mariage vient :
Monseigneur Frédéric-Guillaume Herman, prince héréditaire, né le 16 février 1801.

---

(1) *Voyez* page 357.

Princesses sœurs du prince régnant.

Madame la princesse Louise-Julie-Constance, née le 1er novembre 1774.

Madame la princesse Marie-Antoinette-Philippine-Joséphine, née le 8 février 1781; mariée le 12 juillet 1803 à Monseigneur Frédéric-Louis Truchsess, comte héréditaire de Waldbourg-Capustigal.

Madame la princesse Thérèse-Charlotte, née le 19 janvier 1786.

Madame la princesse Maximilienne-Antoinette, née le 3 novembre 1787.

Madame la princesse Joséphine, née le 14 mai 1790.

Douairière du prince Herman-Frédéric-Otto.

Madame la princesse Marie-Antoinette-Monique, comtesse de Zeil-Wurtzach, veuve en 1810 du prince Herman-Frédéric-Otto, comte de Hohenzollern-Hechingen.

Prince oncle du prince régnant.

Monseigneur François-Xavier, né le 21 mai 1757, feld-maréchal au service d'Autriche; marié le 22 janvier 1787 à Madame la comtesse

DE HOHENZOLLERN-HECHINGEN. 415

Marie-Thérèse de Wildenstein. De ce mariage viennent :

1° Monseigneur Frédéric-Antoine, né le 3 novembre 1790.
2° Monseigneur Frédéric-Adalbert, né le 18 mars 1793.
3° Madame la princesse Frédérique-Julie, née le 21 mars 1792.
4° Madame la princesse Frédérique-Joséphine, née le 7 juillet 1795.

Princesse tante du prince régnant.

Madame la princesse Félicité-Thérèse, née le 18 décembre 1763; mariée au comte de Hohen-Neufchâteau.

Princes grands-oncles du prince régnant.

1° Monseigneur Frédéric-Antoine, né le 24 février 1726, général de cavalerie au service d'Autriche; marié le 17 mai 1774 à la comtesse Ernestine-Joséphine de Sobeck et Kornitz, née le 21 janvier 1753. De ce mariage viennent :

a. Monseigneur Joseph-Guillaume-Frédéric, né le 20 mai 1776.

b. Monseigneur Herman, né le 2 juillet 1777, au service de Prusse; mariée le 29 juillet 1805 à la baronne Caroline de Weyher.

c. Monseigneur Jean-Charles, né le 16 mars 1782; au service de Prusse.

2° Monseigneur Meinrad, né le 20 juin 1730, ancien chanoine de Cologne et de Constance.

Princesse grand'tante, sœur des deux précédens.

Madame la princesse Marie-Anne, née le 7 août 1731, chanoinesse de Buchaw.

(*Voyez, pour la statistique de cette principauté, le chapitre suivant.*)

PRINCIPAUTÉ
DE HOHENZOLLERN-SIGMARINGEN.

La branche de Hohenzollern-Sigmaringen possède une souveraineté qui lui est propre, et fait partie de la confédération du Rhin.

S. A. S. Monseigneur Charles-Antoine, prince

DE HOHENZOLLERN-SIGMARINGEN.

régnant de Hohenzollern-Sigmaringen, est né le 20 février 1785; il a épousé le 4 février 1808 Madame la princesse Antoinette, nièce de S. M. le roi de Naples. De ce mariage vient :

S. A. S. Monseigneur N*** né le 6 juin 1819.

Princesse tante du prince régnant.

Madame la princesse Marie-Crescence-Anne-Jeanne-Françoise, née le 24 juillet 1766, chanoinesse de Buchaw.

Statistique des principautés de Hohenzollern-Hechingen et de Hohenzollern-Sigmaringen.

Étendue................ 22 milles carrés.
Population............. 44,000 habitans.
Revenus................ 400,000 florins.
Contingent............. 400 hommes.

PRINCIPAUTÉ
D'ISENBOURG-BIRNSTEIN.

La maison princière d'Isenbourg est une des plus anciennes familles de l'Allemagne; elle a

PRINCIPAUTÉ

pris son nom du château d'Isenburg, situé dans la Wetteravie, et bâti par Dagobert I, roi de France. Cette famille a fourni les branches de Badingen, Meerholz, Marienborn, Offenbach, Philippseich, et Waechtersbach.

S. A. S. Charles-Frédéric-Louis-Maurice, prince d'Isenbourg, aujourd'hui régnant, est le chef de cette illustre maison; il est né le 29 juin 1766; il s'est marié le 16 septembre 1795 à la princesse Charlotte-Auguste-Wilhelmine d'Erbach-Erbach, née le 4 octobre 1778. De ce mariage viennent:

1° Monseigneur Wolfgang-Ernest, prince héréditaire d'Isenbourg-Birnstein, né le 25 juillet 1798.

2° Monseigneur François-Guillaume, né le 1 décembre 1799.

3° Monseigneur Frédéric-Charles-Victor, né le 22 janvier 1801.

4° Monseigneur Alexandre-Victor, né le 14 septembre 1802.

5° Madame Victoire-Charlotte-Louise, née le 10 juin 1796.

6° Madame Amélie-Auguste, née le 20 juillet 1797.

DISENBOURG-BUENSTEIN. 419

Princes frères du prince régnant.

Monseigneur Wolfgang-Ernest, né le 7 octobre 1774.

Monseigneur le prince Victor, né le 10 septembre 1776.

Princesse douairière du dernier prince régnant.

Madame la princesse Ernestine-Espérance-Victoire de Reuss-Greitz, née le 20 janvier 1756, douairière du prince Wolfgang-Ernest II, le 3 février 1803.

Princesse fille du grand-oncle le prince Ferdinand-Ernest.

Madame la princesse Elisabeth, née le 24 janvier 1753, veuve du comte Georges-Auguste de Solms-Laubach le 1 août 1772.

Princesse douairière du grand-oncle le comte Frédéric-Guillaume.

Madame la princesse Caroline-Françoise-Dorothée, née comtesse de Parkstein, veuve le 22

PRINCIPAUTÉ

octobre 1804 de Frédéric-Guillaume d'Isenbourg-Birnstein, duquel elle a eu :

1° Monseigneur Charles-Théodore-Frédéric, né le 12 août 1778.

2° Monseigneur Ernest-Louis-Casimir, né le 23 janvier 1786.

Statistique de la principauté d'Isenbourg-Birnstein.

Etendue............ 15 milles carrés.
Population......... 35,000 habitans.
Revenus............ 150,000 florins.
Contingent......... 300 hommes.

PRINCIPAUTÉ DE LIECHTENSTEIN.

La maison de Liechtenstein prétend tirer son origine de l'ancienne et illustre maison d'Est, si célèbre dans les fastes de l'Italie et de l'Allemagne. Cette maison a produit deux branches; la première dite la *Caroline*, éteinte en 1712, et la seconde dite *Gundaker*, qui subsiste aujourd'hui, et qui fait partie de la confédération du Rhin.

S. A. S. Charles, prince régnant de Liechtenstein par cession de son père, est né le 14 juin 1803.

Prince père du prince régnant.

S. A. S. Jean-Joseph, prince de Liechtenstein, feld-maréchal au service d'Autriche, a cédé ses états, compris dans le territoire de la confédération du Rhin, à son fils le prince Charles, dont on vient de lire l'article. Il est né le 26 janvier 1760, et a épousé le 12 avril 1792 Madame la princesse Jeanne-Sophie de Furstemberg-Weitra, née le 20 juin 1776. De ce mariage viennent :

1° Monseigneur Aloïs, né le 26 mai 1796.
2° Monseigneur François-de-Paule-Joseph, né le 25 février 1802.
3° Monseigneur Charles, prince régnant de Liechtenstein, né en 1803, et dont il a été question plus haut.

PRINCIPAUTÉ

4° Madame la princesse Sophie, née le 7 septembre 1798.

5° Madame la princesse Marie, née le 11 janvier 1800.

Princesses tantes du prince régnant.

Madame la princesse Marie-Léopoldine-Aldegonde, née le 30 janvier 1754, mariée, le 1 septembre 1771, au prince Charles-Emmanuel de Hesse-Rothembourg.

Madame la princesse Marie-Antoinette, née le 14 mars 1756, abbesse.

Madame la princesse Marie-Joséphine Hermengilde, née le 13 avril 1768, mariée, le 15 septembre 1783, à Monseigneur le prince Nicolas d'Esterhazy.

Princesse douairière de l'oncle le prince Aloys-Joseph.

Madame la princesse Caroline, née comtesse de Manderscheid-Blankenhayn, née le 13 novembre 1768, veuve du prince Aloys-Joseph le 24 mars 1805.

DE LIECHTENSTEIN.

Princesses grand'-tantes du prince régnant.

Madame la princesse Marie, née le 15 octobre 1738, veuve du comte Emmanuel-Philibert de Waldstein-Dux le 22 mai 1775.

Madame la princesse Marie-Françoise-Xavière, née le 27 novembre 1739, mariée, le 6 août 1755, au prince Charles-Joseph de Ligne.

Madame la princesse Marie-Christine, née le 1 septembre 1741, mariée, le 13 mai 1761, au comte François-Ferdinand de Kinsky.

Princesse douairière du grand-oncle le prince Charles-Borromée-Joseph.

Madame la princesse Marie-Eléonore d'OEttingen-Spielberg, née le 7 juillet 1745, veuve du prince Charles-Borromée-Joseph le 22 février 1789, duquel elle a eu :

    1° Monseigneur Joseph-Wenceslas, né le 21 août 1767, capitaine de cavalerie, au service de S. M. l'empereur d'Autriche.

    2° Monseigneur Maurice-Joseph, né le 21 juillet 1775, feld-maréchal au service d'Autriche.

PRINCIPAUTÉ

3° Monseigneur Aloys-Gonzague-Joseph, né le 1 avril 1780, colonel au service d'Autriche.

4° Madame la princesse Marie-Joséphine-Eléonore, née le 6 décembre 1763, mariée, le 29 janvier 1782, au comte Jean-Népomucène-Ernest de Harrach.

Princesse douairière du prince Charles, frère des quatre précédens.

Madame la princesse Marie-Anne-Joséphine de Khevenhuller, née le 19 novembre 1770, veuve, le 25 décembre 1795, du prince Charles, frère des précédens, duquel elle a eu :

1° Monseigneur Charles-Borromée, né le 23 octobre 1790.

2° Monseigneur Léopold, né en juillet 1792.

Princesse cousine du prince régnant.

Madame la princesse Marie-Antoinette, née le 13 juin 1749, mariée, le 17 janvier 1768, au prince Wenceslas de Paar.

— DE LIECHTENSTEIN.

Statistique de la principauté de Liechtenstein.

Etendue .... 2 milles carrés.
Population .... 5,000 habitans.
Revenus .... 40,000 florins.

PRINCIPAUTÉ DE LA LEYEN.

La maison de la Leyen fut investie, en 1711, du comté de Hohen-Geroldseck, et son chef élevé à la dignité de comte de l'empire, avec voix et séance aux diètes parmi les comtes de Souabe. Lors de la dissolution du corps germanique, en 1806, le comte de la Leyen fit partie de la confédération du Rhin, et obtint le titre de prince.

S. A. S. Monseigneur Philippe-François, prince régnant de la Leyen, est né le 1 août 1766 ; il a épousé, le 15 mai 1788, la princesse Sophie-Thérèse de Schœnbourg-Bucheim-Wolfthal, morte le 5 juillet 1810. De ce mariage viennent :

PRINCIPAUTÉ DE LA LEYEN.

1° Monseigneur Erwin-Charles-Damien-Eugène, prince héréditaire de la Leyen, né le 3 avril 1798.

2° Madame la princesse Amélie-Théodore-Marie-Antoinette-Charlotte, née le 2 septembre 1789.

Statistique de la principauté de la Leyen.

Etendue............   2 ½ milles carrés.
Population.........   5,000 habitans.
Revenus............   34,000 florins.

DUCHÉ DE SAXE-VEYMAR.

Les branches de Saxe-Weimar, Saxe-Gotha, Saxe-Meinungen, Saxe-Hildburghausen, Saxe-Saalfeld-Cobourg, tirent leur origine de la branche aînée de l'illustre maison de Saxe. (*Voy. p. 311.*)

S. A. S. Monseigneur Charles-Auguste, duc de Saxe-Weimar, aujourd'hui régnant, est né le 3 septembre 1757; il s'est marié, le 3 octobre

DUCHÉ DE SAXE-VEYMAR.

1775, à madame la princesse Louise de Hesse-Darmstadt, née le 30 janvier 1757. De ce mariage vient :

1° Monseigneur Charles-Frédéric, prince héréditaire de Saxe-Weimar, né le 2 février 1783, marié, le 3 août 1804, à S. A. I. et R. Madame la grande-duchesse de Russie Marie-Paulowna, sœur de l'empereur Alexandre I, née le 15 février 1786. De ce mariage vient :

    a. Madame la princesse Marie-Louise-Alexandrine-Catherine-Anne-Elisabeth-Caroline, née le 3 février 1808.

2° Monseigneur Charles-Bernard, né le 30 mai 1792.

3° Madame la princesse Caroline-Louise, née le 18 juillet 1786.

Statistique du duché de Saxe-Weimar.

Etendue............	37 milles carrés.
Population.........	109,000 habitans.
Revenus............	1,000,000 de florins.
Contingent.........	800 hommes.

DUCHÉ DE SAXE-GOTHA.

S. A. S. Monseigneur Auguste, duc de Saxe-Gotha, aujourd'hui régnant, est né le 23 novembre 1772; il a épousé, en premières noces, la princesse Louise-Charlotte de Mecklenbourg-Schwerin, et, en secondes noces, le 24 avril 1802, madame la princesse Caroline-Amélie de Hesse-Cassel, née le 11 juillet 1771. Il n'y a point d'enfans de ce dernier mariage.

Princesse née du premier lit.

Madame la princesse Dorothée-Louise-Pauline-Charlotte-Frédérique-Auguste, née le 21 décembre 1800.

Prince frère du duc régnant.

Monseigneur Frédéric, né le 28 novembre 1774.

Princesse mère du duc régnant.

Madame la princesse Marie-Charlotte-Amélie-Ernestine-Wilhelmine-Henriette-Philippine de Saxe-Meinungen, née le 11 septembre 1751, veuve, le 20 avril 1804, du duc Ernest II.

DUCHÉ DE SAXE-GOTHA.

Statistique du duché de Saxe-Gotha.

Etendue............ 54 milles carrés.
Population......... 180,000 habitans.
Revenus............ 1,300,000 florins.
Contingent......... 1,100 hommes.

DUCHÉ DE SAXE-MEINUNGEN.

S. A. S. Monseigneur Bernard-Eric-Freund, duc de Saxe-Meinungen, aujourd'hui régnant, né le 17 décembre 1800, succède à son père, le duc Georges I, le 24 décembre 1803, sous la tutelle de la duchesse sa mère.

Princesses sœurs du duc régnant.

Madame la princesse Amélie-Adélaïde-Louise-Thérèse-Caroline, née le 13 août 1792.
Madame la princesse Ida, née le 25 juin 1794.

Princesse mère et régente du duc régnant.

Madame la princesse Louise-Éléonore de Hohenlohe-Langenbourg, née le 11 août 1763,

DUCHÉ DE SAXE-MEINUNGEN.

veuve, le 24 décembre 1803, du duc Georges I.

Statistique du duché de Saxe-Meinungen.

Etendue............   14 milles carrés.
Population..........   34,000 habitans.
Revenus............   350,000 florins.
Contingent..........   300 hommes.

DUCHÉ DE SAXE-HILDBURGHAUSEN.

S. A. S. Monseigneur Frédéric, duc de Saxe-Hildburghausen, aujourd'hui régnant, est né le 29 avril 1763; il a épousé, le 3 septembre 1785, la princesse Charlotte-Georgine-Frédérique-Louise de Mecklenbourg-Strelitz, née le 17 novembre 1769. De ce mariage viennent:

1° Monseigneur Joseph-Georges-Frédéric, prince héréditaire de Saxe-Hildburghausen, né le 27 août 1789.

2° Monseigneur Georges-Charles-Frédéric, né le 24 juillet 1796.

SAXE-HILBURGHAUSEN.

3° Monseigneur Frédéric-Guillaume-Charles-Joseph, né le 4 octobre 1801.

4° Monseigneur Edouard-Guillaume-Chrétien, né le 3 juillet 1804.

5° Madame la princesse Catherine-Charlotte-Georgine, née le 17 juin 1787, mariée, le 28 septembre 1805, à S. A. R. Monseigneur le prince Paul-Charles-Frédéric-Auguste de Wurtemberg, né le 19 janvier 1785. *Voyez* page 351.

6° Madame la princesse Thérèse-Charlotte-Louise-Frédérique-Amélie, née le 8 juillet 1792, mariée, le 12 octobre 1810, à S. A. R. Monseigneur Louis-Charles-Auguste, prince royal de Bavière, né le 25 août 1786. *Voyez* page 299.

7° Madame la princesse Charlotte-Louise-Frédérique-Amélie-Alexandrine, née le 28 janvier 1794.

Statistique du duché de Saxe-Hildburghausen.

Etendue............	11 milles carrés.
Population.........	33,000 habitans.
Revenus...........	150,000 florins.
Contingent.........	200 hommes.

DUCHÉ
DE SAXE-COBOURG-SAALFELD.

S. A. S. Monseigneur Ernest-Frédéric-Antoine, duc de Saxe-Cobourg-Saalfeld, aujourd'hui régnant, est né le 2 janvier 1784.

Princes et princesses frères et sœurs du duc régnant.

1° Monseigneur Ferdinand-Georges-Auguste, né le 28 mars 1785.

2° Monseigneur Léopold-Georges-Chrétien-Frédéric, né le 16 décembre 1790, général-major au service de Russie.

3° Madame la princesse Sophie-Frédérique-Caroline-Louise, née le 18 août 1778.

4° Madame la princesse Antoinette-Ernestine-Amélie, née le 19 août 1779, mariée, le 17 nov. 1798, à S. A. R. Monseigneur Alexandre-Frédéric-Charles, duc de Wurtemberg, né le 24 avril 1771. *Voyez* page 354.

5° Madame la princesse Julie-Henriette-Ulrique-

SAXE-COBOURG-SAALFELD.

Anne-Fœderowna, née le 23 septembre 1781; mariée, le 26 février 1796, à S. A. I. et R. Monseigneur le grand-duc Constantin de Russie, né le 8 mai 1779, frère de l'empereur Alexandre I.

6° Madame la princesse Marie-Louise-Victoire, née le 17 août 1786; mariée, le 21 décembre 1805, au prince Emich-Charles de Linanges.

Princesse mère du duc régnant.

Madame la princesse Auguste-Caroline-Sophie de Reuss-Ebersdorf, née le 19 janvier 1757, veuve le 9 décembre 1806 du duc François-Frédéric-Antoine.

Princesse tante du duc régnant.

Madame la princesse Caroline-Ulrique-Amélie, née le 19 octobre 1753, religieuse.

Prince grand-oncle du duc régnant.

Monseigneur Frédéric-Josse, né le 26 décembre 1737, feld-maréchal au service d'Autriche.

Princesse sœur du précédent.

Madame la princesse Charlotte-Sophie, née le

24 septembre 1731, veuve le 12 septembre 1778 du duc Louis de Mecklenbourg-Schwerin.

Statistique du duché de Saxe-Cobourg-Saalfeld.

Etendue.............   19 milles carrés.
Population..........   59,000 habitans.
Revenus.............   400,000 florins.
Contingent..........   400 hommes.

DUCHÉ D'ANHALT-DESSAU.

La maison d'Anhalt est une des familles souveraines les plus anciennes et les plus considérables de la Germanie : elle tire son origine d'Otton *de Ballœnstedt et d'Ascanie* ou *d'Anhalt*, qui avait épousé une fille de Magnus I, duc de Saxe. Cette princesse se nommait Eilike : elle porta le Brandebourg en dot à Otton, son mari. *Albert l'Ours*, leur fils, ayant rendu les services les plus signalés aux empereurs Lothaire II et Conrad III, reçut d'eux l'investiture du margraviat de Brandebourg et du duché de Saxe.

DUCHÉ D'ANHALT-DESSAU.

Sa postérité régna sur le Brandebourg jusqu'en 1320, et sur la Saxe jusqu'en 1422 : alors ces deux électorats passèrent aux maisons de Bavière et de Prusse, et à celle de Misnie ou de Saxe, parceque les branches puînées de la maison d'Anhalt ne furent pas assez puissantes pour se faire mettre en possession de l'héritage de leurs ancêtres.

Toutes ces branches descendent de Henri-le-Gras, fils puîné de Bernard III d'Anhalt, duc de Saxe, mort en 1212. (*Voyez* page 307.)

Les rameaux d'Anhalt-Dessau, d'Anhalt-Bernbourg, et d'Anhalt-Koethen font partie de la confédération du Rhin.

S. A. S. Monseigneur Léopold-Frédéric-François, duc d'Anhalt-Dessau, aujourd'hui régnant, est né le 10 août 1740; il a épousé, le 25 juillet 1767, Mme la princesse Louise-Henriette-Wilhelmine de Brandebourg-Schwedt, née le 24 septembre 1750. De ce mariage vient :

Monseigneur Frédéric, prince héréditaire d'Anhalt-Dessau, né le 27 décemb. 1769; marié le 12 juin 1792 à Madame la princesse Christine-Amélie de Hesse-Hom-

DUCHÉ D'ANHALT-DESSAU.

bourg, née le 29 juin 1774. De ce mariage viennent :

    a. Monseigneur Léopold-Frédéric, né le 1 septembre 1794.

    b. Monseigneur Georges-Bernard, né le 21 février 1796.

    c. Monseigneur Frédéric-Auguste, né le 23 septembre 1798.

    d. Monseigneur Guillaume-Woldemar, né le 29 mai 1807.

    e. Madame la princesse Amélie-Auguste, née le 18 août 1793.

    f. Madame la princesse Louise-Frédérique, née le 1 mars 1798.

Princes frères du duc régnant.

Monseigneur Jean-Georges, né le 28 janv. 1748, général d'infanterie au service de Prusse.

Monseigneur Albert, né le 22 avril 1750, veuf, le 27 mars 1795, de la princesse Henriette-Caroline-Louise de la Lippe-Bisterfeld-Weissenfeld.

DUCHÉ D'ANHALT-DESSAU.

Statistique du duché d'Anhalt-Dessau.

Étendue...............	17 milles carrés.
Population.............	52,000 habitans.
Revenus...............	500,000 florins.
Le contingent d'Anhalt-Dessau, d'Anhalt-Bernbourg, et d'Anhalt-Koethen, réuni est de	800 hommes.

PRINCIPAUTÉ
D'ANHALT-BERNBOURG.

S. A. S. Monseigneur Alexis-Frédéric-Chrétien, prince régnant d'Anhalt-Bernbourg, est né le 12 juin 1767; il a épousé, le 29 novembre 1794, Madame la princesse Marie-Frédérique de Hesse-Cassel, née le 14 septembre 1768. De ce mariage viennent :

1° Monseigneur Alexandre, prince héréditaire d'Anhalt-Bernbourg, né le 2 mars 1805.

2° Madame la princesse Wilhelmine-Louise, née le 30 octobre 1799.

Princesse sœur du prince régnant.

Madame la princesse Pauline-Christine-Wilhelmine, née le 23 février 1769, veuve le 24 avril 1802 de Frédéric-Guillaume-Léopold, prince de Lippe-Detmold. (*Voyez* cet article.)

Princesses tantes du prince régnant.

Madame la princesse Frédérique-Auguste-Sophie, née le 28 août 1744, veuve le 3 mars 1793 de Frédéric-Auguste, le dernier prince de la branche d'Anhalt-Zerbest.

Madame la princesse Christine-Elisabeth-Albertine, née le 14 novembre 1746, veuve le 10 février 1806 du prince Auguste de Schwartzbourg-Sondershausen, oncle du prince régnant.

Prince cousin du prince régnant, issu de la branche d'Anhalt-Schaumbourg.

Monseigneur Victor-Charles-Frédéric, né le 2 novembre 1767, marié le 29 octobre 1793 à madame la princesse Charlotte-Louise-Wilhelmine-Amélie de Nassau-Weilbourg, née le 6 août 1776. De ce mariage viennent :

    1° Madame la princesse Hermine, née le 2 décembre 1797.

    2° Madame la princesse Adélaïde, née le 23 février 1800.

    3° Madame la princesse Emma, née le 20 mai 1802.

    4° Madame la princesse Ida, née le 10 mars 1804.

Princesse mère du prince précédent.

Madame la princesse Amélie-Eléonore de Solms-Braunfels, veuve le 20 août 1806 du prince Charles-Louis, chef de la branche d'Anhalt-Schaumbourg.

Prince cousin du prince régnant.

Monseigneur Frédéric-Louis-Adolphe, né le 29 novembre 1741, ancien feld-maréchal au service de l'Empire.

Princesse cousine du prince régnant, et sœur du précédent.

Madame la princesse Victoire-Amélie-Ernestine,

PRINCIPAUTÉ

née le 11 février 1772, mariée au comte de Wimpfen.

Princesse douairière du prince Victor-Amédée, cousin du prince régnant.

Madame la princesse Madeleine de Solms-Braunfels, veuve le 2 mai 1790 du prince Victor-Amédée.

Statistique de la principauté d'Anhalt-Bernbourg.

Etendue................ 15½ milles carrés.
Population............. 35,000 habitans.
Revenus................ 390,000 florins.
Contingent, *voyez* p. 437.

PRINCIPAUTÉ
D'ANHALT-KOETHEN.

S. A. S. Monseigneur Auguste-Chrétien-Frédéric, prince régnant d'Anhalt-Koethen, est né le 18 novembre 1769; il a épousé, le 9 février 1792, madame la princesse Caroline-Frédérique de Nassau-Usingen, née le 3 août 1777. Il n'y a point d'enfans de ce mariage.

Prince neveu du prince régnant.

Monseigneur Louis, né le 20 septembre 1802.

Princesse mère du prince précédent.

Madame la princesse Louise de Hesse-Darmstadt, veuve le 16 septembre 1802 du prince Louis d'Anhalt-Kœthen, frère du prince régnant.

Princesse mère du prince régnant.

Madame la princesse Louise-Charlotte-Frédérique de Holstein-Glucksbourg, veuve le 17 octobre 1789 du prince Charles-Georges-Lebrecht, père du prince régnant.

Princes cousins du prince régnant, issus de la branche d'Anhalt-Pless.

1° Monseigneur Frédéric-Ferdinand, né le 25 juin 1769, est fils du prince Frédéric-Erman d'Anhalt-Pless, oncle du prince régnant; il

ANHALT-KOETHEN.

est veuf (24 novembre 1803) de la princesse Marie-Dorothée-Henriette-Louise de Holstein-Beck, qui ne lui a point donné d'enfans. Ce prince est général-major au service de Prusse.

2° Monseigneur Henri, né le 30 juillet 1770. Au service de Prusse.

3° Monseigneur Chrétien-Frédéric, né le 15 novembre 1780. Au service de Prusse.

4° Monseigneur Louis, né le 10 août 1783.

Princesse sœur des précédens.

Madame Anne-Amélie, née le 20 mai 1770, mariée le 20 mai 1791 au prince Jean-Henri de Furstenstein.

Statistique de la principauté d'Anhalt-Koethen.

Etendue.............. 14¼ milles carr.
Population .... 33,000 habitans.
Revenus.............. 200,000 florins.
Contingent, *voyez* p. 437.

PRINCIPAUTÉ DE LIPPE-DETMOLD.

La maison de Lippe fait remonter son origine à Witikind-le-Grand, duc et roi des Saxons; mais cette origine n'est véritablement bien connue que depuis Bernard I, comte de Lippe, contemporain de l'empereur Lothaire II. Cette maison a formé les branches de Detmold, de Bisterfeld, de Wittenfeld, de Schaumbourg, de Bracke, de Buckbourg, et d'Alverdissen, desquelles il ne reste aujourd'hui que les rameaux de Detmold et Schaumbourg, qui font partie de la confédération du Rhin.

S. A. S. Monseigneur Paul-Alexandre-Léopold, prince régnant de Lippe-Detmold, sous la régence et la tutèle de la princesse sa mère, est né le 6 octobre 1796.

Prince frère du prince régnant.

Monseigneur Frédéric-Albert-Auguste, né le 8 décembre 1797.

LIPPE-DETMOLD.

Princesse mère des princes précédens.

Madame la princesse Pauline-Christine-Wilhelmine d'Anhalt-Bernbourg, née le 23 février 1769, veuve, le 4 avril 1802, de Frédéric-Guillaume-Léopold, prince de Lippe-Detmold. Cette princesse est régente pendant la minorité de son fils.

Princesse douairière de l'aïeul du prince régnant.

Madame la princesse Christine-Charlotte-Frédérique de Solms-Braunfels, née le 31 août 1744, veuve le 1 mai 1782 du comte Simon-Auguste.

Statistique de la principauté de Lippe-Detmold.

Etendue..................	29 milles carrés.
Population...............	75,000 habitans.
Revenus..................	225,000 florins.
Contingent...............	500 hommes.

PRINCIPAUTÉ DE LIPPE-SCHAUMBOURG.

S. A. S. Monseigneur Georges-Guillaume, prince régnant de Lippe-Schaumbourg, est né le 20 décembre 1784.

Princesses sœurs du prince régnant.

Madame la princesse Wilhelmine-Charlotte, née le 18 mai 1783.

Madame la princesse Caroline-Louise, née le 29 novembre 1786.

Statistique de la principauté de Lippe-Schaumbourg.

Etendue................. 10 milles carrés.
Population.............. 20,000 habitans.
Revenus................ 80,000 florins.
Contingent............. 150 hommes.

DUCHÉ
DE MECKLENBOURG-SCHWERIN.

Le pays de Mecklenbourg est l'ancienne Vandalie, d'où sortirent les Sclaves orientaux ou Vandales, qui, exercèrent si long-tems, vers les mers du nord des pirateries qui les rendirent odieux et terribles aux autres peuples du continent.

Prébislas, prince des Vandales, baptisé en 1167, est la souche bien certaine de la maison de Mecklenbourg, qui a fourni les rameaux de Werle, de Gustrow, de Stargard, de Schwerin, et de Strelitz. Ces deux derniers sont les seuls qui subsistent aujourd'hui; ils font partie de la confédération du Rhin.

S. A. S. Monseigneur Frédéric-François, duc régnant de Mecklenbourg-Schwerin, est né le 10 décembre 1756; il est veuf, du 1 janvier 1808, de la princesse Louise de Saxe-Gotha, de laquelle il a eu :

1° Monseigneur Frédéric-Louis, prince héréditaire de Mecklenbourg-Schwerin, né le 13 juin 1778, veuf le 24 septembre 1803 d'Hélène-Paulowna, grande-duchesse de Russie, et remarié le 1 juillet 1810 à la princesse Caroline-Louise de Saxe-Veymar, née le 18 juillet 1786.

Enfans du premier lit.

a. Monseigneur Paul-Frédéric, né le 15 septembre 1800.
b. Madame la princesse Marie-Louise-Frédérique-Alexandrine-Elisabeth-Charlotte, née le 31 mars 1803.
2° Monseigneur Gustave-Guillaume, né le 31 janvier 1781.
3° Monseigneur Charles-Auguste-Chrétien, né le 2 juillet 1782. Major-général au service de Russie.
4° Monseigneur Adolphe-Frédéric, né le 18 novembre 1785.
5° Madame la princesse Charlotte-Frédérique, née le 4 décembre 1784, mariée le 21 juin 1806 au prince Chrétien-Frédéric de Danemarck, né le 18 septembre 1786.

DUCHÉ

Princesse tante du duc régnant.

Madame la princesse Ulrique-Sophie, née le 1 juillet 1723.

Statistique du duché de Mecklenbourg-Schwerin.

Etendue...........	600 lieues carrées.
Population.........	320,000 habitans.
Revenus...........	1,000,000 de florins.
Contingent........	1,900 hommes.

DUCHÉ

DE MECKLENBOURG-STRELITZ.

S. A. S. Monseigneur Charles-Louis-Frédéric, duc régnant de Mecklenbourg-Strelitz, est né le 10 octobre 1741; il a épousé 1° la princesse Frédérique-Caroline de Hesse-Darmstadt, morte le 22 mai 1782; 2° la princesse Wilhelmine-Christiane-Louise de Hesse-Darmstadt, sœur de la première épouse, morte le 12 décembre 1785.

Enfans du premier lit.

1° Monseigneur Georges-Charles-Frédéric-Joseph, prince héréditaire, né le 12 août 1779.

2° Madame la princesse Charlotte-Georgine-Frédérique-Louise, née le 17 novembre 1769, mariée le 3 septembre 1785 à Monseigneur Frédéric, duc régnant, de Saxe-Hildburghausen, né le 29 avril 1763.

3° Madame la princesse Thérèse-Mathilde-Amélie, née le 5 avril 1773, mariée le 25 mai 1789 au prince Charles-Alexandre-de-Latour et Taxis, né le 22 février 1770.

4° Madame la princesse Frédérique-Caroline-Sophie, née le 2 mars 1778, mariée en 1798 au prince Frédéric-Guillaume de Solms-Braunfels.

Enfant du second lit.

1° Monseigneur Charles-Frédéric-Auguste, né le 30 novembre 1785.

MECKLENBOURG-STRELITZ.

Prince frère du duc régnant.

Monseigneur Ernest-Gottlob-Albert, né le 27 août 1742.

Princesse sœur du duc régnant.

S. M. Sophie-Charlotte, née le 19 mai 1744, mariée le 8 septembre 1761 à S. M. Georges III, roi d'Angleterre, couronnée reine d'Angleterre le 22 septembre 1761. (*Voyez* ANGLETERRE.)

Statistique du duché de Mecklembourg-Strélitz.

Etendue............	100 lieues carrées.
Population.........	70,000 habitans.
Revenus...........	300,000 de francs.
Contingent........	400 hommes.

PRINCIPAUTÉ DE REUSS-GREITZ.

La maison de Reuss est une des plus anciennes de l'Allemagne. Elle possédait autrefois, sous

REUSS-GREITZ.

le titre d'*Avoué de l'Empire*, la belle et riche province de *Voigtland*, où se trouvent encore situées de nos jours les principautés de Greitz, de Géra, de Schleitz, d'Ebersdorf, et de Lobenstein, qui sont restées seules à ces princes, de leur ancien patrimoine.

Cette famille a fourni les rameaux de Weyda, de Plauen, de Greitz, de Géra, de Saalbourg, de Schleitz, de Lobenstein, de Kœstritz, de Hirschberg, d'Ebersdorf, et de Selbitz.

Elle ne subsiste plus aujourd'hui que dans les branches de Greitz, de Schleitz, d'Ebersdorf, de Lobenstein, et de Kœstritz; les quatre premières font partie de la confédération du Rhin.

S. A. S. Monseigneur Henri XIII, prince régnant de Reuss-Greitz, est né le 16 février 1747; il s'est marié le 9 janvier 1786 à la princesse Wilhelmine-Louise de Nassau-Weilbourg, née le 28 septembre 1765. De ce mariage viennent :

1° Monseigneur Henri (1), prince hérédi-

---

(1) Tous les princes de cette maison portent le nom de Henri.

taire de Reuss-Greitz, né le 1 mars 1790.
2° Monseigneur Henri, frère du précédent, né le 29 juin 1794.

Princes frères du prince régnant.

Monseigneur Henri, né le 22 février 1751, feld-zeugmestre au service d'Autriche.
Monseigneur Henri, né le 25 mai 1761; marié à madame la baronne de Werz-Lahnstein.

Princesses sœurs du prince régnant.

Madame la princesse Frédérique-Marie-Jeanne, née le 9 juillet 1748, veuve le 10 août 1796 du prince Frédéric-Guillaume de Hohenlohe-Kirchberg.

Madame la princesse Isabelle-Auguste, née le 7 août 1752, veuve le 7 février 1779 du prince Georges-Guillaume, bourgrave de Kirchberg.

Madame la princesse Ernestine-Espérance-Victoire, née le 20 janvier 1756, veuve le 3 février 1803 du prince Wolfgang-Ernest II d'Isenbourg-Birnstein.

PRINCIPAUTÉ DE REUSS-SCHLEITZ.

S. A. S. Monseigneur Henri XLII, prince régnant de Reuss-Schleitz, est né le 27 février 1752; il a épousé, le 10 juin 1779, la princesse Charlotte-Henriette de Hohenlohe-Kirchberg, née le 11 juin 1761. De ce mariage viennent :
 1° Monseigneur Henri, prince héréditaire de Reuss-Schleitz, né le 31 mai 1785.
 2° Madame la princesse Christine-Philippine-Louise, née le 29 septembre 1781.

Princesse douairière du dernier prince régnant.

Madame la princesse Christine-Ferdinande d'Isenbourg-Philippseich, née le 24 août 1740, veuve le 25 juin 1784 du prince Henri de Reuss-Schleitz, dont elle fut la seconde épouse.

PRINCIPAUTÉ
DE REUSS-EBERSDORF.

S. A. S. Monseigneur Henri LI, prince régnant de Reuss-Ebersdorf, est né le 16 mai 1761 ; il a épousé, le 16 août 1791, la princesse Louise-Henriette de Hoym, née le 30 mars 1772. De ce mariage viennent :

    1° Monseigneur Henri, prince héréditaire de Reuss-Ebersdorf, né le 27 mars 1797.
    2° Madame la princesse Caroline-Auguste-Louise, née le 27 septembre 1792.
    3° Madame la princesse Sophie-Adélaïde-Henriette, née le 28 mai 1800.

Princesses sœurs du prince régnant.

Madame la princesse Auguste-Caroline-Sophie, née le 19 janvier 1757, veuve le 9 décembre 1806 de François-Frédéric, duc de Saxe-Cobourg-Saalfeld.

Madame la princesse Louise-Christine, née le 2 juin 1759, mariée le 1 juin 1781 au prince Henri XLIII de Reuss-Kœstritz, né le 12 avril 1752.

PRINCIPAUTÉ DE REUSS-LOBENSTEIN.

S. A. S. Monseigneur Henri XXXV, prince régnant de Reuss-Lobenstein, est né le 19 novembre 1788; il a épousé, le 20 juin 1803, la princesse Marie de Stolberg-Wernigerode, née le 4 mai 1774.

Princes de Reuss-Kœstritz.

Monseigneur Henri XLIII, prince de Reuss-Kœstritz, est né le 12 avril 1752; il a épousé, le 1 juin 1781, Madame la princesse Louise-Christine de Reuss-Ebersdorf, née le 2 juin 1759. De ce mariage viennent:

1° Monseigneur Henri, né le 8 déc. 1784.
2° Monseigneur Henri, né le 31 mai 1787.
3° Madame la princesse Caroline-Julie-Frédérique, née le 23 avril 1782.
4° Madame la princesse Françoise, née le 7 décembre 1788.

Statistique des principautés de Reuss-Greitz, de Reuss-Schleitz, de Reuss-Ebersdorf, et de Reuss-Lobenstein, réunies.

Etendue................	26 milles carrés.
Population............	77,000 habitans.
Contingent commun....	450 hommes.
Revenus de Greitz......	100,000 florins.
de Schleitz......	100,000 florins.
d'Ebersdorf.....	80,000 florins.
de Lobenstein,..	80,000 florins.

PRINCIPAUTÉ

DE SCHWARTZBOURG-SONDERSHAUSEN.

La maison princière de Schwartzbourg fait remonter l'ancienneté de son origine à l'an 1140. Elle se divise en deux branches, celle de Schwartzbourg-Sondershausen, et celle de Schwartzbourg-Rudolstadt. Toutes deux font partie de la confédération du Rhin.

DE SCHWARTZB.-SONDERSHAUSEN.

S. A. S. Monseigneur Gunther-Frédéric-Charles, prince régnant de Scwartzbourg-Sondershausen, est né le 5 décembre 1760 ; il a épousé, le 23 juin 1799, la princesse Wilhelmine-Frédérique-Caroline de Schwartzbourg-Rudolstadt, née le 21 janvier 1774. De ce mariage viennent :

1° Monseigneur Gunther-Frédéric-Charles, prince héréditaire, né le 21 septembre 1801.
2° Madame la princesse Emilie-Frédérique-Caroline, née le 23 avril 1800.

Princes frères du prince régnant.

Monseigneur Gunther-Albert-Auguste, né le 6 septembre 1767.
Monseigneur Jean-Charles-Gunther, né le 24 janvier 1772.

Princesses sœurs du prince régnant.

Madame la princesse Caroline-Auguste-Albertine, née le 19 février 1769. Religieuse.
Madame la princesse Albertine-Wilhelmine-Amélie, née le 5 avril 1771 ; mariée, le 18

mars 1795, à S. A. S. Monseigneur Ferdinand-Frédéric-Auguste, duc de Wurtemberg, frère du roi, né le 22 octobre 1763. (*Voyez* p. 354.)

Princesse douairière du prince Auguste, oncle du prince régnant.

Madame la princesse Christine-Elisabeth-Albertine d'Anhalt-Bernbourg, née le 14 novembre 1746, veuve le 10 février 1806 du prince Auguste, oncle du prince régnant. De ce mariage vient :

Madame la princesse Albertine-Charlotte-Auguste, née le 1 février 1768; mariée, le 12 septembre 1784, au prince Georges, prince héréditaire de Waldeck, né le 6 mai 1747.

Princesse cousine du prince régnant.

Madame la princesse Guntherine-Frédérique-Charlotte-Albertine, née le 24 juillet 1791, fille du prince Frédéric-Charles-Albert, fils du prince Auguste dont il vient d'être question.

Statistique de la principauté de Schwartzbourg-Sondershausen.

Etendue.................... 23 milles carrés.
Population................. 48,000 habitans.
Revenus.................... 250,000 florins.
Contingent commun avec la branche de Rudolstadt.................... 650 hommes.

PRINCIPAUTÉ
DE SCHWARTZBOURG-RUDOLSTADT.

S. A. S. Monseigneur Frédéric-Gunther, prince régnant de Schwartzbourg-Rudolstadt, est né le 6 novembre 1793.

Princes frères du prince régnant.

Monseigneur Albert, né le 30 avril 1798.
Monseigneur Bernard, né le 28 juin 1801.

Princesse sœur du prince régnant et des précédens.

Madame la princesse Theckla, née le 23 fév. 1795.

Princesse mère du prince régnant et des précédens.

Madame la princesse Caroline-Louise de Hesse-Hombourg, née le 26 août 1771, veuve le 28 avril 1807 du prince Louis-Frédéric. Cette princesse est tutrice et régente pendant la minorité de son fils.

Prince oncle du prince régnant.

Monseigneur Charles-Gunther, né le 23 août 1771; marié, le 19 juin 1793, à la princesse Louise-Ulrique de Hesse-Hombourg, née le 26 octobre 1772. De ce mariage viennent :
  1° Monseigneur François-Frédéric-Adolphe, né le 27 septembre 1801.
  2° Monseigneur Marie-Guillaume-Frédéric, né le 31 mai 1806.
  3° Madame la princesse Caroline, née le 4 avril 1804.

DE SCHWARTZB.-RUDOLSTADT. 461

Princesse tante du prince régnant.

Madame la princesse Wilhelmine-Frédérique-Caroline, sœur du prince Charles-Gunther, dont il vient d'être question, est née le 22 janvier 1774; elle a épousé, le 23 juin 1799, Monseigneur Gunther - Frédéric - Charles, prince régnant de Schwartzbourg-Sondershausen, né le 5 décembre 1760.

Statistique de la principauté de Schwartzbourg-Rudolstadt.

Etendue............. 22 milles carrés.
Population.......... 55,000 habitans.
Revenus............. 200,000 de florins.
Contingent commun avec Sondershausen.

PRINCIPAUTÉ DE WALDECK.

La maison de Waldeck est tellement ancienne que M. Falke en fait remonter l'origine avant Charlemagne. Mais sans nous enfoncer dans des tems aussi ténébreux, nous trouvons des notes authentiques des princes de cette maison sous

PRINCIPAUTÉ

la date de 1043. Ces princes descendent des comtes de *Schwalenberg*, et se divisaient autrefois en deux branches, celle de Wildungen et celle d'Eisenberg. Aujourd'hui la principauté de Waldeck et le comté de Pyrmont, réunis sur la tête du même prince, font partie de la confédération du Rhin.

S. A. S Monseigneur Frédéric, prince régnant de Waldeck, est né le 25 octobre 1743.

Prince frère du prince régnant.

Monseigneur Georges, né le 6 mai 1747; marié le 12 septembre 1784 à la princesse Albertine-Caroline-Auguste de Schwartzbourg-Sondershausen, née le 1 février 1768. De ce mariage viennent :

    1° Monseigneur Georges-Frédéric-Henri, né le 20 septembre 1789.

    2° Monseigneur Frédéric-Louis-Hubert, né le 3 novembre 1790.

    3° Monseigneur Jean-Louis, né le 24 septembre 1794.

    4° Monseigneur Wolrad-Georges-Charles, né le 23 avril 1798.

5° Madame la princesse Christine - Frédérique-Auguste, née le 23 mars 1787.

6° Madame la princesse Ida, née le 6 septembre 1796.

7° Madame la princesse Mathilde, née le 10 avril 1801.

Princesse sœur du prince régnant.

Madame la princesse Louise, née le 29 janvier 1750, mariée le 23 avril 1775 à S. A. S. Monseigneur Frédéric-Auguste, duc régnant de Nassau-Usingen, né le 23 avril 1738.

Princesse mère du prince régnant.

Madame la princesse Christine de Bavière-Deux-Ponts, née le 16 novembre 1725, veuve le 29 août 1763 du prince Charles-Auguste-Frédéric, père du prince régnant.

Statistique de la principauté de Waldeck.

Étendue................	22 milles carrés.
Population.............	51,000 habitans.
Revenus...............	375,000 florins.
Contingent.............	400 hommes.

PRINCIPAUTÉ D'AREMBERG.

Les princes et ducs d'Aremberg, d'Arschot et de Croï, sont issus de l'illustre maison de Ligne. Le rameau d'Aremberg s'est divisé en trois : 1° celui d'Aremberg, qui continue de nos jours ; 2° celui de Chimay, éteint en 1686 ; 3° celui de Barbançon, éteint en 1693.

S. A. S. Monseigneur Prosper-Louis, duc d'Aremberg par cession de son père en 1803, est né le 28 avril 1785 ; il a épousé, le 1 février 1808, Madame la princesse Stéphanie Tascher de la Pagerie.

PRINCIPAUTÉ DE NEUFCHATEL.

L'origine de la principauté de Neufchâtel remonte au dixième siècle ; elle est un démembrement du royaume de Bourgogne. On trouve des comtes de Neufchâtel très puissans et très considérables dès l'an 1049 ; mais en 1288 l'empereur Rodolphe d'Habsbourg les força à reconnaître pour suzerains les comtes de Châlon. Après l'extinction de la première race des princes de Neufchâtel, ce comté passa par les femmes à la maison de Fribourg, puis à celle de Bade-Hochberg, qui le transmit aussi par les femmes à la maison d'Orléans-Longueville. L'extinction de cette dernière ayant eu lieu en 1707, le roi de Prusse Frédéric I, venant aux droits de Louise-Henriette de Nassau-Orange, sa mère, fut mis en jouissance de cette principauté, qui demeura à la maison de Prusse jusqu'en 1806, que Frédéric-Guillaume III, aujourd'hui régnant, la céda à l'empereur Napoléon I, qui la conféra au prince Alexandre, vice-connétable de l'empire, dont l'article suit :

S. A. S. Monseigneur Alexandre I, prince de Neufchâtel et de Wagram, vice-connétable de l'empire, est né le 30 décembre 1753; il a épousé, le 9 mars 1808, S. A. S. Madame la princesse Marie-Elisabeth-Amélie-Françoise de Bavière-Deux-Ponts-Birkenfeld, née le 9 mai 1784. (*Voyez* p. 301). De ce mariage vient :

S. A. S. Monseigneur Napoléon-Alexandre, prince héréditaire, né le 11 sept. 1810.

PRINCIPAUTÉ DE NEUFCHATEL.

Walengin, bourg et chef-lieu du comté de ce nom, est uni à la principauté de Neufchâtel depuis l'an 1579. Il est situé dans une vallée, sur la rivière de Syon.

Statistique de la principauté de Neufchâtel.

Etendue.............. 34 lieues carrées.
Population............ 50,000 habitans.

CONFEDERATION DES SUISSES.

La Suisse est le pays le plus haut de l'Europe ; ses habitans, qu'on appelait anciennement *Helvétiens*, étaient une tribu des Gaulois ou anciens Celtes. Jules-César les soumit; et après la chûte de l'empire romain ils devinrent les sujets des rois de Bourgogne, des ducs de Zœhringen, puis de la maison d'Habsbourg-Autriche. Ils s'affranchirent de la domination de cette dernière par la fameuse révolution opérée par *Guillaume Tell* en 1307.

Depuis cette époque les cantons helvétiques

sont unis pour l'administration de leur gouvernement politique et intérieur. Le chef de la confédération porte le titre de *landamman*. Il est choisi chaque année, alternativement, dans chacun des cantons principaux. Une diète générale représente l'universalité des cantons, et décide des affaires de la confédération; des diètes locales traitent des affaires de chaque canton en particulier.

Les Suisses, jaloux de conserver leur indépendance, imitèrent l'exemple des Français et d'une grande partie de l'Allemagne, en suppliant l'empereur Napoléon-le-Grand de leur accorder sa puissante protection, et de se déclarer leur médiateur. Ce grand monarque a accédé à leur vœu, et a pris sous son égide protectrice une nation qui, par la pureté de ses mœurs, la bonté de son caractère, et la loyauté de ses principes, peut être placée au rang des premier peuples de l'Europe.

Landamman en exercice.

Son Excellence M. Grimm, landamman de la Suisse.

CONFÉDÉRATION DES SUISSES.

Statistique de la Confédération helvétique.

Etendue . . . .   1,500 lieues carrées.
Population . . . .   1,630,000 habitans.
Etat militaire (1) . . . .   13,000 hommes.

---

(1) En cas de besoin la Suisse peut faire une levée de 50,000 hommes, et même la doubler.

TABLE

DES MATIERES

CONTENUES DANS CET OUVRAGE.

A.

Ages du monde.	Page 1 et suiv.
Amiraux (grands-) de France.	58
Angleterre.	563
Anhalt-Bernbourg.	437
Anhalt-Dessau.	434
Anhalt-Kœthen.	440
Aquitaine.	28
Aremberg.	464
Aumôniers (grands-) de France.	97
Austrasie.	26, 27
Autriche.	197

B.

Bade.	894
Bavière.	294
Berg.	401
Bohême.	202

Bourgogne (royaume de). 27
Byzance ou Constantinople. 135

C.

Chambellans (grands-) de France. 103
Chanceliers de France. 85
Chronologie de l'histoire sacrée. 5
Chronologie de l'histoire romaine. 117
Clèves. 401
Connétables de France. 54
Constantinople. 133, 229

D.

Danemarck. 538
Darmstadt. 402
Dignitaires de l'empire. 48 et suiv.

E.

Ecosse. 577
Ecuyers (grands-) de France. 107
Empereurs des Français. 45
Empereurs romains. 122
Empereurs d'orient. 229
Empereurs d'occident. 135, 183
Empereurs d'Allemagne. 183, 192
Empereurs d'Autriche. 197
Empereurs de Russie. 518

DES MATIERES.

Empereurs turcs. 257
Espagne. 260

F.

France. 21 et suiv.
Francfort. 392

H.

Hesse-Darmstadt. 402
Hesse-Hombourg. 405
Histoire sacrée. 5
Histoire romaine. 117
Hohenzollern-Hechingen. 415
Hohenzollern-Sigmaringen. 416
Hongrie. 208

I.

Irlande. 385
Isenbourg Birnstein. 417
Italie (rois d'). 178

L.

Leyen (prince de la). 425
Liechtenstein. 420
Lippe-Detmold. 443
Lippe-Schaumbourg. 445
Loi salique. 28
Lois ripuaires. ibid.
Lombards (rois des). 179

Lorraine (ducs de). 213
Louvetiers (grands-) de France. 116
Lucques et Piombino. 390

M.

Maréchaux de France et maréchaux de l'empire. 64
Mecklenbourg-Schwerin. 446
Mecklenbourg-Strelitz. 448

N.

Naples. 282
Nassau-Usingen. 409
Nassau-Weilbourg. 411
Neufchâtel. 464
Neustrie. 27

O.

Officiers (grands-) de l'empire. 50
Orléans (royaume d') 25
Ostrogoths. 24

P.

Papes. 139
Paris (royaume de). 25
Piombino. 390
Pologne. 516
Portugal. 276
Prusse. 359

DES MATIERES.

R.

Reuss-Ebersdorf. 454
Reuss-Greitz. 450
Reuss-Lobenstein. 455
Reuss-Schleiz. 455

S.

Saxe (royaume de). 505
Saxe-Cobourg-Saalfeld. 432
Saxe-Gotha. 428
Saxe-Hilburghausen. 430
Saxe-Meinungen. 429
Saxe-Weymar. 426
Schwartzbourg-Rudolstadt. 459
Schwartzbourg-Sondershausen. 456
Septimanie. 28
Siciles (Deux-). 282
Soissons (royaume de). 25
Suède. 526
Suisses. 466
Sultans. 257

T.

Turquie. 257

V.

Vèneurs (grands-) de France. XIII

TABLE DES MATIERES.

V.

Varsovie. 516
Visigoths. 23

W.

Waldeck. 461
Westphalie. 338
Wurtemberg. 347
Wartzbourg. 407

FIN DE LA TABLE DES MATIERES.

www.ingramcontent.com/pod-product-compliance
Lightning Source LLC
Chambersburg PA
CBHW072111220426
43664CB00013B/2072